◇導入対話◇
による
民法講義（物権法）

鳥谷部茂　橋本恭宏　松井宏興

不磨書房

―――〔執筆分担〕――――――――――――――――――――――――

松井　宏興（関西学院大学教授）　第1章，第2章1，2，4〜6，
　　　　　　　　　　　　　　　　第6章，第7章

橋本　恭宏（明治大学教授）　　　第2章3，第3章〜第5章

鳥谷部　茂（広島大学教授）　　　第8章〜第10章

――――――――――――――――――――――――――〔執筆順〕―――

オリエンテーション・ガイド

(1) 本書の目的とねらい

　本書の目的ならびにねらいを一言で言えば、次のように言えるでしょう。「はじめて民法を学ぶ者にとってできるだけ、導入部分において理解しやすく、一定のレベルのテキストとしてできる限り明解であること」です。これまでのテキスト類の多くは、一般的かつ抽象的で、学習する者にとって民法学は難解だ、無味乾燥だという声が多く聞かれました。では、反対に具体的なものを取り上げて作ればよいのでしょうか。たとえば、時々の新聞報道・現実の問題を素材とすることは抽象的法制度、法理論を説明する点からしますと、初学者には関心を呼び起こすと思います。しかし、それはいわゆる応用問題に過ぎず、その場限り的で、一つの体系をもつ法律学の学習には不向きな部分があるという欠点があります。また、読者の関心を呼び起こすという実際を扱うことは、実務経験の少ない者には困難な面もあります。また、そうした現代型の問題は法律関係が複雑であり、基本的考え方を理解しなければならない段階では、単純な説明をしただけではかえって有害となる場合もあるといえましょう。
　これらの問題をすべて一挙に解決できる方法があればいいのですが、そうしたことは不可能でしょう。そこで、本書では、まず学習の入口である導入部分に工夫をこらしました。そして、基本となる説明の部分の記述、さらに最低限の重要な理論的問題についての展開となる記述、という順序で学習者の学習進度にしたがって読み進むことができ、確かな実力を得られるような方法をとってみました。
　本書は、大学での物権法の講義を聴く際の講義用テキストとして、また自学自習する場合に使用することを想定して執筆されています。その意味で大学生の皆さんのための本ですが、民法を勉強してみたいと考えている社会人の皆さんが学習される入門書として使用することも、また一通り学習された司法試験受験生、公務員受験生がその知識を確認し、またいっそう飛躍することができ

るようにも配慮しています。

(2) 本書による学習の方法

以上のような目的から，本書の構成は以下のようなものです。

最初に必要に応じて，◆導入対話◆が設けられています。ついで，基本となる講義を，そしてもう一歩進んだ学習のために【展開講義】を設けています。

まず，◆導入対話◆は，いわば《学習のポイント・予備的知識》を揚げています。導入対話を設けた理由はこうです。民法に限らず，法律を勉強することは，概して面白いことではありません。しかも，正確な知識と深い理解力を得ることは必ずしも容易ではありません。また，皆さんがいろいろな書物を読まれるにあたって，これをただ読み流しをしては決して正確な知識と深い理解力を得ることはできません。そこで，皆さんが通常その項目で最初にもつであろう「疑問」を先取りして，学ぶ者と教師との対話により，該当項目の学習目標を明確にしようとの意図からです。したがって，学習の入り口となるものですから必ずここから読み始めて下さい。

導入対話に続く基本となる講義は，各先生が日常の教室において話され，最低限学んで欲しい事柄について述べています。したがって，皆さんは，この部分を，条文を参照しながら通読して欲しいと思います。講義で使用する場合は，先生の講義も参考にその関係する項目を併読して欲しいと思います。とくに，図表などはその項目についての理解をしやすくするものですから，ぜひそれをノートに自ら書き写すなどして読まれると一層理解が進むでしょう。

【展開講義】は，基本講義では述べなかった事柄や問題点，論争点について，述べています。したがって，基本講義につき一定の理解をした方や，より深い学習をしたい方はこの箇所を通読することも一つの方法でしょう。

勧められる学習方法としては，第1回目の通読は，【導入対話】→【基本講義】のみとし，第2回目の通読の際は，【導入対話】→【基本講義】→【展開講義】とされるのがよいのではないでしょうか。

本書はなんといっても民法条文の解説書ですから，本書を読む際には，本文中に出てきた条文は必ず六法にあたって下さい。また，本文中には項目に応じて必須・参考文献が引用され，欄外に揚げられていますから，学習が進むにしたがい，またゼミナールなど報告の際，実際に探し読んでほしいと思います。

大学で物権法を学ばれる方は，おそらくすでに民法総則を勉強されていることと思います。しかし，物権法を十分に理解するためには，本書を通読すれば分かりますように，民法総則の知識があるだけでは不十分であり，場合に応じて債権総論や契約法の知識，さらには相続法の知識までも必要とされることがあります。したがって，物権法だけを切り離して勉強するのではなく，他の民法分野の勉強と平行しながらあるいは一通り民法全体の勉強してから再度物権法の勉強をしていただきたいと思います。そうすれば，本書を通読したり講義を聴いたりしただけでは理解できなかったことが分かるようになり，物権法の面白さが分かってくるものと確信しております。

　2001年2月

鳥谷部　茂
橋本　恭宏
松井　宏興

目　次

はしがき
オリエンテーション・ガイド

第1章　物権法序論 …………………………………………………3
1　序　説 ………………………………………………………3
◆導入対話◆
　1.1　物権の意義と性質 …………………………………………3
　1.2　物権の客体 …………………………………………………5
　1.3　物権の種類 …………………………………………………7
【展開講義　1】　慣習法上の物権は認められるか ……………9
2　物権の効力 …………………………………………………11
◆導入対話◆
　2.1　物権の優先的効力 …………………………………………12
　2.2　物権的請求権 ………………………………………………14
【展開講義　2】　他人の土地に無権原で建てられた建物が譲渡された
　　　　　　　　場合の建物収去・土地明渡請求の相手方 …………19
【展開講義　3】　物権的請求権は行為請求権か忍容請求権か
　　　　　　　　―物権的請求権と費用負担 ………………………23

第2章　物権の変動 …………………………………………………27
1　序　説 ………………………………………………………27
◆導入対話◆
　1.1　物権変動の意義と原因 ……………………………………27
　1.2　物権変動と公示の原則・公信の原則 ……………………29
【展開講義　4】　公示の要求と公示の原則との区別 ……………30
2　物権変動を生ずる法律行為 ………………………………32

◆導入対話◆
　　2.1　物権変動における2つの立法主義 …………………… *32*
　　2.2　わが民法の解釈 ……………………………………… *36*
【展開講義　5】　売買において所有権はいつ移転するか
　　　　　　　　　―物権変動の時期の問題 ……………… *38*
3　不動産物権変動の公示 ………………………………………… *40*
　　3.1　「対抗」の意義 ……………………………………… *40*
　　◆導入対話◆
【展開講義　6】　二重譲渡はなぜ成立するのか …………… *46*
　　3.2　登記を必要とする物権変動の範囲 ………………… *47*
　　◆導入対話◆
【展開講義　7】　契約の解除を第三者に主張するには登記が必要か
　　　　　　　　　―契約の解除と登記 …………………… *55*
【展開講義　8】　遺産分割により法定相続分と異なる相続分を取得し
　　　　　　　　たことを第三者に主張するには登記が必要か
　　　　　　　　　―遺産分割と登記 ……………………… *59*
【展開講義　9】　相続放棄により法定相続分と異なる相続分を取得し
　　　　　　　　たことを第三者に主張するには登記が必要か
　　　　　　　　　―相続放棄と登記 ……………………… *60*
　　3.3　登記を必要とする第三者の範囲 …………………… *61*
　　◆導入対話◆
【展開講義　10】　悪意者排除説について ……………………… *67*
【展開講義　11】　背信的悪意者からの善意転得者は保護されるか ……… *68*
　　3.4　不動産登記制度 ……………………………………… *69*
　　◆導入対話◆
【展開講義　12】　登記請求権とは何か ……………………… *77*
【展開講義　13】　不動産売主の登記取引請求権の有無 ……… *78*
【展開講義　14】　中間省略登記は有効か ……………………… *79*
【展開講義　15】　仮登記の順位保全の効力とは何か ………… *79*
4　動産物権変動の公示 …………………………………………… *80*

◆導入対話◆
　　4.1　動産物権変動の対抗要件 …………………………………… 80
　　4.2　即時取得制度 …………………………………………………… 83
◆導入対話◆
【展開講義　16】　占有改定によって即時取得は成立するか ………… 86
【展開講義　17】　指図による占有移転によって即時取得は成立するか … 87
5　明認方法 ………………………………………………………………… 91
◆導入対話◆
　　5.1　明認方法の意義 ………………………………………………… 91
　　5.2　明認方法の効力 ………………………………………………… 92
6　物権の消滅 ……………………………………………………………… 93
◆導入対話◆
　　6.1　物権の消滅原因 ………………………………………………… 93
　　6.2　混　　同 ………………………………………………………… 93
　　6.3　混同以外の消滅原因 …………………………………………… 94

第3章　所　有　権 …………………………………………………… 96

1　所有権の意義と内容 …………………………………………………… 96
◆導入対話◆
　　1.1　所有権の意義とその社会的機能 ……………………………… 96
　　1.2　所有権の法的性質 ……………………………………………… 97
　　1.3　所有権の内容 …………………………………………………… 98
　　1.4　所有権の3つの大きな問題 …………………………………… 100
2　相　隣　関　係 ………………………………………………………… 101
◆導入対話◆
　　2.1　相隣関係の法律問題 …………………………………………… 101
　　2.2　相隣関係の具体的内容 ………………………………………… 103
【展開講義　18】　譲渡または分筆後に袋地または囲繞地が譲渡された
　　　　　　　　　場合に無償囲繞地通行権はどうなるか …………… 106
【展開講義　19】　建築基準法65条は民法234条1項の特則か ……… 107

3　所有権の取得 …………………………………………… 107
　　◆導入対話◆
　　　3.1　所有権取得の原因 ………………………………… 108
　　　3.2　各種の所有権取得原因 …………………………… 108
　　　3.3　添　　付 …………………………………………… 110
【展開講義 20】借家人による建物増改築と付合の関係について …… 112
【展開講義 21】無権原者の植栽と付合 ………………………………… 112
4　共　　有 ………………………………………………… 113
　　◆導入対話◆
　　　4.1　共同所有の形態 …………………………………… 114
　　　4.2　共有の性質 ………………………………………… 116
【展開講義 22】共有の対外的主張 ……………………………………… 116
　　　4.3　共有者間の関係 …………………………………… 117
　　　4.4　準共有 ……………………………………………… 120
【展開講義 23】共有・合有・総有という概念はどのようなものか …… 121
【展開講義 24】共有物分割の方法は現物分割・代金分割・価格賠償
　　　　　　　に限られるか ………………………………………… 121
5　建物区分所有 …………………………………………… 122
　　◆導入対話◆

第4章　用益物権 ……………………………………………… 130

1　用益物権総論 …………………………………………… 130
　　◆導入対話◆
2　地　上　権 ……………………………………………… 132
　　　2.1　地上権の意義 ……………………………………… 132
　　　2.2　地上権と賃借権 …………………………………… 133
　　　2.3　地上権の法律的性質 ……………………………… 134
　　　2.4　地上権の取得 ……………………………………… 134
　　　2.5　地上権の存続期間 ………………………………… 135
　　　2.6　地上権の効力 ……………………………………… 137

3　永 小 作 権 ……………………………………………………………… *140*
　　4　地　役　権 ……………………………………………………………… *141*
　　【展開講義　25】　地役権の時効取得について ……………………………… *143*
　　5　入　会　権 ……………………………………………………………… *144*

第5章　占　有　権 …………………………………………………………… *146*
　　1　占有権の社会的意義と性質・機能 ………………………………… *146*
　　　◆導入対話◆
　　　　1.1　占有権の社会的意義 ………………………………………… *147*
　　　　1.2　占有権の機能 ………………………………………………… *147*
　　　　1.3　占有権の効力と制度の歴史 ………………………………… *148*
　　2　占有権の成立 ………………………………………………………… *149*
　　3　占有権の種類と態様 ………………………………………………… *150*
　　【展開講義　26】　相続は185条の新権原にあたるか ……………………… *151*
　　4　占有権の取得 ………………………………………………………… *152*
　　　◆導入対話◆
　　　　4.1　占有権の原始取得 …………………………………………… *153*
　　　　4.2　占有権の承継取得 …………………………………………… *153*
　　　　4.3　占有権承継の効果 …………………………………………… *154*
　　【展開講義　27】　占有権は相続されるか ……………………………………… *154*
　　5　占有権の効力 ………………………………………………………… *156*
　　　◆導入対話◆
　　　　5.1　権利の推定・事実の推定 …………………………………… *157*
　　　　5.2　善意占有者の果実取得権 …………………………………… *158*
　　　　5.3　占有者と回復者との関係 …………………………………… *158*
　　　　5.4　占有訴権 ……………………………………………………… *159*
　　【展開講義　28】　占有訴権と本権との関係 …………………………………… *161*
　　6　占有権の消滅原因 …………………………………………………… *162*
　　7　準　占　有 …………………………………………………………… *163*

第6章 担保物権序論 ………………………………………… 164
1 担保物権の意義 ……………………………………………… 164
◆導入対話◆
  1.1 債権の掴取力の限界と債権担保手段の必要性 ……… 165
  1.2 人的担保と物的担保 ………………………………… 167
2 担保物権の種類 …………………………………………… 169
  2.1 民法上の担保物権 …………………………………… 169
  2.2 特別法上の担保物権 ………………………………… 170
  2.3 慣行上の担保物権 …………………………………… 172
3 担保物権の性質と効力 …………………………………… 173
  3.1 担保物権の性質 ……………………………………… 173
  3.2 担保物権の効力 ……………………………………… 175

第7章 抵 当 権 ………………………………………………… 177
1 序 説 ……………………………………………………… 177
◆導入対話◆
  1.1 抵当権の意義 ………………………………………… 177
  1.2 抵当権の法的性質 …………………………………… 178
【展開講義 29】 いわゆる近代的抵当権論とは何か ……… 178
  1.3 抵当権の経済的作用 ………………………………… 180
2 抵当権の設定 ……………………………………………… 181
◆導入対話◆
  2.1 抵当権設定契約と登記 ……………………………… 181
【展開講義 30】 無効な登記の流用は認められるか ……… 183
  2.2 被担保債権 …………………………………………… 185
3 抵当権の効力 ……………………………………………… 186
◆導入対話◆
  3.1 抵当権の効力の及ぶ範囲 …………………………… 187
◆導入対話◆
【展開講義 31】 付加物には従物が含まれるか …………… 192

◆導入対話◆
【展開講義 32】 代位物の払渡または引渡前の差押にはどのような意
　　　　　　　　　義があるか……………………………………………………*204*
【展開講義 33】 保険金請求権への物上代位と保険金請求権上の質権
　　　　　　　　　のいずれが優先するか ……………………………………*207*
　　3.2 抵当権の侵害に対する効力 ………………………………………*208*
　　◆導入対話◆
　　3.3 抵当権の優先弁済的効力 …………………………………………*212*
　　◆導入対話◆
【展開講義 34】 抵当不動産上の担保権や用益権は競売による売却に
　　　　　　　　　よってどうなるか………………………………………………*215*
　　3.4 抵当権と用益権 ……………………………………………………*218*
　　◆導入対話◆
【展開講義 35】 更地に抵当権が設定された場合，その後に設定者に
　　　　　　　　　よって建築された建物について法定地上権が成立する
　　　　　　　　　か ……………………………………………………………*223*
【展開講義 36】 土地と地上建物双方に抵当権が設定され，その後建
　　　　　　　　　物が再築された場合には，再築建物について法定地上
　　　　　　　　　権が成立するか………………………………………………*226*
【展開講義 37】 期間の定めのない建物賃貸借は395条の保護を受け
　　　　　　　　　るか ……………………………………………………………*230*
【展開講義 38】 併用賃貸借にはどのような効力が認められるか ……*233*
　　3.5 代価弁済と滌除 ……………………………………………………*235*
　　◆導入対話◆
4　抵当権の処分 …………………………………………………………*238*
　　◆導入対話◆
　　4.1 転 抵 当 ……………………………………………………………*238*
　　4.2 抵当権の譲渡・放棄と抵当権の順位の譲渡・放棄 ……………*241*
　　4.3 抵当権の順位の変更 ………………………………………………*243*
5　共 同 抵 当 ……………………………………………………………*243*

◆導入対話◆
 5.1 共同抵当の意義 …………………………………………………… *244*
 5.2 共同抵当における配当 …………………………………………… *245*
 5.3 同時配当と異時配当 ……………………………………………… *245*

【展開講義　39】　共同抵当の目的不動産の一部が物上保証人や第三取得者に帰属している場合にも，392条に従って配当がなされるか …………………………………………………… *247*

6 根抵当権 …………………………………………………………… *250*

◆導入対話◆
 6.1 根抵当権の意義 …………………………………………………… *250*
 6.2 根抵当権の設定と変更 …………………………………………… *251*
 6.3 被担保債権の処分と根抵当権の承継・処分 ………………… *252*
 6.4 共同根抵当 ………………………………………………………… *254*
 6.5 根抵当権の確定 …………………………………………………… *255*

【展開講義　40】　財団抵当とはどのような制度か ……………………… *257*

7 抵当権の消滅 ……………………………………………………… *258*

◆導入対話◆
 7.1 抵当権の消滅時効 ………………………………………………… *258*
 7.2 抵当不動産の時効取得による消滅 …………………………… *259*
 7.3 抵当権の目的たる用益物権の放棄 …………………………… *259*

第8章　質　　　権 ………………………………………………… *261*

1 序　　説 …………………………………………………………… *261*

◆導入対話◆
 1.1 質権の意義・設定 ………………………………………………… *261*
 1.2 質権の種類・機能 ………………………………………………… *262*
 1.3 質権に共通する原則 ……………………………………………… *262*
 1.4 質権に共通する効力 ……………………………………………… *263*
 1.5 質権の消滅 ………………………………………………………… *266*

【展開講義　41】　転質の法的構成について ……………………………… *266*

2　各種の質権 …………………………………………………………267
　　　◆導入対話◆
　　　2.1　動 産 質 ………………………………………………………267
　　　2.2　不動産質 ………………………………………………………268
　　　2.3　権 利 質 ………………………………………………………270

第9章　法定担保物権 ……………………………………………………272
　　1　留 置 権 …………………………………………………………272
　　　◆導入対話◆
　　　1.1　留置権の意義と性質 ……………………………………………272
　　【展開講義　42】留置権と同時履行の抗弁権とはどう違うか…………273
　　　1.2　留置権の成立要件 ………………………………………………273
　　【展開講義　43】占有が後に違法となった場合にも留置権は成立する
　　　　　　　　　　か ……………………………………………………275
　　【展開講義　44】商事留置権について ……………………………………276
　　　1.3　留置権の効力 ……………………………………………………276
　　　1.4　留置権の消滅 ……………………………………………………277
　　2　先取特権 …………………………………………………………278
　　　◆導入対話◆
　　　2.1　先取特権の意義と性質 …………………………………………278
　　　2.2　先取特権の種類 …………………………………………………279
　　　2.3　先取特権の順位 …………………………………………………280
　　　2.4　先取特権の効力 …………………………………………………281
　　【展開講義　45】動産売買先取特権による物上代位について…………283
　　　2.5　先取特権の消滅 …………………………………………………283

第10章　非典型担保 ………………………………………………………284
　　1　序　　説 …………………………………………………………284
　　　◆導入対話◆
　　　1.1　典型担保から非典型担保へ ……………………………………284

1.2　最近の非典型担保の特徴 …………………………………… *285*
　2　譲 渡 担 保 ………………………………………………………… *286*
　　◆導入対話◆
　　　2.1　譲渡担保の意義・設定契約 …………………………………… *287*
　　　2.2　譲渡担保の法律構成 …………………………………………… *289*
　　　2.3　譲渡担保の効力 ………………………………………………… *290*
　　　2.4　当事者の実体的権利と第三者効 ……………………………… *292*
　　　2.5　集合流動財産の譲渡担保 ……………………………………… *293*
　　　2.6　譲渡担保の消滅 ………………………………………………… *293*
【展開講義　46】　譲渡担保の法的構成について ………………………… *293*
【展開講義　47】　集合流動動産譲渡担保の法的構成について ………… *294*
【展開講義　48】　動産売買先取特権と流動動産譲渡担保が競合した場
　　　　　　　　　合にどちらが優先するか ……………………………… *295*
【展開講義　49】　集合債権譲渡担保について …………………………… *295*
　3　仮 登 記 担 保 …………………………………………………………… *296*
　　◆導入対話◆
　　　3.1　仮登記担保の意義と設定契約 ………………………………… *297*
　　　3.2　仮登記担保の効力 ……………………………………………… *298*
　　　3.3　仮登記担保の消滅 ……………………………………………… *299*
　4　所 有 権 留 保 …………………………………………………………… *299*
　　◆導入対話◆
　　　4.1　所有権留保の意義・設定契約 ………………………………… *300*
　　　4.2　所有権留保の効力 ……………………………………………… *300*
　　　4.3　所有権留保の実行 ……………………………………………… *301*
　　　4.4　所有権留保の消滅 ……………………………………………… *301*
　5　代 理 受 領 ……………………………………………………………… *301*
　　　5.1　代理受領の意義・設定契約 …………………………………… *301*
　　　5.2　代理受領の法的性質 …………………………………………… *302*
　　　5.3　代理受領の効力 ………………………………………………… *302*
　　　5.4　代理受領の消滅 ………………………………………………… *303*

【展開講義 50】 代理受領と振込指定について …………………………303

資　　料………………………………………………………………305
事項索引………………………………………………………………310
判例索引………………………………………………………………317

文献略語

【教科書・体系書など】

S物権	淡路剛久＝鎌田薫他『民法Ⅱ物権［第2版］』（有斐閣）
石田・	石田喜久夫『口述物権法』（成文堂）
稲本・	稲本洋之助『民法Ⅱ（物権）』（青林書院）
内田・民法Ⅰ	内田貴『民法Ⅰ総則・物権総論［第2版］補訂版』（東京大学出版会）
内田・民法Ⅲ	内田貴『民法Ⅲ債権総論・担保物権』（東京大学出版会）
双書(2)・	遠藤浩＝川井健他編『民法(2)物権［第4版］』（有斐閣）
双書(3)・	遠藤浩＝川井健他編『民法(3)物権［第4版］』（有斐閣）
近江・講義Ⅱ	近江幸治『民法講義Ⅱ〔物権法〕』（成文堂）
近江・担保	近江幸治『担保物権法［新版補正版］』（弘文堂）
於保・	於保不二雄『物権法（上）』（有斐閣）
川井・担保	川井健『担保物権法』（青林書院）
川井・概論(2)	川井健『民法概論2物権』（有斐閣）
北川・	北川善太郎『物権（民法講要Ⅱ）［第2版］』（有斐閣）
末川・	末川博『物権法』（日本評論社）
鈴木・	鈴木禄弥『物権法講義［4訂版］』（創文社）
高木他・	高木多喜男＝曽田厚也『民法講義3担保物権［改訂版］』（有斐閣）
高木・	高木多喜男『担保物権法［新版］』（有斐閣）
田中・	田中整爾編『現代民法講義2物権法［第2版］』（法律文化社）
田山・	田山輝明『物権法［補正版］』（弘文堂）
椿・	椿寿夫編『現代民法講義3担保物権法』（法律文化社）
道垣内・	道垣内弘人『担保物権法』（三省堂）
広中・	広中俊雄『物権法［第2版増補］』（青林書院）
舟橋・	舟橋諄一『物権法』（有斐閣）
星野・	星野英一『民法概論Ⅱ（物権・担保物権）』（良書普及会）
槇・	槇悌次『担保物権法』（有斐閣）

丸山・	丸山英気『物権法入門』(有斐閣)	
柚木=高木・物権	柚木馨=高木多喜男『判例物権法総論〔補訂版〕』(有斐閣)	
柚木=高木・	柚木馨=高木多喜男『担保物権法〔第3版〕』(有斐閣)	
我妻=有泉・講義Ⅱ	我妻栄=有泉亨補訂『新訂物権法〔民法講義Ⅱ〕』(岩波書店)	
我妻・講義Ⅲ	我妻栄『新訂担保物権法(民法講義Ⅲ)』(岩波書店)	
我妻・案内 (3-1)	我妻栄=幾代通補訂『民法案内3-1 物権法上』(一粒社)	
我妻・案内 (3-2)	我妻栄=幾代通補訂『民法案内3-2 物権法下』(一粒社)	
我妻・案内 (4-1)	我妻栄=川井健補訂『民法案内4-1 担保物権法上』(一粒社)	
我妻・案内 (4-2)	我妻栄=清水誠補訂『民法案内4-2 担保物権法下』(一粒社)	

【論文・判例解説など】

演民	遠藤浩=川井健=西原道雄編『演習民法(総則・物権)』(青林書院)
争点Ⅰ	加藤一郎=米倉明編『民法の争点Ⅰ』(有斐閣)
ハンド民Ⅰ	林良平=安永正昭編『ハンドブック民法Ⅰ』(有斐閣)
講座Ⅱ・Ⅲ	星野英一編集代表『民法講座2〜3』(有斐閣)
展開民Ⅰ	山田卓生=野村豊弘他『分析と展開民法Ⅰ〔第2版〕』(弘文堂)
基コ物権	遠藤浩編『基本法コンメンタール物権〔第4版〕』(日本評論社)
注民(7)〜(9)	中川善之助=柚木馨他編集代表『注釈民法(7)〜(9)』(有斐閣)
新注民(6)・(9)	於保不二雄=谷口知平他編集代表『新版注釈民法(6)・(9)』(有斐閣)
注解民	林良平編『注解判例民法1b物権法』(青林書院)
我妻・コンメ物権	我妻栄=有泉亨・清水誠補訂『新版コンメンタール物権法』(日本評論社)
我妻・コンメ担保	我妻栄=有泉亨・清水誠補訂『新版コンメンタール担保物権法』(日本評論社)
百選	星野英一=平井宜雄編『民法判例百選Ⅰ〔第4版〕』(有斐閣)

導入対話による

民法講義（物権法）

第1章　物権法序論

1　序　説

─────── ◆ 導入対話 ◆ ───────

教師：これから，この本で物権法を学んでいくことになりますが，ここでは最初に，物権法の対象である物権について，それはどのような権利であるのか，それはどのような性質を備えているのか，そして物権にはどのような種類のものがあるのかといったことなどを学びます。

学生：民法上の財産権として，物権のほかに債権がありますが，物権と債権とはどう違うのでしょうか。

教師：債権について詳しいことは，債権法で学んでいただくとして，両者の違いを簡単にいうと，つぎのように考えられています。すなわち，民法は，私たちの生活関係を財産的な関係と家族的な関係に分けて規律するものですが，前者の財産的な関係については，物権と債権という2種類の権利を使って処理しています。そして，物権は人の物に対する支配権であり，債権は人の人に対する請求権であるとされています。このような，物権が物に対する支配権であり債権が人に対する請求権であるということから，両者の法的性質などについていろいろな違いが出てくるわけです。

1.1　物権の意義と性質

(1)　物権の意義

物権は，「特定の物を直接的かつ排他的に支配して，一定の利益を享受できる権利」と定義され，人の物に対する**支配権**（**対物権**）ととらえられている。物権法と呼ばれる民法の分野は，この物に対する支配権を取り扱う法領域であり，どの物が誰に帰属し，誰のどのような支配に服しているのかという秩序

(**財貨帰属秩序**)に関するものである。たとえば，Aが甲地を所有している場合を例にあげると，この場合Aは甲地に対して所有権という物権を有しているが，このことは甲地という特定の物がAに帰属し，しかもAによって自由に使用・収益・処分されるという支配に服していることを意味している（206条参照）。これに対し，物権とともに民法上の財産権とされる債権は，「特定の人（債権者）が特定の人（債務者）に対して一定の行為（給付）を請求できる権利」と定義され，人の人に対する**請求権（対人権）**ととらえられている。この人に対する請求権を対象とする民法の分野が債権法であり，BがAとの間で売買契約を結んでAの甲地を買い受けるというような**財貨移転秩序**に関する法である。

(2) 物権の法的性質

(ア) 支配権　物権は，特定の物を直接的・排他的に支配する権利であり，支配権であるとされる。支配とは，権利者の力が何らかの形で物の上に及ぼされていることをいい，所有権について規定されている「使用，収益及び処分」(206条)は，その代表的なものである。これに対し，債権は，債権者が債務者に対して一定の行為を請求できる権利であり，請求権であるとされる。

(イ) 直接性　直接的に支配するとは，物権を有する者は他人の行為を介在しないで目的物を支配できることを意味し，これを**物権の直接性（直接支配性）**という。これに対して，債権は，債務者に対して一定の行為を請求できる権利であるので，債務者という特定の人の行為があって初めてその権利の内容が実現される。つまり，権利の内容が実現されるために他人の行為を必要とするかどうかで物権と債権とで違いがあり，物権は，他人の行為を必要とせずに権利の内容を実現できる。

(ウ) 排他性　(a) 意義　排他的とは，同一物の上に同一内容の物権は2つ以上成立できないことを意味し，これを**物権の排他性**という。たとえば，Aがすでに所有している土地に，同時にBが所有権を取得することはできない。この物権の排他性は，物権が物を直接的に支配する権利であることにもとづくものである。したがって，人に対する請求権である債権には，原則として排他性がなく，同一の債務者に対して同じ内容の債権が2つ以上成立することができる（たとえば，AがBとの間で5月3日の午後2時から4時まで甲という場

所で講演をするという契約を結んだ後に、Cとの間でも同じ日の同じ時間に乙という別の場所で講演をする契約を結んだ場合)。

(b) 物権の公示の必要性　この排他性によって、物権には他人の権利の成立を排斥する強い効力があることから、物権の存在すなわちある物の上に誰がどのような物権をもっているかということを、他人が認識できるような形で表示（公示）することが必要となる。そのために、不動産上の物権については登記（177条）、動産上の物権については引渡（178条）という公示方法が設けられている。

(エ) 絶対性　物権は権利者以外のすべての人（天下万人）に対して主張できる絶対的な権利であるとされる。したがって、物権においては、権利者以外のすべての人が権利者の物の支配を侵害してはならないという義務を負う。これに対し、債権は債務者という特定の人に対してだけ主張できる相対的な権利であり、債務者という特定の人だけが義務（債務）を負うとされる。

1.2　物権の客体

(1)　有体物

物権の客体は、原則として特定した独立の物である。ここでいう物は、有体物（85条）に限られるのが原則である。**有体物**とは、気体・液体・固体のいずれかであり、外界の一部を占めている物質をいう（物の意義やその分類については、『導入対話による民法講義（総則）』第5章参照）。しかし、例外として、財産権を客体とする物権が存在する。たとえば、権利質（362条）や地上権・永小作権を客体とする抵当権（369条2項）などである。

(2)　一物一権主義

物権の客体については、**一物一権主義**と呼ばれる原則がある。これは、物権の客体は1個の独立した物でなければならないという原則である。この原則には物権の排他性の意味が含まれることもあるが、物権の客体に関する原則としては、つぎの2つの意味が強調される。第1は、複数の物の上に1個の物権は成立できないという意味である。たとえば、ある図書館の蔵書全体の上に1個の所有権が成立することは認められず、蔵書の1冊ずつの上に1個の所有権が成立する。第2は、1個の物の一部や構成部分に物権は成立できないという意味である。たとえば、1台の自動車を前半分と後半分に分けて、それぞれを別

個の所有者に帰属させることは認められない。このような一物一権主義の原則は，物権の客体の特定性・独立性を確実にして，物権の公示を容易にするためのものである。しかし，この原則にもかかわらず，物の集合体の上に1つの物権の成立を認める必要性があり，特別法や判例によって認められてきている（物権の客体としての集合物については，『導入対話による民法講義（総則）』【展開講義 **19**】参照）。

　(3)　物権の主な客体

　㋐　土地　　(a)　1個の土地が1個の物権の客体となる。土地の個数は，地表を人為的に区画して土地登記簿上「1筆」の土地として登記されたものが1個の土地とされる。土地は個数を変更することが可能であり，1個（1筆）の土地を2個（2筆）以上に分けることを**分筆**，2個以上の土地を1個にまとめることを**合筆**といい，不動産登記法にそのための登記手続が定められている（不登81条ノ2以下）。

　(b)　1筆の土地の一部について物権，とくに所有権の成立が認められるかという問題がある。判例は，まず所有者が一線を画しあるいは標識を設けるなどして，1筆の土地の一部を外形上区分して売却した場合には，その部分の所有権が買主に移転することを認める。ただし，分筆をしてその部分を1筆の土地としない限り，所有権移転登記をすることができない（大連判大13・10・7民集3巻476頁〔栗尾山林事件〕）。つぎに，わが民法が占有のみを要件とする所有権の取得時効を認めているため（162条），判例は，1筆の土地の一部について時効による所有権の取得を肯定している（大連判大13・10・7民集3巻509頁〔孫左衛門塚事件〕）。通説もこれらの判例を支持している。

　㋑　建物　　(a)　わが民法では，土地とその定着物が不動産とされる（86条1項）。土地の定着物には，大きく分けて土地と別個の不動産とされるものとそうでないものとがあるが，建物は前者に該当し，常にその敷地とは独立した不動産と扱われる（370条参照）。建築中の建物がいつから独立した不動産になるかということが，とくに登記との関係で問題になる。判例は，屋根および周囲の荒壁ができて建物の内と外とが区別できる段階に達した時に不動産となり，登記をすることができるとする（大判昭10・10・1民集14巻1671頁）。

　(b)　原則として，1棟の建物が1個の建物であり，それが1個の物権の客体

になる。しかし，主たる建物のほかに付属建物（離れ座敷・倉庫・車庫など）がある場合には，付属建物は主たる建物と一緒に登記され，両者を合わせて1個の建物として扱われる。さらに，「1棟の建物に構造上区分された数個の部分で独立して住居，店舗，事務所又は倉庫その他建物としての用途に供することができるものがあるときは」，それぞれの建物部分が独立の建物として所有権（区分所有権）の客体となることができる（区分所有1条）。この場合には，1棟の建物（区分所有建物）が数個の建物として扱われる（建物の区分所有については，第3章5参照）。

(ウ) 立木・未分離の果実　(a) 立木　山林など土地に生えたままの樹木の集団を**立木**という。これは本来土地の一部であり，土地からの独立性をもたないものである。しかし，わが国では民法施行前から立木だけが取引される慣行が存在していた。そこで，立木ニ関スル法律（立木法）によって登記された立木は，土地から独立した不動産とみなされ，所有権と抵当権の客体になることが可能とされた（立木2条）。また，立木法による登記をされない立木は，**明認方法**という特殊な公示方法（たとえば，立木に所有者名を墨書きしたり刻印を押すあるいは所有者名を書いた札をつけるなどの方法）を施せば，土地から独立した不動産と扱われ，所有権を移転できる（明認方法については，第2章5参照）。

(b) 未分離の果実　みかん・桑の葉・稲立毛（田に成育中の稲）などの未分離の果実も，本来は土地の一部であり，独立の物ではない。しかし，これらの果実が成熟した場合に，未分離の状態で取り引きされる経済的必要性があるときには，前述の明認方法を施して誰が所有者であるかが分かるようにしておけば，未分離のままでも独立の動産として取り扱われ，所有権を移転できる。

1.3　物権の種類

(1) 物権法定主義

物権は，民法その他の法律に定められているもの以外に，当事者が契約などによって創設することができない（175条）。つまり，物権の種類・内容はすべて，民法その他の法律に定められているものに限られるということであり，これを**物権法定主義**という。これには，①民法その他の法律に定められている以外の新しい種類の物権を作ることは許されない，②民法その他の法律に定めら

れている物権に法律の規定と異なった内容を与えることも許されないという2つの意味が含まれている。物権法定主義が採用された理由として，①物権の種類と内容を限定し定型化することによって，物権の公示，とくに物権の登記をしやすくするということと，②封建社会に存在した土地上の様々な封建的権利の復活を阻止して，所有権を中心とする近代的な物権制度を確保するということの2つがあげられる。

(2) 民法上の物権

民法は，占有権（180条以下）・所有権（206条以下）・地上権（265条以下）・永小作権（270条以下）・地役権（280条以下）・入会権（263条・294条）・留置権（295条以下）・先取特権（303条以下）・質権（342条以下）・抵当権（369条以下）の10種類の物権を定めている。これらの物権は，つぎのように分類できる。

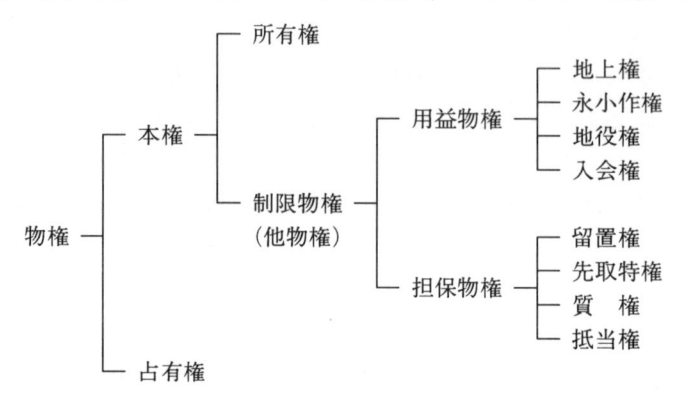

```
                                              ┌─ 地上権
                              ┌─ 所有権         ├─ 永小作権
                              │          ┌─ 用益物権 ─┤
                              │          │      ├─ 地役権
                              │          │      └─ 入会権
物権 ─┬─ 本権 ─┤          ─┤
      │                      └─ 制限物権 ─┤
      │                        （他物権）  │      ┌─ 留置権
      │                                   │      ├─ 先取特権
      │                                   └─ 担保物権 ─┤
      │                                          ├─ 質 権
      │                                          └─ 抵当権
      └─ 占有権
```

(ア) 占有権と本権　　**占有権**は，物を現実に支配しているという事実状態にもとづいて認められる権利であり，物に対する事実上の支配状態を保護するものである。そこでは物を支配する権原の有無は必要とされない。これに対し，**本権**とは，現実に物を支配しているか否かにかかわりなく，物の支配を根拠づける権利であり，占有権以外の物権はすべて本権とされる。

(イ) 所有権と制限物権　　本権は，所有権と制限物権に分類される。所有権は，使用・収益・処分というように，目的物を全面的・包括的に支配できる権利であり，近代民法における物権制度は，この所有権を中心に構成されている。**制限物権**は，所有権と異なり，目的物を一定の限られた範囲でのみ支配できる権利であり，原則として他人の物の上にしか成立しないので，**他物権**ともいわ

れる。

　(ウ)　**用益物権と担保物権**　制限物権は，用益物権と担保物権に分類される。**用益物権**とは，他人の土地を使用・収益できる権利をいい，地上権・永小作権・地役権・入会権がこれに含まれる。**担保物権**は，他人の物を債権の担保すなわち債権の弁済確保のために支配できる権利であり，留置権・先取特権・質権・抵当権がこれに該当する。

　(3)　特別法上の物権
　(ア)　**商法**　商法が定める物権として，商事留置権（商51条・521条・557条・562条・753条），船舶債権者の先取特権（商842条），商事質権（商515条），船舶抵当権（商848条）などの担保物権がある。
　(イ)　**商法以外の特別法**　商法以外の特別法が定める物権として，鉱業権（鉱業5条・12条），租鉱権（鉱業6条・71条），採石権（採石4条），漁業権（漁業6条・23条），入漁権（漁業7条・43条）などの用益物権と，工場抵当権（工抵2条），各種の財団抵当権（工場抵当法，鉱業抵当法，漁業財団抵当法など），企業担保権（企業担保1条），各種の動産抵当権（自動車抵当法，建設機械抵当法，航空機抵当法など），仮登記担保権（仮登記担保法）などの担保物権がある。

【展開講義　1】　慣習法上の物権は認められるか
　(1)　物権法定主義の問題点
　(ア)　民法175条が定める物権法定主義については，民法施行以後つぎの2つの問題が生じている。第1は，民法施行前から存在する慣行的な物権的権利を物権法定主義との関係でどのように扱うかという問題である。具体的には，流水利用権（水利権）・温泉専用権（温泉権）・上土権（うわつちけん）などが問題となった。第2は，民法施行後の取引社会の発展の中で慣行として生じてきた新しい権利を物権法定主義との関係で物権として承認できるかという問題である。このような権利として，譲渡担保権・根抵当権・仮登記担保権があげられる。
　(イ)　これらの問題は，解釈論としては，**慣習法上の物権**を認めることができるかという問題として論じられている。この問題については，175条とそれを補強する民法施行法35条のほかに，慣習に法律としての効力（慣習法）を認める法例2条が関係し，これら3つの条文の関係をどのように考えるかで学説は分かれている（後述(3)参照）。

(2) 判　　例

(ア)　判例は，河川やため池などから水田に水を引いて利用する権利である流水利用権（大判明38・10・11民録11輯1326頁，大判大6・2・6民録23輯202頁）や温泉専用権（後述(イ)参照）については，慣習法上の物権と認めたが，他人の荒地を開墾して田畑を開発した場合に開墾者が慣行として取得する上土権（地表を所有できる権利であるが，実体は慣習法上の耕作権。これに対し，従来の地主がもつ地盤を所有する権利を底土権という）については，慣習法上の物権を否定した（大判大6・2・10民録23輯138頁〔大阪上土権事件〕）。また，譲渡担保権・根抵当権・仮登記担保権などの新しい権利については，判例はその物権性を承認しており，さらに根抵当権と仮登記担保権については，近時の立法でその物権性が確認されている（根抵当権は昭和46年に民法398条ノ2以下で立法化，仮登記担保権は昭和53年に仮登記担保法として立法化）。

(イ)　**慣習法上の物権としての温泉専用権**　　**温泉専用権**とは，地下から湧出する温泉を排他的に管理・利用できる権利である。この温泉専用権を慣習法上の物権として認めた有名なものが，いわゆる「鷹の湯温泉事件」（大判昭15・9・18民集19巻1611頁）である。その事案は，長野県松本地方の浅間温泉の旅館「鷹の湯」の経営者Aが温泉専用権（この地方では湯口権と呼ばれる）を借金の担保としてYに質入した後，湯の出る土地（源泉地）とその湯口権をX銀行に売り渡した。そして，Aから弁済を受けられなかったYがこの湯口権を差し押さえたので，X銀行が強制執行異議の訴えを提起したというものである。原審は，Yの差押前にX銀行が長野県温泉取締規則による届出をなし，また源泉地の所有権移転登記を受けていることから，X銀行は湯口権の取得をYに対抗できるとして，その異議を認めた。大審院は，「本件係争ノ……湯口権ニ付テハ，……長野県松本地方ニ於テハ，右権利ガ温泉湧出地（源泉地）ヨリ引湯使用スル一種ノ物権的権利ニ属シ，通常源泉地ノ所有権ト独立シテ処分セラルル地方慣習法存スルコト」を認め，この権利の変動を第三者に対抗するためには，特別な公示方法を講じなければならないとした。そして，その公示方法として，温泉組合または地方官庁に備えられた登録簿への登録，立札その他の標識，温泉所在の土地自体に対する登記などを示唆し，原審は湯口権取得の公示方法について何ら考慮していないとして，破棄差戻をした。なお，差戻審では当事者間で和解（示談）が成立したために，それによってこの事件は終了している。

(3) 学　　説

(ア)　学説は，慣習法上の物権を認めるべきであるという結論については，今日

では一致している。すなわち，適切な公示方法によって権利の公示が可能であり，近代的な物権制度に適合するものであれば，慣習法上の物権として認められるべきであるとする。しかし，とくに前述の175条と法例2条との関係をどのように解釈すべきかについて，説が分かれている。

　(イ)　民法施行法35条については，民法施行前の慣習法上の物権の整理に関する規定であり，民法施行後に発生する慣習法上の物権まで否認する趣旨のものではないと解するのが，今日の学説一般の理解である。175条と法例2条の関係については，①175条と法例2条そのものが慣習法によって改正または廃止され，それらとは無関係に慣習法上の物権が認められるとする説，②175条の「法律」の中に法例2条の定める慣習法が含まれるとする説，③慣習法上の物権は，法例2条にいう「法令ニ規定ナキ事項」に当たるとして，法例2条によって認められるとする説などがあり，③説が有力である。

2　物権の効力

――――◆　導入対話　◆――――

教師：ここでは，物権の効力として物権の優先的効力と物権的請求権の問題を取り上げます。通常，物権の一般的効力といわれている問題です。

学生：なぜ物権の一般的効力といわれるのですか。

教師：物権には所有権をはじめとして種々のものがあり，それらの物権にはそれぞれ固有の効力が与えられていますが，それら固有の効力については，それぞれの物権を取り扱う箇所で述べることになります。ここでは，およそ物権一般について共通に認められる効力を取り上げますので，物権の一般的効力と呼ばれているのです。

学生：それでは，物権の優先的効力とは，どのような効力をいうのでしょうか。

教師：物権の優先的効力とは，物権相互の間では時間的に先に成立する物権が後に成立する物権に優先し，物権と債権との間では物権が債権に優先するという効力をいいます。これは物権の性質と関連する重要な効力ですので，なぜこれが認められ，どのような内容をもつのかということを考えてみましょう。

学生：物権的請求権というのは，どのような権利なのでしょうか。

教師：物権的請求権とは，物権が侵害された場合に，物権者が侵害者に対して侵

害の除去を求めることができる権利をいいます。たとえば，BがAの土地に無断で建物を建てた場合に，AがBに対して建物の収去と土地の明渡を求めるというようなことです。民法にはこの物権的請求権を定めた規定はありませんが，物権をその侵害から保護するために，物権者には当然に物権的請求権が認められると解されています。けれども，これを定めた明文の規定がありませんので，物権的請求権をめぐるいろいろな問題は解釈に委ねられているわけです。ここでは，この物権的請求権の性質・種類・内容などの問題を検討してみましょう。

2.1 物権の優先的効力

(1) 総　説

すでに述べたように，物権は物に対する排他的な支配権であるために，同一の物について両立できない複数の物権が成立することはありえない。そのため，両立できない複数の物権が競合するときは，それらの優劣関係を決めておくことが必要となる。また，同一物について物権と債権とが競合する場合にも，両者の優劣関係が問題となる。前者は物権と物権との関係の問題であり，後者は物権と債権との関係の問題である。そこで以下では，物権相互間の優劣関係と物権と債権との優劣関係に分けて説明する。

(2) 物権相互間の優先的効力

(ア) 原則　　同一物について内容的に相容れない複数の物権が競合するときには，時間的に先に成立する物権が後に成立する物権に優先するというのが，**物権相互間の優先的効力**の原則である（時において早いものは権利においても優先する）。たとえば，ある土地についてすでにAの所有権が成立している場合には，A以外の者の所有権が同時に成立することはできない。このA所有の土地にすでにBのために地上権が設定されている場合には，その土地を譲り受けたCが取得する所有権はBの地上権の負担がついたものとなる。また，Aが債権者DとEのために所有地に抵当権を設定するというように，抵当権は同一物上に複数成立できるが，この場合DとEの抵当権は成立の時間的順序に従って1番抵当権，2番抵当権というように順位が定められる。しかし，このような原則に対しては，つぎのような重要な例外が存在する。

(イ) 例外　　(a) 公示制度が備わっている物権については，登記や引渡と

いった公示方法（対抗要件）を先に備えたものが優先する（177条・178条）。たとえば，前例でBの地上権取得よりも先にCの所有権取得について登記がなされたときは，Bの地上権はCの所有権に優先できず，Cの所有権は地上権の負担のない完全なものとなる。また，同一物上に設定された複数の抵当権の順位も，抵当権の設定登記の前後によって定まる（373条1項）。このように，公示制度を備えた物権については，この例外が実際には原則となっている。そして，対抗要件を共に備えていない物権相互間でもこの例外が働き，対抗要件が備わっていない以上両者に優劣は存在しないことになる。

(b) 先取特権は，特定の債権を保護するために法律が特別に認めた制度であるため，先取特権相互間および先取特権と他の担保物権との間の優劣関係については，一定の順位が法律で定められている（329条～331条・334条・339条。これについては，第9章2．3参照）。

(3) **債権に対する優先的効力**

(ア) 原則　同一物について物権と債権が競合する場合には，その成立の前後に関係なく物権が債権に優先するのが原則である。たとえば，AがBに賃貸している動産をCに売却した場合，所有権を取得したCは，Bに対して所有権を主張してその動産の返還を求めることができる（売買は賃貸借を破る）（ただし，CがBに対して所有権を主張するためには，対抗要件を備えていることが必要である。これについては，第2章4．1参照）。また，抵当権などの担保物権の目的物について一般債権者が強制執行をかけてきた場合には，担保権者はその差押債権者に優先して弁済を受けることができる（民執87条1項4号・133条）（この場合にも，担保権者が優先弁済を受けるためには，対抗要件を備えていることが必要である）。このように物権が債権に優先するのは，物権には排他性があるのに対して，債権には排他性がないからである。しかし，このような原則についても，つぎのような例外がある。

(イ) 例外　(a) 不動産の賃貸借は，登記（605条）または特別法上の対抗要件（借地借家10条1項・31条1項，農地18条1項）を備えることによって，後に成立する物権に優先する（**不動産賃借権の物権化**）。

(b) 不動産物権の変動を目的とする請求権（債権）は，仮登記を備えることによって，結果的には後に成立する物権に優先する効力を有する（不登2条2

号・7条2号)(ただし,その後の物権変動にもとづいて仮登記を本登記に改めることが必要である。これについては,第2章**3.4**参照)。

2.2 物権的請求権

(1) 物権的請求権の意義と根拠

(ア) **意義**　**物権的請求権**とは,物権の物に対する直接的支配が侵害されまたは侵害される危険性がある場合に,物権者が侵害者または侵害の危険性のある者に対して,侵害の除去または侵害の予防を請求できる権利をいう。たとえば,A所有の土地にBが無断で建物を建てた場合,それによってAの所有権による土地の直接的支配が侵害されていることになる。この場合,Aは実力によって無断で建てられた建物を取り除いて,所有権による土地の直接的支配を回復することができない。近代国家の法治主義の下では,原則として権利者であっても実力によって自己の権利を実現したり回復したりすることが許されないからである(**自力救済の禁止**)。その代わりに,Aは土地所有権に基づいてBに対して建物の収去と土地の明渡を請求し,さらにはBを相手に裁判所に訴えを提起することができる。そして,Aの訴えが認められてもBが建物の収去と土地の明渡をしないときには,Aは裁判所(国家)の力によって建物を取り除いて土地を明け渡してもらうことになる(強制執行)。このように,物権の侵害状態や侵害の危険性がある場合には,物権者はその除去や予防を求め,さらには裁判所に訴えることができ,このために物権者に認められている権利が物権的請求権なのである。

(イ) **根拠**　(a) 民法の起草者は,物権的請求権の存在を当然のものと考えていたために,民法に物権的請求権を定めた明文の規定を設けなかったといわれている。しかし,学説は,物権的請求権の認められる根拠について検討を加えている。まず,法文上の根拠として,①本権の有無を問わず事実上の支配状態にもとづいて認められる,仮のあるいは一時的な権利ともいうべき占有権について,その侵害から保護する占有の訴え(占有訴権)(197条以下。これについては,第5章**3**参照)が認められている以上,占有権より強力な物権についても,その侵害からの保護を目的とする物権的請求権が当然に認められるべきであること,②202条1項が占有の訴えのほかに「本権の訴え」を規定しており,これを物権的請求権と解釈できることが挙げられている。

(b) さらに，物権的請求権の認められる実質的根拠が問題となるが，これについては説が分かれている。すなわち，①権利の不可侵性に根拠を求める説，②物権の絶対性に根拠を求める説，③物権の直接支配性に根拠を求める説，④物権の排他性に根拠を求める説などがある。すでに述べたように，物権は物に対する直接的な支配権であり（物権の直接性または直接支配性），この直接的な支配が侵害されたり侵害される危険性がある場合に，侵害の除去や予防を求めて物に対する直接的な支配を確保する機能をもつのが物権的請求権であると解することができよう。

(2) 物権的請求権の法的性質

(ア) 法的性質　物権的請求権の法的性質については，①物権の効力または作用であって，独立の権利ではないとする説（大判大5・6・23民録23輯1161頁，大判昭3・11・8民集7巻970頁など），②物権の侵害者に対して行為を請求することに着目して，純粋の債権または債権に準ずる特殊な請求権とする説，③物権から派生し，これに依存する別個または独立の請求権とする説（通説）などがある。このように説は分かれているが，物権的請求権は物権と離れては無意味であり，物権と運命を共にすると解するのが判例・通説である。すなわち，物権が移転すれば，これに伴って物権的請求権も移転し（前掲大判昭3・11・8），物権が消滅すれば，同時に物権的請求権も消滅する。

(イ) 物権的請求権と消滅時効　(a) 物権的請求権の法的性質との関係で多少議論されているのが，物権的請求権は物権とは独立に消滅時効にかかるかという問題である。地上権や永小作権などの用益物権が時効によって消滅し（167条2項），あるいは所有権が他人の時効取得（162条）によって消滅する場合には，前述したように，物権自体が消滅するために物権的請求権の時効消滅を問題にする余地はない。ここで問題とするのは，物権自体は存続しながら，物権的請求権だけが時効によって消滅するかということである。

(b) この問題につき，判例は，物権的請求権は物権の作用であって独立の権利ではないとして，物権的請求権だけが消滅時効にかかることはないとする（前掲大判大5・6・23）。学説でも，判例と同様に，物権的請求権だけの消滅時効を否定するのが通説である。しかし，その理由は，物権的請求権の性質論からではなく，つぎのような実際的考慮から導き出されている。すなわち，①

167条2項によって所有権は消滅時効にかからないのに，物権的請求権だけが時効によって消滅することになると，所有物を奪われた所有者は所有権があるのに返還請求ができず，侵奪者は所有権がなくても返還する必要がなくなって，不都合な結果が生じ，また，②物権的請求権は，物権の侵害状態を除去するためのものであるから，侵害状態が継続している間は絶えず発生しており，したがって消滅時効にはかからないというものである。

(c) これに対して，特定の侵害者に対する関係で具体的に発生した個別の物権的請求権は消滅時効にかかると解する有力な説もある[1]。すなわち，時効によっていわば抽象的な物権的請求権が包括的に消滅すると解するならば，通説の主張するように，不都合な結果が生じることになる。しかし，特定の具体的な侵害状態が存在するにもかかわらず，物権者が物権的請求権を行使せず長年月放置している場合に，その特定の侵害に対する関係で消滅時効によりもはや物権的請求権の行使を認めないと解しても，それは背理ではない。この消滅時効は，特定の侵害に対する物権的請求権についてだけであり，これによっておよそ一般的に当該物権について物権的請求権が消滅するものではないので，別個の侵害に対しては，物権者は依然として物権的請求権を行使できるからであるとする。

(3) 物権的請求権の種類

(ア) 種類　(a) 物権的請求権の種類として，①物権者が物の占有を喪失した場合に認められる物権的返還請求権，②物権者が占有喪失以外の方法で物の直接的支配を妨害されている場合に認められる物権的妨害排除請求権，③物権が将来侵害される危険性が大きい場合に認められる物権的妨害予防請求権の3つがある。それぞれ占有の訴えにおける**占有回収の訴え**（200条）・**占有保持の訴え**（198条）・**占有保全の訴え**（199条）に対応するものである。物権のもっとも典型的なものである所有権については，これら3つの物権的請求権すべてが認められる（所有物返還請求権・所有物妨害排除請求権・所有物妨害予防請求権）。しかし，それ以外の物権については必ずしもそうではない。そこで，以下では，所有権にもとづく物権的請求権を中心にして説明する。

---

[1]　新注民(6)111頁（好美）。

(b) 所有権以外の物権の中で地上権・永小作権については，所有権と同様に，返還請求権・妨害排除請求権・妨害予防請求権のいずれも認められる。しかし，とくに担保物権に関しては，つぎのような例外がある[1]。①留置権は占有を内容とする権利であるが，留置権者の占有喪失によって消滅するので（302条本文），返還請求権が生じる余地はない。②先取特権は占有を内容とする権利ではないので，返還請求権は問題にならない。③動産質は，質権者が物の占有を奪われた場合には，占有回収の訴えによる保護を受けるだけであるので（353条），質権者は返還請求権を行使できない。④抵当権は，先取特権と同様に占有を内容とする権利ではないので，返還請求権が認められるかどうか議論がある（これについては，第7章 3.2 参照）。

(イ) 物権的返還請求権　(a) 意義　**物権的返還請求権**とは，目的物の占有を失った物権者が正当な権原のない占有者に対して目的物の返還（占有の回復）を請求できる権利をいう。目的物が動産の場合には「引渡請求」，不動産の場合には「明渡請求」と呼ばれる。冒頭で述べたような，BがAの所有地に無断で建物を建て，それによってAが土地の占有を失った場合に，AがBに対し所有権に基づいて建物の収去と土地の明渡を求めるというのが，その一例である。返還請求権が認められる第1の要件は，物権者が目的物の占有を失うこと（占有の喪失）である。物権者が失う占有は，直接占有でも間接占有でもよい（直接占有・間接占有については，第5章 1.3 参照）。また，占有を失った原因は問わない。たとえば，所有者が占有を奪われた場合（占有侵奪）はもちろんのこと，契約によって目的物を引き渡した後に契約の無効が判明したような場合でも，所有者は返還請求権を行使できる。第2の要件は，法律上正当な権原を有しない不法な占有者がいることである。この不法な占有については，占有者の故意または過失にもとづくことを必要としない。

(b) 請求権者　返還請求権を行使できる者は，目的物の占有を失った物権者である。占有を失った所有者からの譲受人も返還請求権を行使できる。物権について登記（不動産の場合）または引渡（動産の場合）などの公示手段（対抗要件）を備えていることが必要であるが，請求の相手方が侵奪者などのよう

---

1) 新注民(6)116頁以下（好美），広中275頁以下。

な不法行為者であるときには，これらの公示手段を備えている必要はない。所有者AからのBがAの承諾を得ないでCに賃借物を転貸したり賃借権を譲渡したときにも，CのAにとって不法な占有となるので，AはCに対して返還請求権を行使できる。この場合に，AはB貸物を直接自己に返還するようCに請求できるかが問題とされている。判例はこれを肯定するが（最判昭26・4・27民集5巻5号325頁（無断転貸），最判昭41・10・21民集20巻8号1640頁（無断譲渡）など），学説では，Aとの賃貸借が解除されないでBがまだ占有権原を有しているときには，Aは賃借人Bへの返還を請求できるだけであるとするのが有力である[1]。

(c) 返還請求の相手方　返還請求の相手方は，現に目的物を正当な権原なしに占有している者である。これについてまず問題になるのは，たとえば占有侵奪者BがAから侵奪した物をCに賃貸したり預けた場合のように，不法な占有者が他人（占有代理人）を通じて物を間接的に占有（代理占有）している場合に，所有者は誰を相手に返還請求権を行使すべきであるかということである。これについては，①所有者Aは占有代理人Cに直接請求してもよいし（大判大10・6・22民録27輯1223頁），②Bみずからが現実の占有を返還できるときは（たとえば，BがCから取り戻してただちに返還できるとき），Bに直接請求してもよい（大判昭13・1・28民集17巻1号）。そして，③Bみずからが返還できないときは，Aは，BがCに対して有する契約上の返還請求権を自己に譲渡するよう請求できる（大判昭9・11・6民集13巻2122頁）とするのが判例である。学説も同様に解している。

つぎに問題となるのは，不法な占有について占有の承継があった場合であるが，この場合には占有の承継人が現に目的物を不法に占有している者であり，返還請求の相手方になる。たとえば，A所有の動産を無権原で占有するBがこれをCに譲渡した場合には，譲受人Cが返還請求の相手方になる（ただし，192条の定める即時取得によってCが所有権を取得した場合には，Aはもはや返還請求権を行使できない。即時取得については，第2章**4.2**参照）。しかし，X所有の土地に無権原で建物を建てた不法占有者YからZがその建物を譲り受

---

1) 舟橋・44頁，柚木＝高木・物権457頁以下，我妻＝有泉・講義Ⅱ262頁など。

けた場合に、現在の建物所有者Ｚが建物収去と土地明渡の請求の相手方になるのかどうかについては、議論がある（【展開講義　２】参照）。

【展開講義　２】　他人の土地に無権原で建てられた建物が譲渡された場合の建物収去・土地明渡請求の相手方

　(1)　前例においてＸ所有地に無断で建物を建築したＹからそれを譲り受けたＺが所有権移転の登記をも備えている場合には、ＺがＸからの建物収去・土地明渡請求の相手方になることについては判例・学説とも異論がない。ここで問題とされているのは、建物が譲渡されたにもかかわらず登記がまだ譲渡人Ｙ名義になっている場合にも請求の相手方はＺに限られるのか、それともこの場合には登記名義人Ｙも請求の相手方になりうるのかということである。

　(2)　この問題について、これまでの判例は、現実に建物を所有している譲受人Ｚが請求の相手方になり、しかもＺは所有権移転登記を備えていることを必要としないと解していた。すなわち、①未登記建物の所有者ＹがＺにこれを譲渡したのち仮処分の登記嘱託により職権でＹ名義に保存登記がなされたために、敷地所有者ＸがＹを相手に建物収去・土地明渡を請求した事案について、Ｙはもはや建物の管理処分権をもたないことや事実上敷地を支配しているとはいえないことなどを理由に、ＸはＹを相手に請求することは許されず、現実に家屋を所有することによって現実にその土地を占拠して土地の所有権を侵害しているＺを請求の相手方としなければならないとした（最判昭35・6・17民集14巻8号1396頁）。また、②建物譲渡のケースではないが、Ｘ所有地につき賃借権の無断譲渡を受けたＹ₁の夫Ｙ₂がその土地上に建物を建築所有したところ、保存登記はＹ₁とＹ₂の合意でＹ₁名義でなされたので、ＸがＹ₁を相手に建物収去・土地明渡を請求した事案では、建物の所有権を有しない者は、所有者との合意により建物につき自己のための所有権保存登記をしていたとしても、建物を収去する権能を有しないから、建物収去義務を負うものではないとした（最判昭47・12・7民集26巻10号1829頁）。これらの判例によれば、前例の場合、土地所有者Ｘはまだ登記名義を有する建物譲渡人Ｙを請求の相手方にすることができない。

　(3)　学説も判例を支持するのが通説である。しかし、登記名義を有するＹも請求の相手方になるとする有力説が主張されている[1]。その理由として、①前例の

---

1)　於保・143頁、鈴木・133頁、広中・244頁以下、我妻＝有泉・講義Ⅱ172頁以下、幾代・民法研究ノート79頁以下など。

YがZ以外の者に建物を二重に譲渡して登記をすればZは所有権を失うことになり，登記を有するYにはそのような処分権があること，②判例・通説のように解すると，土地所有者Xは登記を信頼することができず，常に建物の実質的な所有者を探してその者を相手に請求するという負担を強いられ，また相手方もたやすく建物所有権の移転を主張して明渡義務を免れることができることなどが挙げられている。

(4) ところが，平成6年最高裁判決は，Xが競売による売却で取得した土地上にすでにA所有の建物が存在していたところ，A死亡後その妻Yが建物につき相続による登記を経由し，その後これをZに譲渡したが，登記はY名義のままであったので，XがYに対し建物収去と土地明渡を求めた事案につき，他人の土地上の建物の所有権を取得した者が自らの意思で所有権取得の登記を経由した場合には，建物を譲渡しても登記名義を保有する限り，土地所有者に対し建物所有権の喪失を主張して建物収去・土地明渡の義務を免れることはできないと判示して（最判平6・2・8民集48巻2号373頁），現在の建物所有者Zだけでなく登記名義人Yも請求の相手方とすることができるとした。①建物収去・土地明渡請求における土地所有者と建物譲渡人との関係は，「土地所有者が地上建物の譲渡を否定してその帰属を争う点で，あたかも建物についての物権変動における対抗関係にも似た関係」であり，自らの意思で自己所有の登記を経由してこれを保有する以上，建物譲渡人は建物所有権の喪失を主張できないこと，②登記に関係なく建物の実質的所有者を相手方にすべきであるとすると，土地所有者はその探求の困難を強いられ，また相手方はたやすく建物所有権の移転を主張して明渡義務を免れるという不都合が生じること，③容易に登記できるにもかかわらず，建物譲渡人が登記を自己名義にしたままで所有権の喪失を主張して建物の収去義務を否定することは信義に反することが，その理由である。

しかし，この平成6年最高裁判決によって(3)の①と②で取り上げた2つの最高裁判決が変更されたのではないことに注意する必要がある。というのは，平成6年最高裁判決でも，未登記建物の所有者が未登記のまま建物を譲渡したのちにその意思によらずに譲渡人名義の登記がなされた①の場合や，登記名義人が実際には建物を所有したことがない②の場合については，現実の建物所有者が請求の相手方になるという従来の考え方が維持されているからである。したがって，平成6年最高裁判決の事案のように，自らの意思で登記を備えた建物所有者が建物を譲渡したが登記は譲渡人名義のままであった場合に，登記名義人も請求の相手方

になりうるということになる。

(ウ) 物権的妨害排除請求権　(a) 意義　**物権的妨害排除請求権**とは，目的物の占有喪失以外の方法で，物権の内容を妨害されている物権者が，この妨害の排除を請求できる権利をいう。たとえば，隣地の樹木が自己の所有地に倒れた場合に，その樹木の撤去を請求するというのがその一例である。妨害排除請求権が問題となる場合は，物権者がなお物の占有を保持している，いいかえれば物の占有を全面的に失っていないので，それは通常不動産について問題となる。妨害排除請求ができる第1の要件は，物の占有喪失以外の方法で物権の妨害状態が存在することである。妨害発生の原因は問わない。人の行為による場合（たとえば，他人が無権原で自己の所有地に木材を置いた場合）だけでなく，自然力による場合（たとえば，隣地の樹木が大風のために自己の所有地に倒れ込んだ場合）でもよい。第2の要件は，物権の妨害状態の作出が正当な権原にもとづかないことである。妨害状態が生じることについて作出者の故意または過失を必要としない。

(b) 妨害排除請求の当事者　妨害排除請求権を行使できる者は，占有喪失以外の方法で物権を妨害されている物権者である。請求の相手方は，正当な権原なしに物権の妨害状態を作出している者である。物によって物権が妨害されている場合には，妨害物の所有者が妨害排除請求の相手方になる。たとえば，家屋の賃借人ＣがＢから所有機械を借りて賃借家屋に備え付け，家屋の賃貸借が終了して立ち退いたのちも機械を撤去しない場合，家屋の賃貸人（所有者）Ａは機械の所有者Ｂに対して機械の撤去を請求することができる（大判昭5・10・31民集9巻1009頁）。そして，妨害物が第三者に譲渡された場合には，譲受人が妨害排除請求の相手方になる。この場合，譲受人が妨害の事実を知っていたかどうかを問わない。

(エ) 物権的妨害予防請求権　(a) 意義　**物権的妨害予防請求権**とは，物権が将来侵害される危険性が大きい場合に，物権者が侵害発生の予防を請求できる権利をいう。妨害予防請求権を行使できる要件は，物権侵害の発生の客観的な可能性があることである。一度現実に侵害が発生したことを必要としない。予防として請求する内容は，物権の侵害になるような行為をしないこと（不作

為）を請求する場合（たとえば，隣地の所有者が境界線近くを深く掘り下げる工事の停止を請求する場合）と，物権の侵害を未然に防ぐ積極的な措置（作為）を請求する場合（たとえば，隣地の老朽化した建物の崩壊を防ぐために補強工事を請求する場合）とがある。

(b) 妨害予防請求権が認められた場合として，①他人の所有地を自己の所有と主張して開墾植樹し，将来も同様の行為をするおそれがある場合（大判大9・5・14民録26輯704頁），②山林から土砂を採取して隣地との間に約14メートルの断層が生じたため，隣地とその上の住宅が崩落する危険が生じた場合（大判昭7・11・9民集11巻2277頁），③宅地に隣接する畑を水田に変更するために境界線上から垂直に約75センチメートル掘り下げたところ，隣接宅地とその上の建物が自然崩落する危険が生じた場合（大判昭12・11・19民集16巻1881頁）などがある。

(オ) 物権的請求権と権利の濫用　物権的請求権の行使が**権利の濫用**に当たるとして裁判上否認されることがある。たとえば，①物権的返還請求権については，飛行場用地の一部として土地を接収された所有者が国に対して行った土地の返還請求（最判昭40・3・9民集19巻2号233頁〔板付飛行場事件〕）や，自動車の所有権留保売買によって所有権を留保している自動車のディーラーが代金をサブディーラーに完済した最終買主に対して行った自動車の返還請求（最判昭50・2・28民集29巻2号193頁）が権利の濫用に当たるとされた。また，②物権的妨害排除請求権については，温泉を引くための木管が無断で他人所有の土地の一部（約2坪）に設置された事実を知った者が土地を譲り受け，隣接する自己の所有地（約3000坪）とあわせて時価の数十倍の価格で買い取らせようとしたが，温泉の経営会社に断られたので，妨害排除請求権を行使して木管の撤去を求めたところ，この妨害排除請求権の行使が権利の濫用に当たるとされたものがある（大判昭10・10・5民集14巻1965頁〔宇奈月温泉事件〕）。このほか，電気会社が無断で他人の所有地の地下に発電用水路のトンネルを設けた場合（大判昭11・7・17民集15巻1481頁〔発電所用トンネル撤去事件〕）や，鉄道会社が無断で他人の所有地を埋め立てて線路を施設した場合（大判昭13・10・26民集17巻2057頁）に，妨害排除請求権の濫用が認められた（権利の濫用については，『導入対話による民法講義（総則）』第2章**1.6**参照）。

【展開講義 3】 物権的請求権は行為請求権か忍容請求権か——物権的請求権と費用負担

(1) 問題の所在

(ア) 物権的請求権は行為請求権か忍容請求権かという問題は，物権的請求権による物権侵害の除去または侵害の予防に要する費用は，請求権者と相手方のどちらが負担するかという問題にかかわるものである。そして，物権的請求権の内容を行為請求と解するか忍容請求と解するかで費用の負担者が異なることになる。すなわち，物権的請求権を物権者が相手方に対して物権侵害の除去行為または予防行為を請求する権利（**行為請求権**）と解するならば，侵害の除去または予防に必要な費用は相手方の負担になる。これに対し，物権的請求権を物権者が行う侵害の除去行為または予防行為の忍容（受忍）を相手方に請求する権利（**忍容請求権**）ととらえるならば，費用は物権者の負担となる。

(イ) なぜこのように費用の負担が問題になるのかというと，つぎのようなことが考えられるからである。本文で述べたように，物権的請求権は，物権の侵害を引き起こしたあるいは侵害の危険のある相手方の故意または過失を必要とせずに，客観的に物権の侵害状態あるいはその危険が生じれば行使できるものである。すなわち，物権的請求権は，相手方に故意または過失があるとしてその責任を追及するのではなく，客観的な物権の侵害状態あるいはその危険性のある状態を解消して物権の正常な支配状態を回復するための制度と解されている。そのため，たとえば100年に1度という大雨によってA所有地の石垣が隣接するB所有地に崩れ落ちた場合，BはA所有の石や土砂によって土地所有権を妨害されているので，責任のないAに対して妨害排除請求権を行使できる。しかし，この場合Aも所有の石や土砂をBによって不法に占有されていると見ることもでき，AはBに対して返還請求権を行使できると解されている。このように2つの物権的請求権が衝突すると考えられる場合に，物権的請求権を行為請求権と解すると，早く訴えを提起して物権的請求権を行使したAまたはBが費用を相手方に負担させることができ，いわば早い者勝ちになりいかにも不合理である。そこで，費用負担をめぐってAとBが有する物権的請求権の関係をどのように調整するかということが問題になる。

(2) 従来の考え方

この問題についてはさまざまな見解が主張されているが，以下では，まず従来の主な見解を取り上げて，上の事例に即しながら説明を加えることにする。

(ア)　**行為請求権説**　判例は，物権的請求権を行為請求権と解し，物権の侵害状態あるいは侵害の危険の発生が相手方の行為によるものかそれとも第三者の行為によるものかを問わない（物権的妨害排除請求権については前掲大判昭5・10・31，物権的妨害予防請求権については前掲大判昭7・11・9，前掲大判昭12・11・19）。ただし，物権の侵害またはその危険が不可抗力によって生じた場合については，傍論ではあるが物権的請求権を否認している（前掲大判昭12・11・19）。しかし，それは，不可抗力の場合にはそもそも物権的請求権そのものが認められないのか，それとも行為請求権としての物権的請求権は認められないが忍容請求権としてのそれは認められるという意味なのか明確ではない。学説も，判例と同様に，物権的請求権を行為請求権と解するのが通説である。

　(イ)　**行為請求権修正説**　これは，原則として物権的請求権を行為請求権と解しながら，返還請求権については，相手方が自らの意思で占有を取得したのではない場合には，相手方が物の支配を解いて所有者が自ら物を持ち去ることを忍容しただけで所有者の目的を達成できるので，例外的に忍容請求権になるとする説である[1]。そして，この説は，妨害排除請求権や妨害予防請求権については，物権の侵害やその危険が第三者の行為や不可抗力によって生じた場合でも行為請求権であると解している[2]。この説によれば，上述の事例の場合には，Bは自らの意思でA所有の石や土砂の占有を取得したのではないので，AのBに対する返還請求権は例外的に忍容請求権となり，BのAに対する妨害排除請求権は原則どおり行為請求権である。したがって，AとBの物権的請求権のいずれが行使されても費用は常にAの負担になるので，費用の負担について不合理な結果にはならない。しかし，この説に対しては，妨害排除請求権や妨害予防請求権については常に相手方が費用を負担することになって不都合であり，また返還請求権について例外を設ける理論的根拠が明らかでないという批判がなされている[3]。

　(ウ)　**忍容請求権説**　この説は，物権的請求権は物権侵害という客観的状態を物権者自らが除去することを相手方に受忍させる権利であるとするものである。したがって，侵害除去の費用は原則として物権者の負担になるが，相手方が同時に不法行為者であるときは，物権者は要した費用を不法行為による損害の一部として相手方に賠償請求できるとする[4]。この説によれば，上述の事例においては，

---

[1]　柚木＝高木・物権453頁以下。同旨，我妻＝有泉・講義Ⅱ265頁。
[2]　柚木＝高木・物権460頁，474頁，我妻＝有泉・講義Ⅱ267頁以下。
[3]　舟橋・46頁。
[4]　鈴木・18頁。

Aは返還請求として自己の費用負担で崩れ落ちた石と土砂をBの土地から運び出すことの忍容をBに求めることになり，またBも妨害排除請求として自己の費用負担で石と土砂をAの土地に運び入れることの忍容をAに求めることになる。そして，もし石垣の崩落についてAに過失がありAが不法行為者に当たると解されるときは，妨害排除請求権を行使したBは費用を損害賠償としてAに請求でき，逆にBに過失があれば，返還請求権を行使したAは費用を損害賠償としてBに請求できる。しかし，石垣が崩落した原因が100年に1度という大雨であり，AとBのいずれにも過失がないとされるときは，両者ともに負担した費用を相手方に請求できない。そのため，先に訴えて物権的請求権を行使した方が費用を負担しなければならないという，いわば早い者が損をするという逆の不合理な結果になる。

(エ) **責任説** これは，物権の侵害またはその危険の発生について相手方に責任（故意または過失など）がある場合には物権的請求権を行為請求権と解し，相手方に責任がない場合には忍容請求権と解する説である[1]。この説によれば，上述の事例において，石垣の崩落につきAに責任があればAの返還請求権は忍容請求権，Bの妨害排除請求権は行為請求権となって，Aが常に費用を負担し，逆にBに責任があればAの返還請求権は行為請求権，Bの妨害排除請求権は忍容請求権になって，費用負担は常にBということになり，費用負担の調整の問題は生じない。しかし，AとBのいずれにも責任がないときは，双方の物権的請求権はともに忍容請求権となり，先に権利を行使した者が自己の費用負担で侵害を除去しなければならなくなり，やはり妥当ではない。そこで，この説の中には，物権者と相手方双方に責任がないときには，費用を折半すべきであるとするものがある[2]。

(3) 近時の新しい考え方

以上に述べてきた行為請求権修正説・忍容請求権説・責任説といった見解は，主として，上述のA所有地の石垣がB所有地に崩落したというような場合にはAの返還請求権とBの妨害排除請求権が衝突するということを前提として主張されてきたものである。しかしながら，このような場合に2つの物権的請求権が衝突すると解することに対して以前から批判が出されていた。すなわち，上述の場合，社会観念に従えば，崩れ落ちたA所有地の石や土砂によってB所有地が侵害さ

---

[1] 川島・新版所有権法の理論117頁，末川・44頁以下，46頁以下，舟橋・46頁。
[2] 渡辺「物権的返還請求権と妨害排除請求権」民法演習Ⅱ101頁など。

ており，Bの行為請求権としての妨害排除請求権が認められるだけであるとして，AとBの物権的請求権が衝突することはあり得ないという批判である[1]。そして，近時では，このような批判的な立場に立って，崩れ落ちたA所有の石や土砂を自己の物として支配する意思が原則としてBには認められないとして，Aの行為請求権としての返還請求権を否定する見解が有力になっている[2]。この見解によれば，Aの所有物によってBの土地所有権が妨害されている以上，Aに対するBの妨害排除請求権のみが認められ，しかもその妨害排除請求権はAの費用負担による石や土砂の除去を請求できる行為請求権であると解することになる。ただ，このように解すると，Bからの妨害排除請求がない限り，AはB所有地に立ち入って自ら崩れ落ちた石や土砂を取り除くことができないことになる。このような不都合を避けるために，近時の学説の中には，たとえば相隣関係上の相互顧慮義務（たとえば，209条1項。相隣関係については，第3章2参照）を根拠にAの隣地への立入引取の権利と隣地所有者Bの忍容義務を認めるものがある[3]。そして，AがBに対して立入と石や土砂の引取との忍容を求めたにもかかわらずBがこれを拒絶し，BがAの石や土砂の占有を取得したと認められるときには，もはやAによるB所有地に対する妨害はやみAの行為請求権としての返還請求権が発生すると解している[4]。以上のような近時の見解によるならば，通説と同様に，物権的請求権の内容を行為請求権と解して差し支えがないのではなかろうか。

―――――――――――――――――――――――――――――――――――――――

[1] 於保・37頁。
[2] 石田・16頁以下，広中・251頁，264頁以下，新注民(6)166頁以下（好美），神田＝長谷川「物権的請求権」演民352頁，奥田「物権的請求権について」法学教室198号19頁以下など。
[3] 新注民(6)167頁（好美），神田＝長谷川・前掲演民352頁。
[4] 石田・16頁，広中・251頁，265頁，神田＝長谷川・前掲演民353頁。

第2章 物権の変動

1 序　説

──── ◆ 導入対話 ◆ ────

教師：この第2章では，主に不動産物権と動産物権の変動をめぐるさまざまな問題を取り扱うことになります。物権変動に関する議論は，単に物権法の中だけではなく，広く民法全体の中でも非常にややこしいものですし，なかなか理解することが困難ですので，しっかりと勉強して下さい。

学生：この序説では，どのようなことが取り上げられるのですか。

教師：まず物権の変動とはどのようなことをいうのか，そしてどのような原因によって物権変動が生じるのかということが取り上げられます。つぎに，物権変動の公示に関する原則として，公示の原則と公信の原則という2つのものが説明されます。

1.1　物権変動の意義と原因

(1)　物権変動の意義

物権の発生・変更・消滅を総称して物権の変動という。これを物権をもつ主体（権利者）から見れば，物権の得喪（取得と喪失）・変更である（177条参照）。たとえば，家屋を新築したり買い受けたりすれば所有権を取得し，家屋を増築すれば所有権の内容が変更され，家屋を取り壊したり譲渡すれば所有権を喪失するというようなことである。このような物権の得喪・変更はさらに，つぎのように分類することができる。

(ア)　物権の取得　　物権の取得は，まず原始取得と承継取得に分けることができ，後者はさらに移転的承継と設定的承継に細分することができる。

(a)　原始取得　　**原始取得**とは，①世の中において全く新しく物権を取得す

ること，および，②前主の物権とは無関係に新しく物権を取得することをいう。家屋の新築による所有権の取得や無主物先占（239条1項）などが前者の例であり，時効取得（162条・163条）・即時取得（192条）・遺失物拾得（240条）・埋蔵物発見（241条）・添付（242条以下）などが後者の例である。とくに後者の場合には，原始取得によって前主の物権は当然に消滅し，前主の物権に付着していた負担（用益物権や担保物権など）や瑕疵なども消滅する。

　(b)　承継取得　　**承継取得**とは，前主の物権を前提として，その権利の負担や瑕疵をもあわせて物権を取得することをいう。これには，前述したように，①売買や相続などによって前主の物権をそのまま譲り受ける**移転的承継**と，②地上権や抵当権の取得のように，前主の物権内容の一部を譲り受ける**設定的承継**とがある。なお，民法は，前者を「物権の移転」といい（176条），それが契約などの法律行為による場合を「物権の譲渡」と呼んでいる（178条）。また，後者を「物権の設定」と呼ぶ（176条）。

　(イ)　物権の喪失　　物権の喪失は，権利者が物権を失うことであるが，これには，①物権の**絶対的喪失**と②物権の**相対的喪失**とがある。前者は，家屋の焼失による所有権の喪失などのように，物権自体が存在しなくなることをいう。民法は，これを「物権の消滅」と呼んでいる（179条）。これに対し，後者は，売買によって売主は目的物の所有権を失うが，買主はそれを取得する場合のように，物権の主体の変更のことをいう。前述の移転的承継を前主の立場から見たものである。

　(ウ)　物権の変更　　物権の変更とは，物権自体の同一性を維持しながら，物権の客体や内容を変えることをいう。たとえば，所有家屋の増築をしたり，抵当権で担保している債権の額を増やしたりする場合などである。

　(2)　物権変動の原因

　以上のような物権の変動を生じる原因にはさまざまなものがあるが，これを大別すると，法律行為とそれ以外のものとに区別することができる。

　(ア)　法律行為　　物権の変動を生じる原因の中で重要なものが法律行為である。すなわち，物権変動を発生させる意思表示を要素として成立する法律行為である。その最も重要なものは，売買契約・贈与契約・地上権設定契約・抵当権設定契約などの契約であり，以下の物権変動をめぐる議論はこれ（とりわけ

売買契約)を中心に述べる。このほかに,遺言や物権の放棄などの単独行為もある。

(イ) 法律行為以外の原因　物権の変動は,法律行為以外の原因によっても生じる。民法が定めている法律行為以外の原因としては,取得時効と消滅時効(167条2項)・混同(179条)・無主物先占・遺失物拾得・埋蔵物発見・添付・相続(882条以下)などがある。このほかに,目的物の滅失などもある。

1.2 物権変動と公示の原則・公信の原則

(1) 公示の原則

(ア) 物権変動の公示の要求　すでに述べたように,物権には排他性という性質があり,ある物についてある人が物権を取得すると,他の人はそれと衝突する内容の物権を同時に取得できなくなる。したがって,たとえばBがAから売買によって土地を取得しようとする場合,その土地がすでに第三者Cの所有であれば,物権の排他性によってBはもはやAから所有権を取得することができなくなり,あるいはその土地上にDのためにすでに抵当権が設定されておれば,その抵当権の実行によってBはせっかく取得した所有権を失ってしまうことになる。このような不利益をBが受けないようにするためには,土地の所有権がCにあることやDのために抵当権が設定されていることが明らかにされなければならない。そのためには,目に見えない観念的な存在である所有権や抵当権の所在や変動をBにわかるように一定の形式で外部に表示することが必要となる。ここに,一般に物権変動は外部から認識できる一定の表象を伴わなければならないという,物権変動について公示を要求する考え方が生まれてくる。そして,物権変動を外部から認識できるように表示することを公示といい,そのための手段を**公示手段**(**公示方法**)と呼んでいる。民法では,不動産物権の変動については登記,動産物権の変動については引渡が公示手段として定められている。このほか,立木や未分離の果実の物権変動については,明認方法という特殊な公示手段が判例・学説によって認められている(これについては,本章5参照)。

(イ) 公示の原則　このような物権変動の公示の要求を満たすために,わが国では物権変動についてつぎのような原則がたてられている。すなわち,物権変動を登記や引渡などによって公示しておかないと,それと衝突する他の物権

変動を主張する第三者に対抗できないという原則である。これを**公示の原則**という。つまり，民法によると，たとえば法律行為による物権変動の場合，登記や引渡などの公示手段を備えなくても，当事者の意思表示のみによって物権変動の効力が生じる（176条）。しかし，生じた物権変動を第三者に対抗する，いいかえれば物権変動を第三者に認めさせるためには，公示手段を備えていなければならないのである（177条・178条）。そこでは，登記や引渡などの公示手段は，物権変動を第三者に対抗するための要件（**物権変動の対抗要件**）とされている。つまり，公示手段には物権変動を第三者に対抗できる効力が与えられており，このような公示手段に与えられている効力を**対抗力**という（対抗の意味については，本章3.1参照）。したがって，前述の例の場合，先に所有権や抵当権を取得したCやDが，それにもかかわらず所有権移転の登記や抵当権設定の登記を備えていないときには，Bに対して所有権の取得や抵当権の取得を対抗できないことになる。そして，逆にBの方が先に登記を備えると，Bの所有権取得がCに優先しあるいはBは抵当権の負担のない完全な所有権を取得する。このことは，いいかえれば，公示の原則においては，物権変動があってもそれが公示されていない場合には，第三者との関係ではその物権変動は存在しないものと扱われるということを意味している。なお，後述するように，ドイツ民法では公示手段は物権変動の成立要件（効力発生要件）とされている。したがって，公示手段を備えなければ物権変動は有効に生じない（効力を発生しない）ということが，ドイツ民法における公示の原則であるということができる。

【展開講義 4】 公示の要求と公示の原則との区別

　従来の通説は，物権変動は外部から認識できる一定の表象（公示）を伴わなければならないという原則を公示の原則と説明している[1]。しかし，これは物権変動の公示の要求を説明しているにすぎず，公示の要求と公示の原則は区別して考えなければならない。公示の要求は，前述の例で示されているように，物権取引の安全を図るために出されてきたものである。これに対し，公示の原則はどのようにして公示の要求を満たすかということにかかわるものである。すなわち，すでに述べたように，わが民法は公示手段に対抗力を与え，物権変動を公示してお

---

1) 末川・51頁，我妻＝有泉・講義Ⅱ40頁，近江・講義Ⅱ44頁，内田・民法Ⅰ427頁など。

かなければ，それと衝突する他の物権変動が生じたときに一定の不利益な取扱を受けることにして，間接的に物権の取引者に公示を促す方法を採用している。公示の原則とはまさに公示手段に与えられる実体法上の効力の意味内容のことであり，公示の要求を満たすための方法なのである[1]。

(2) 公信の原則

(ア) 意義　**公信の原則**とは，物権変動の公示を信頼して取引関係に入った者がいるときは，その公示が真実の権利関係と一致していなくても，その者との関係で公示に対応した権利関係が存在するものと扱うという原則をいう。その結果，仮に登記に公信の原則が認められているとすると，A所有の土地がBによって不正にB所有の登記に移され，Cがその登記を信頼してBからその土地を買い受けた場合は，Cとの関係でBは所有者と扱われ，Cはその土地の所有権を取得できることになる。すなわち，物権変動の公示に公信の原則が認められると，真実の権利関係に合わない無効な公示であっても，それを信頼して取引関係に入った者は有効に権利を取得できるという効力が公示手段に与えられることになる。このような公示手段の効力を**公信力**という。この公信の原則も，物権取引の安全のために認められたものである。そして，この原則においては，物権変動が生じていないにもかかわらず公示がなされた場合（前述のように，AからBへの所有権移転が生じていないにもかかわらずB名義に登記が移された場合）には，その公示を信頼した第三者(C)との関係で，その物権変動（AからBへの所有権移転）が存在したものと扱われることになるのである。

(イ) わが民法における公信の原則　　わが民法は，動産物権変動の公示手段である引渡（占有の移転）について，公信の原則を採用している。いわゆる即時取得制度である（192条以下。これについては，本章４．２参照）。たとえば，Bが所有者Aから自転車を借りて使用している場合に，Bの自転車に対する占有を信頼してBを所有者と誤信し，かつそれについて過失のないCがBから自転車を買い受けて引渡を受けると，Cは有効に所有権を取得できることになる。ここでは，Bの占有の効力として，その占有を信頼してBと取引したCとの関

---

1)　双書(2)・34頁以下。

係でBには所有権があるものと扱われ、CはBから有効に所有権を取得することが認められている。この意味で占有に公信力が与えられている。これに対し、不動産物権変動の公示手段である登記については公信の原則は採用されていない。すなわち、登記については公信力が認められないと解するのが判例・通説である。しかし、現在では、94条2項を類推適用することによって、登記に公信力を認めた場合と同じ結論が導き出されている。いわゆる94条2項類推適用論である（これについては、『導入対話による民法講義（総則）』第6章3.3【展開講義 25】参照）。

2 物権変動を生ずる法律行為

──────── ◆ 導入対話 ◆ ────────

教師：物権変動を生じる原因の中で最も重要なものは法律行為ですが、この物権変動を生ずる法律行為については176条が適用されますので、まずこの176条に関するいろいろな問題について勉強しましょう。

学生：176条については、どのような問題があるのでしょうか。

教師：詳しいことは基本講義でふれますが、売買による所有権の移転を例にしますと、まず売買によって所有権が移転するためには売主と買主の意思表示だけでよいのか、それとも登記や引渡を必要とするのかという問題があります。つぎに、所有権が移転するために売買契約だけでよいのか、それとも売買契約とは別の所有権移転を目的とする法律行為を必要とするのかという問題もあります。これについて後者の考え方をとった場合、売買契約が効力を失うと所有権移転はどうなるのかという問題がでてきます。また、売買において具体的に所有権が移転する時期はいつかということについても、さまざまな考え方が主張されています。

2.1 物権変動における2つの立法主義

(1) 序　説

前述したように、物権変動を生ずる原因の中で最も重要なものは法律行為であるが、ここで問題となる法律行為には、つぎの2つの種類がある。①第1は、

債権・債務を発生させる**債権行為**（**債権契約**）である。その中でも物権変動の原因として問題となる債権行為は，直接的には債権・債務を発生させるが，終局的には物権の移転を目的とするものである（売買契約や贈与契約など）。②第2は，物権の設定や移転（＝物権変動）だけを目的とする**物権行為**（**物権契約**）である（抵当権や地上権の設定契約など）。このような物権変動を生ずる法律行為について，つぎの2つのことが問題となる。①第1は，法律行為（債権行為または物権行為）によって物権変動が生じるためには，意思表示だけでたりるのか，それとも何らかの形式的行為を必要とするのかという問題である（意思主義か形式主義かという問題）。②第2は，売買や贈与などの債権行為を原因として物権変動が生ずる場合，債権行為とは別に物権変動だけを目的とする物権行為のなされることが必要かという問題である（物権行為の独自性の問題）。さらに，この問題に関連して，債権行為が無効や取消によって効力を失った場合に，物権変動の効力も失われるかどうかという問題が生じる（物権行為の無因性の問題）。なぜこのようなことが問題になるのかというと，法律行為による物権変動については，大きくフランス民法とドイツ民法の採用する2つの立法主義が対立し，上述の2つの問題に関して相異なる立場がとられているからであり，さらにはいずれの立場をとるかによってわが民法の解釈についても見解が分かれるからである。そこで，まずこれら2つの問題を理解するために，それぞれの立法主義を簡単に説明することから始めたい。

(2) 意思主義と形式主義

　法律行為によって物権変動が生ずるためには，意思表示だけで足りるかどうかという問題については，フランス民法の採用する**意思主義**とドイツ民法の採用する**形式主義**という2つの立法主義がある。すなわち，フランス民法では，物権変動の効力は当事者間の意思表示のみによって生じ，登記や引渡などの形式的行為を必要としないという立法主義がとられている。当事者間の意思表示のみによって物権変動が生じることから意思主義といわれている。これに対し，ドイツ民法では，物権変動の効力が生じるためには，当事者間の意思表示だけでは足らず，不動産の場合には登記，動産の場合には引渡という一定の形式的行為を必要とするという立法主義がとられている。当事者間の意思表示のほかに登記または引渡という形式的行為を伴うことによって物権変動が生じること

から，形式主義と呼ばれている。この形式主義においては，登記または引渡は物権変動が生じるための要件となっている（物権変動の成立要件）。

(3) 物権行為の独自性・無因性

(ア) 物権行為の独自性　つぎに，売買などの債権行為を原因として物権変動が生ずるためには，債権行為とは別に物権変動だけを目的とする物権行為が必要かどうかという問題についても，フランス民法とドイツ民法はその立法主義を大きく異にしている。

(a) ドイツ民法の立法主義　ドイツ民法では，物権変動の効力が生じるためには，債権を発生させる意思表示（債権行為）のほかに物権変動を目的とする意思表示が必要であり，しかもすでに述べたように，この意思表示には登記または引渡という形式的行為の伴うことが要求されている（形式主義）。そして，物権変動を目的とする当事者間の意思表示を**物権的合意**といい，ドイツ民法では，物権行為はこの物権的合意と登記または引渡から成り立っている。たとえば，売買を原因とする所有権移転を例にとると，売買契約（債権行為）のほかに，所有権移転を目的とする当事者間の合意（物権的合意）と登記（不動産の場合）または引渡（動産の場合）が行われて，不動産または動産の所有権が買主に移転する（不動産所有権の移転についてはド民873条，動産所有権の移転についてはド民929条）。このようにドイツ民法によれば，債権行為を原因として物権変動が生じるために，債権行為とは別個に，物権変動を目的とする物権行為（物権的合意と登記または引渡）が必要ということになる。そして，物権変動の発生のためには債権行為とは区別された独自の物権行為を必要とすることを，**物権行為の独自性**があるという。

(b) フランス民法の立法主義　これに対し，フランス民法では，物権行為の独自性は否定されており，債権行為の効力として物権変動が生じる。すなわち，フランス民法によれば，所有権は債権の効力として移転し（フ民711条），物を引き渡す債務は，契約当事者間の合意のみによって完成し，引渡がなされなかった場合でも，物を引き渡すべきであった時から債権者が所有者になる（フ民1138条）。そして，売買は，物の引渡や代金の支払がなくても，合意によって当事者間で完全に成立し，買主は，売主との関係では当然に所有権を取得する（フ民1583条）。したがって，前述の売買を原因とする所有権移転におい

ては，当事者間の意思表示によって売買契約が成立するとともに，所有権移転という物権変動はこの売買契約の効力によって生じることになる。しかし，このような立法主義によれば，第三者は当事者間の物権変動を容易に知ることができないので，二重譲渡の場合などには思いがけない損害を受けるおそれがある。そこで，フランス民法は，動産物権については，第二譲受人が善意で占有を取得したときには，公信の原則によって所有権を取得するものとし（フ民1141条・2279条），不動産物権については，登記を対抗要件としている（1955年法）。

以上のフランス民法とドイツ民法の立法主義を簡単に図で示せば，以下のようになる。

| フランス民法 | 債権行為（売買契約）⇒ 物権変動（所有権移転） |
| ドイツ民法 | 債権行為（売買契約）＋物権行為（物権的合意＋登記または引渡）⇒ 物権変動（所有権移転） |

(ｲ) **物権行為の無因性**　物権変動の原因となった債権行為が無効や取消によって効力を失った場合，物権変動の効力はどうなるかという問題についても，ドイツ民法とフランス民法とで際だった対立を示している。すなわち，ドイツ民法では，物権変動の原因となった債権行為が無効や取消によって効力を失っても，物権行為の効力はその影響を受けない。これを**物権行為の無因性**という。たとえば，売買契約が詐欺や強迫によって取り消されても，所有権移転のための物権的合意が有効に行われていれば，登記または引渡がなされることによって所有権は有効に売主から買主へ移転することになる。しかし，売買契約が効力を失っているために，買主は法律上の原因なしに所有権を取得したことになり，売主に所有権を不当利得として返還しなければならず（ド民812条），そのためには買主から売主への所有権返還のための物権行為が必要となる。もっとも，債権行為が有効であることを条件として物権行為が行われたときは，債権行為が無効や取消によって効力を失えば物権行為も効力を失う。しかし，不動産所有権移転の物権的合意については条件を付けることができないので（ド民925条），この場合には債権行為が効力を失っても物権行為は影響を受けない。また，物権行為も法律行為であるから，それ自体が無効または取消によって効

力を失うことがある。ことに，売買契約において代金支払と目的物の引渡が同時になされた場合には，売買契約が無効であったり取り消されたりすると物権行為も効力を失うと解釈されている。これに対し，フランス民法では物権行為の独自性がなく，物権変動は債権行為の効力として生じるから，債権行為が効力を失えば物権変動も当然に効力を失う。

2.2 わが民法の解釈

(1) 意思主義か形式主義か

法律行為によって物権変動が生じるためには当事者間の意思表示だけで足りるかどうかという，意思主義か形式主義かという問題については，176条が「物権の設定及び移転は当事者の意思表示のみに因りて其効力を生ず」と規定し，ついで177条が不動産の物権変動については登記を，そして178条が動産の物権変動については引渡をそれぞれ対抗要件としていることから，わが民法が意思主義を採用していると解することについては異論がない。したがって，地上権や抵当権などの設定はもちろんのこと，売買による所有権移転についても，当事者間の意思表示だけで物権変動が生じ，登記や引渡のような形式的行為を必要としない。

(2) 物権行為の独自性と無因性を認めるべきか

(ア) 物権行為の独自性　(a) 2つの立場　上に述べたように，わが民法が意思主義をとっていることについては異論がないとしても，問題となるのは，売買などの債権行為を原因として物権変動が生じる場合に，176条の意思表示が債権を発生させる意思表示（債権的意思表示）を意味するのか，それとも物権変動を目的とする意思表示（物権的意思表示）を意味するのかということである。①もし176条の意思表示が債権的意思表示を意味すると解するならば，売買などの債権行為がなされれば，あらためて物権行為がなされなくても物権変動が生じるという解釈になる。これに対し，②176条の意思表示を物権的意思表示と解するならば，物権変動が生じるためには，債権行為のほかに特別の物権行為がなされなければならないという解釈になる。そして，①のような解釈をする説は，物権変動が生ずるためには債権行為と区別された独自の物権行為を必要としないと解することから，**物権行為独自性否定説**と呼ばれ，②のような解釈をする説は，債権行為とは別に物権行為を必要とすると解することか

ら，**物権行為独自性肯定説**と呼ばれる。

　(b) 学説の変遷　176条それ自体からは両説いずれの解釈も可能であり，そのため両説の対立について学説には変遷が見られた。すなわち，①まず，民法典制定当時から明治の末頃までは，ボワソナードの起草した旧民法以来の沿革やフランス民法の影響を受けて物権行為独自性否定説の立場がとられていた。②その後，ドイツ民法の影響が強くなり，物権行為独自性肯定説が現れ有力になった。しかし，③大正10年になると，物権行為の独自性を認めるべきかどうかという問題は，物権変動発生のため特別の公示方法を必要とするかどうかという問題と切り離せないことがらであって，意思主義をとり公示を物権変動の要件をしない立法の下では，物権変動のために特別の物権行為を要求する必要はないとして，物権行為独自性否定説を強く主張する学説が現れた[1]。④この学説を契機として，物権行為独自性否定説が学説上再び有力になり，今日の通説となっている。

　以上のような物権行為の独自性を否定する通説に対して，物権行為の独自性を肯定する有力な説も存在する。すなわち，この学説は，実際の取引の面から考えて，売買契約によって直ちに所有権が移転するとは一般に考えられておらず，登記，引渡または代金支払などの外部的徴表を伴う行為が行われた時に所有権が移転すると考えられているとし，このような外部的徴表を伴う行為の時に所有権移転の意思表示があるとみて，これが176条にいう意思表示に当たるとする[2]。

　なお，判例は，昔から一貫して物権行為の独自性を否定する立場に立っている。

　(ｲ)　物権行為の無因性　つぎに，物権変動の原因となった債権行為が無効や取消などにより効力を失った場合，物権変動の効力はどうなるかという問題については，すでに述べたように，物権行為独自性否定説では，債権行為の効力として物権変動が生じるので，債権行為が効力を失えば物権変動も当然に効力を失うことになり，物権行為の無因性はそもそも問題にならない。これに対し，物権行為独自性肯定説においては，物権行為の無因性が問題となる。そし

---

1) 末弘厳太郎・物権法上巻86頁。
2) 末川・63頁以下。

て，物権行為独自性肯定説では，一般に物権行為の無因性を認めるが，債権行為が有効であることを条件にして物権行為をした場合には，債権行為が効力を失えば物権行為も効力を失うという**相対的無因説**がとられている[1]。

【展開講義　5】　売買において所有権はいつ移転するか――物権変動の時期の問題

(1)　はじめに

　従来，本文で述べてきた物権行為の独自性を認めるべきかどうかという問題は，具体的には売買や贈与など物権変動を目指す債権契約が結ばれた場合，いつ物権変動が生じるかという問題，とくに**売買における所有権移転の時期**はいつかという問題と結びつけられて議論されてきた。しかし，近年では，物権変動の生じる時期の問題を物権行為の独自性の問題とは切り離して考える立場が支配的となってきており，さらには所有権移転の時期を確定する必要はないとする学説まで主張されている。そこで以下では，この**物権変動の生じる時期**，とくに売買における所有権移転の時期をめぐる議論を紹介する。なお，この問題においては，売買契約の中に所有権移転時期に関する合意（特約）があれば，それに従うことについては異論がない。しかし，契約からは所有権移転時期が明らかでない場合に，具体的に所有権移転時期はいつと考えるべきかが問題となるのである。

(2)　物権行為の独自性の問題と結びつける立場

　(ア)　物権行為独自性否定説　　物権行為の独自性を認めるべきかどうかについてこれを否定する物権行為独自性否定説によれば，すでに述べたように，物権変動は債権行為の効力によって生じるので，売買による所有権移転の時期は原則として売買契約の成立時ということになる。これについて，物権行為独自性否定説の立場に立つ判例を参考にしてやや詳しく述べれば，つぎのようになる。すなわち，①特定物の売買では，原則として売買契約成立の時に所有権が買主に移転する（最判昭33・6・20民集12巻10号1585頁など）。しかし，②売買契約成立の時に所有権が移転することについて障害がある場合には，その障害がなくなった時に直ちに移転する。具体的には，ⓐ不特定物の売買では，目的物が特定した時に（401条2項参照）当然に所有権が買主に移転し（最判昭35・6・24民集14巻8号1528頁），ⓑ他人の物の売買（560条参照）では，売主が目的物の所有権を取得すると同時に買主が所有権を取得する（最判昭40・11・19民集19巻8号2003頁）。

---

1)　末川・80頁。

(ィ)　**物権行為独自性肯定説**　これに対し，物権行為の独自性を肯定する立場では，登記，引渡または代金支払などの外部的徴表を伴う行為が行われた時に所有権移転の意思表示があると解するので，具体的な所有権移転の時期は登記・引渡・代金支払のいずれかが行われた時ということになる。

　(3)　**物権行為の独自性の問題と切り離して考える立場**

　最近の支配的な学説は，物権行為の独自性についてはこれを否定する立場に立ちつつも，物権行為の独自性の問題と物権変動の時期の問題は別個の事柄であるとして，両者を切り離して考えようとしている。すなわち，**有償性説**と呼ばれる学説は，①まず売買のような有償契約では，対価的給付の相互のつながりという点から**同時履行の抗弁権**（533条）がもっとも本質的なものであり，代金の支払があるまで所有権が移転しないのが原則であるから，代金の支払時に所有権が移転するのが基本であるとする。そして，②代金が支払われずに登記（不動産の場合）または引渡（動産の場合）だけがなされた場合には，登記または引渡の時に所有権を移転する趣旨と解するのが取引当事者の通常の意思に合致することから，登記または引渡の時に所有権が移転することも認める[1]。また，①引渡があれば買主は果実収取権を取得し（575条1項参照），果実収取権は所有権の内容の1つであるので，引渡の時に所有権が移転し，②代金支払がなされた場合には，売買契約における対価的給付の牽連性によって所有権が移転し，③引渡より大きい効果（177条参照）をもつ所有権移転登記がなされた時にも所有権が移転すると解する説なども主張されている[2]。これらの学説は，おおざっぱにいって，契約の時に所有権が移転するという特別の意思表示がない限り，後になされる登記・引渡または代金支払のいずれかの時に所有権が移転すると主張するものであり，前述の物権行為独自性肯定説と同じような結論になっている。

　以上の(2)と(3)で述べた立場を図に示せば，つぎのようになる。

物権行為の独自性	所有権移転の時期
物権行為独自性否定説	―(2)(ア)→　売買契約成立時
	―(3)→
物権行為独自性肯定説	―(2)(イ)→　代金支払・登記・引渡時

　(4)　**所有権移転時期を確定する必要がないとする説**

---

1)　川島・新版所有権法の理論222頁以下，同・民法Ⅰ153頁。
2)　広中・54頁以下。

さらに，以上のような考え方とは全く対照的に，所有権移転の時期についてはこれを確定する必要はないとする所有権移転時期確定不要説（所有権のなし崩し的移転説）と呼ばれるものも主張されている[1]。これは，所有権移転の時期を確定することは，実際上の意義がなく，また理論的に不可能であるとする説である。すなわち，①売買のプロセスで生じるさまざまな問題は，所有権がまだ売主にあるのかそれとも買主にすでに移転しているのかを決定しなくても，別の方法で解決できるとする。つまり，売買当事者間では契約内容によって，売主または買主側の第三者との関係では対抗要件によって処理される。そして，②所有権は売買プロセスの開始前には完全に売主に帰属しており，所有権の各種の権能は時点を異にしてプロセスの間に売主から買主に移行し，プロセス終了後は完全に買主に帰属するにいたる。売買プロセス中は所有権は浮動状態であり，売主と買主はともに完全な所有者ではないが，完全な非所有者でもないとする。この学説に対しては，所有権移転の時期を確定することは可能であり，かつ必要であるという批判が出されている。

3 不動産物権変動の公示

民法177条は，「不動産ニ関スル物権ノ得喪及ヒ変更ハ……其登記ヲ為スニ非サレハ之ヲ以テ第三者ニ対抗スルコトヲ得ス」と規定しており，この条文の解釈に関しては多くの問題がある。

3.1 「対抗」の意義

わが民法は，民法177条の文言をみるかぎり，あらゆる物権変動についていわゆる「対抗要件」を必要としているようにみえる。不動産の場合，登記が不動産の履歴書であるという不動産登記法の理想からみればそれが望ましい。また，意思表示による物権変動（売買・贈与等）は当然である。では，それ以外についてはどうであろうか。

---

1) 鈴木・101頁以下。

◆ 導入対話 ◆

学生：先生，わが国では，物権を変動するのに，特別な形式をとらなくてもよいということは分かったんですけど，では，とくに，家や土地のような不動産物権変動の場合，当事者ではそれでもいいかもしれませんが，それ以外の人について，何にも知らせなくてもいいのですか。

教師：そうだね。わが国は，家や土地のような不動産についての物権変動も前節で学んだように当事者の意思表示だけで効果を生ずるんだったね。しかし，それでは，当事者はそれでもいいんだが，重要な財産である不動産の権利関係は，それ以外の人に分からないことになるね。そこで，不動産物権変動を第三者に主張するために（対抗する）はその物権変動を公示する必要がでてくるね。

学生：では，その公示の方法はどのようなものなのですか。

教師：その手段は不動産については登記なんだ。

学生：では，登記がないと，だめなんですね。

教師：だめなんですねとは，どういう意味。

学生：う〜ん。すべての不動産物権を登記することが必要なんですか。また，登記がないと，権利が移転したことにならないんですか。

教師：あれ。最初，君は，わが国では，物権変動が，特別の形式を必要としないで生ずるということは分かったといったんじゃなかったかな。

学生：ああ……，そうだ。そしたら，登記をすることは……

教師：ここから先は，基本講義を読んで理解を深めてほしいね。

(1) **民法177条の意味**（二重譲渡の法的構成）

たとえば，A所有の不動産をBに譲渡した後，さらにCに譲渡したとしよう。

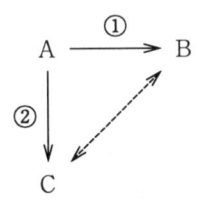

```
        ①
    A ─────→ B
    │      ╱
  ② │    ╱
    ↓  ╱
    C
```

177条では，不動産に関する物権変動は有効な登記なしには第三者に対抗しえない，すなわち，登記がなければ第三者に対して物権変動が生じたことを主張できない，と定めている。物権変動の移転時期との関連で考えてみよう

(【展開講義 6】参照)。まず,売買や贈与のような債権契約のなされた時に物権変動が生ずるという考え方では,Cが不動産を譲り受けた時点ではすでに所有権は,それより先に成立したＡＢ間の債権契約によってＢに移転しており,Ａは無権利者となっているから,たとえ登記がＡにあったとしても,わが国が登記に公信力を認めないとしている以上,Ａから移転登記を受けたＣは虚偽の登記であり,そのような登記は無効であるということになる。他方,物権変動,とくに所有権移転が目的物の登記または代金支払などのような外形的行為のなされたときに生ずるとするとの考え方でも,Ｂの代金未払の場合には妥当するが,代金が支払済みの場合には,たとえ登記がなくても所有権はＢに移転していると解される。このように,所有権移転の時期に関する立場の違いにかかわらず問題があり,この点に関して両者を調和させるような理論構成が,いいかえれば,登記なくしては対抗できないということの意味を説明することが必要となってくる。

そこで,主な学説について説明する[1]。

　(ア)　**不完全物権変動説**[2]　　前記の例で,Ｂへの移転登記がなされていない段階でも物権変動は当事者間および第三者に対する関係でその効力を生ずることは認めるが,不完全である。したがって,譲渡人(Ａ)も完全な無権利者とはならないから,さらに(Ｃに)二重譲渡をすることも可能であり,登記を備えたときにはじめて排他性を備えた完全な物権変動があるとする(最近の判例)。

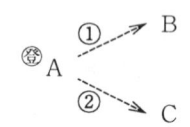

この考え方に対しては,第三者の側から認めた場合,または未登記不動産について譲受人が完全な物権を取得すること,また第三者が登記を備えたときにその第三者が完全な物権を取得したものとされることなど,説明が難しいとの批判がある。

　(イ)　**第三者主張説**　　民法は裁判規範としての性格があり,177条もまたこ

---

1)　学説について,くわしくは,石田(喜)・物権32頁以下,同・基本法コメ物権〈新版〉30頁以下,鎌田薫「『二重譲渡』の法的構成」民法の争点84頁以下,原島重義・注民⑥244頁以下参照。
2)　我妻・講義Ⅱ94頁,鈴木・講義〈改訂版〉108頁,星野・39頁。

うした性質の法規であるとして，登記がなくても物権変動は当事者間および第三者に対する関係で完全に効力を生ずることを認め，ただ一定範囲の第三者の側からの一定の主張がある場合は，この第三者に対する関係で効力がなかったものとする考え方である。

```
    A ──①──→ B
    │       否認する
   ②│      あるいは
    ↓       両立しえない
    C       事実の主張
```

これは，さらに第三者の主張が何であるかによって2つの考え方に分かれる。すなわち，

(a) 第三者Ｃの主張は，登記欠缺の積極的主張ないし否認権の行使によって行われ，否認権の行使により所有権はＢからＡに復帰し，そのＡに復帰した所有権をＣが取得するとする（**否認権説**)[1]。

(b) 第三者Ｃの主張は必ずしも登記欠缺の積極的な主張であることを要せず，単に当事者間の物権変動と反対ないし両立しえない事実の主張，すなわちＣがＡから同一物を譲り受けたとの主張をもって足りるとする（**反対事実主張説**)[2]。

従来の判例は(a)説を採用しているが，第三者が否認権の行使をしない場合，とくにその物権変動が生じたことを知らないとき，ならびに否認権の発生根拠が明らかではないことなどの解決に無理があるとなる。

(ウ) 177条は裁判所が事実認定を行う際に，第三者に法定証拠を与えた規定であるとして，Ｂへの譲渡後にＣへの譲渡があってもＣが登記を備えれば，裁判所はＣへの譲渡が先にあったものと認定すべきであるとする。

この考え方は，民法は裁判規範とだけ位置づけられるのか，また，登記を法定証拠とみることができるかが問題となる[3]。

(エ) **法定取得説**[4] 　　176条と177条とを総合的に解釈し，ＡがＢに土地を売れば，Ｂが所有権者になるが，ＡがＣに二重に土地を売ってＣが登記をすれば，

---

1) 石田文治郎・物権法論111頁。
2) 舟橋・143頁以下，近江・講義Ⅱ70頁。
3) 安達三季生「177条の第三者」判例演習物権法50頁，金山・物権253頁，鈴木・講義〈2訂版〉88頁も同旨。
4) 滝沢聿代・法協94巻7号1053頁以下。

177条の規定によってCが所有権者となると、法律は定めている[1]。

しかし、この考え方には、わが国の意思主義、対抗要件主義をどのように理論的に説明するのかを放棄したのではないかとの感が否めない。

(オ) **その他の考え方** (a) **債権的効果説**[2] 　登記がなければ当事者間においても物権変動の効力を生ぜず、単に債権的効果を生ずるにすぎないという。

(b) **相対的無効説**（法規否認説）[3] 　登記がなくても当事者間では完全に物権変動の効力を生ずるけれども、第三者に対する関係では効力を生じないとし、A・B間の売買契約が、登記がAに残っていることで法規上否定される。ただし、第三者Cが、A・B間の物権変動を認めることは可能である。

(c) **公信力説** 　AB間の所有権移転により、Aは無権利者となり、その後CがAから権利を取得することはないが、それにもかかわらずCが権利取得するのは、登記に公信力があり、よって、Aの登記を信頼した者（C）が保護されるとする考え方である。ただし、①登記の信頼について、善意・無過失の者のみが保護されるもの[4]と、②第2の買主であるCは、善意・無過失である場合に権利を取得するが、177条が適用されることから、第1の買主との関係では、登記の先後によるとの考え方がある[5]。

以上の考え方には以下のような問題がある。(a)説については、登記を物権変動の成立要件としないで、単に対抗要件とするわが民法の趣旨と合わない。(b)説は、ここにいう「否認」と「対抗」の関係が不明だし、物権変動において対内関係と対外関係を分けることになり、このような関係的所有権という観念を取り入れることがわが民法上可能かどうかが問題となる。また、第三者に対する関係で無効とすることにも問題があり、また第三者に対して無効なものが第三者の承認によって有効となるのもおかしいといえる。(c)説は、第1売買による所有権移転を認めつつ、なぜ、売主に登記が残っているだけで、第2売買が

---

1) なお、基本的に同じ立場に立ちつつ177条を第三者保護の規定ではなく、登記を怠った者への制裁であるとして、Bの失権をみる考え方もある（星野英一・民法論集④323頁、私法37号51頁＝失権規定説）。
2) 山中康雄「権利変動論」法政論集1巻3号288頁。
3) 末川・95頁。
4) 篠塚昭次・論争民法学Ⅰ14頁、同・民法セミナーⅡ100頁以下。
5) 半田正夫・不動産取引法の研究3頁以下。

可能であるのか，さらには，登記を信頼した善意・無過失の者（悪意者は保護する必要がない）は保護されるべきではないかとの疑問に立ち二重譲渡は不可能であるとの考え方である。ただし，登記の公信力を認めていないこと，この説の解決が，不動産取引について過失を問題としていないのに結局，94条の類推適用等によることから，再検討の余地がある。

(カ) ではどのように考えればよいのだろうか

対抗要件をそなえていない物権の変動は第三者に対抗することができない。これを対抗力がないという。では，対抗力がないということは変動が無効（119条）であるということであろうか。少なくともそうではない。177条・178条をみると第三者に対する関係を制限しているが，当事者間の効力を制限しているものではない。当事者間では登記，または引渡がなくても物権変動の効力は生ずるが（176条），それが第三者の利益と抵触する範囲で，当事者は第三者に変動の効力を主張することができず，第三者は当事者間の物権変動を無視してこれに反する取引を行うことができることをいうのである。すなわち，理論的には，両者の関係を平面的（左図）にみるのではなく，立体的（三次元的）にみる（右図）必要がある。

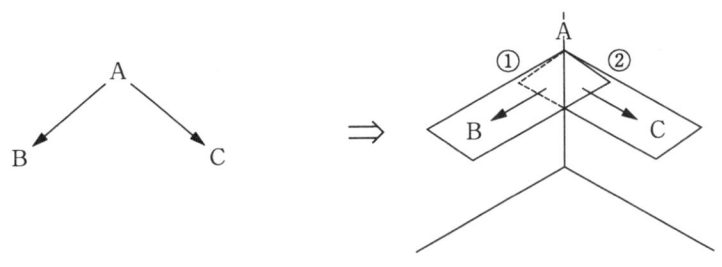

したがって不動産売買を例にすれば，売主AがBに所有権を移転する意思表示をすれば，登記がなくても所有権は，Bに移転し，Aはこの効力を否定することができないことになる。しかし，第三者Cは，AからBへの登記がなされない間は，この移転を無視し，Aをなお所有者として右不動産を買い受けることができる。この結果，AはBに対しては，Bの所有物を無断処分したものとして不法行為（709条）による損害賠償，あるいは横領罪（刑252条）の責任を問われることになるかもしれないが，Cは，Aから正当に買い受けたことになる。すなわち，AはBにもCにも不動産の所有権を移転したことになり，ここ

に二重の譲渡が生ずることになる。ただし、第三者Cは、ＡＢ間の売買の効力を認めることもできる。そして、この場合は、たとえＡＢ間の売買が未登記でも、Cに対しては対抗力が生ずることになる。したがって、CはBを所有者と認めざるをえなくなり、Aは所有者ではなくなるから、Aから買い受けることは不可能となる。したがって、二重譲渡のいずれもが未登記である場合は、B・Cは互いに相手の所有権取得を無視することができ、結局は、いずれか先に登記をした物権の変動が最終的に優先することになると考えればよいのではなかろうか。

【展開講義 6】 二重譲渡はなぜ成立するのか

わが国の民法において二重譲渡は認められるか。肯定説は以下の2つの点を根拠とする。すなわち、①176条が、物権の変動は当事者の意思表示だけでよいという意思主義を採用していること。②560条が、他人の権利をもって売買の目的となした場合は売主はその権利を取得してこれを買主に移転する義務を負うと規定し、他人の権利の売買を肯定していることなどである。また、最近では、177条が公用権主義を採用していることから、当然に二重譲渡は認められるというものが有力である

これに対して、否定説は、一物一権の原則を忠実に考えると、AがBに土地を売って所有権がBに移れば、Aは無権利者となり、そのAがCに売っても、Cは権利を取得できないはずであるとの論理からである。

しかし、Aが土地をBに売り、さらにAは同じ土地をCに売ったとすると、BもCも、登記をしないと、それぞれ所有権者だと（＝物権変動があった）相互に主張することはできない。結果的には、2人の買主BとCのうち、いずれか先に登記した者が所有権者ということになる。しかし、この結論を導き出す論理構成は難しい。なぜCが登記をすると突然、権利者となるのであろうか。

以下、2つの点で問題となる。

①所有権のないAが、いったいCに土地を売るという契約をすることが可能かどうか。無効ではないのか。560条によると、他人の物の売買として、AとCとの間に債権契約として有効に成立する。しかし、②登記をすると、Cは何故に所有権者となるのか、である。

ここに、説明の困難さがある。簡潔に学説を述べると（前述の基本講義参照）、
　ア　Aは全くの無権利者ではないから、Cに所有権が移ってもおかしくない。

イ　Cが登記をするということは、その反面においてAB間の所有権の移転を否認することになる（否認権説）。
　　　ウ　Cが所有権を取得するのは、Aのもとにある登記を信頼したからである（公信力説）。
　　　エ　登記をした者が勝つとするのは、登記を法定証拠と考えるからである（法定証拠説）。
　　　オ　176条・177条を総合的に解釈し、AがBに土地を売れば、Bが所有権者になるが、AがCに二重に土地を売ってCが登記をすれば、177条の規定によってCが所有権者になると、法律がそう定めたのである（法定取得説）。
　　以上のように種々に分かれるが、そう単純ではない。ただし、その結論は実際上大きな違いはない。

3.2　登記を必要とする物権変動の範囲

　不動産のすべての物権変動を登記に反映することは、不動産登記制度の理想である。177条は、不動産物権の「得喪および変更」は登記を要するものと定め、不動産登記法1条は、その「設定・保存・移転・変更・処分の制限または消滅」を登記すべきものと規定している。しかし、すべての物権変動を登記に表象するという登記制度上の理想と、すべての物権変動は登記なくして第三者に対抗しえないかということは、別問題である。対抗問題の起こりえない場合にまで、すべて物権変動は登記を要するとは解し得ないからである。もっとも、この点につき学説は分かれている[1]。

────── ◆　導入対話　◆ ──────

教師：ところで、不動産物権について、すべての物権を登記する必要がないことは分かったね。では、すべての変動原因について登記する必要があるだろうか。
学生：そりゃ……すべての変動を登記することがいいんじゃないんですか。でないと、せっかく作った登記制度が何のためにあるのか分からないし、わが国では、物権の変動について、当事者の意思表示によるわけだから、外からは分からないんだから……

---

[1]　石田喜久夫・民法177条の判例参照、民法の争点Ⅰ32・33・34参照。

教師：では，登記はどのような役割をしているんだろうか。
学生：物権変動の公示でしょう。
教師：そうだよ。でも，その「公示」することの意味は。
学生：いまさっきいったように，第三者に，物権変動があったよと知らせることですよね。
教師：では，知らせることの意味はどうかな。
学生：それは……。もう今後，この不動産は，誰のものでもない，私のものだといえることですよね。
教師：そのとおりなんだ。民法では，これを，「……に対抗することを得ず」といっているんだ。
学生：では，対抗できないとか，できるということが問題となっている場合だけ，公示すればいいってことですか。
教師：でも，民法は，意思表示によって，物権が変動するといっているね。ところが，必ずしも，対抗することを得ずという場面が，意思表示によって生ずるとは限らないんだ。
学生：というと。
教師：さあ，そこで，基本講義を読んで欲しいんだ。

(1) 変動原因無制限説と制限説[1]

すべての物権変動について登記を要するとしつつ，ただ全く新しく生じた不動産について原始的に取得した所有権（主として建物の建築）は，取引による物権の得喪変更でないから，登記を要しないとする見解である。これに対して，原則としてすべての物権変動に登記がいるが，対抗問題を生ずる可能性のない場合には登記はいらないとする制限説がある。後者が通説である。

判例は，当初，意思表示による物権変動にかぎり登記を要すると解した（たとえば，相続に関して，大判明38・12・11民録11輯1736頁）が，のち，177条は意思表示による不動産物権の得喪変更の場合に限らず，相続の場合のように意思表示によらない物権の得喪変更にも適用があるとして，すべての物権変動につ

---

1) 学説の詳細は，近江・講義Ⅱ89頁以下参照。

いて登記を必要とするとした（大連判明41・12・15民録14輯1301頁）[1]。

以下，個々の物権変動につき登記の要否および問題点について検討する。

意思表示による物権変動，たとえば，①売買・贈与・地上権や抵当権の設定契約・遺贈などによる物権変動について，対抗要件としての登記を必要とすることは当然である。また，②停止条件附法律行為・売買などの予約・無権代理行為の追認（116条）など将来生ずべき物権変動の効果を保全しておくためには，仮登記（不登2条2号）をなすべきである。なお，仮登記により対抗力までは生じない。

(2) 法律行為の取消と登記

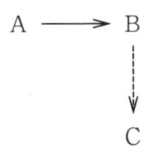

```
A ──→ B
       ┆
       ↓
       C
```

A・B間で不動産の売買契約がなされた後に，Aが制限能力者または詐欺・強迫を理由としてこれを取り消したが，Bがさらにその不動産をCに転売した場合，AはCに対して取消を主張できるかである。問題点をあげると以下のようである。

① 取消により，Bは実体的に無権利者となり，Cは公示の原則による対抗問題ではなくなるのではないか。
② 取消権の行使と第三者の出現の時期とで結果が異なるか。
③ 取消の原因（制限能力──4条・9条・12条・16条，詐欺・強迫──96条）により結果が異なるか。
④ 取消権者は取消権行使の結果を第三者に主張するために登記が必要か。

結局，これらの問題は，そもそも，取消の効果をどのように考えるかによる。

(ア) 対抗問題か，また，第三者の出現時期で結論は異なるか（①と②の問題）。

(a) 判例と通説　　判例ならびに通説は，A・B間の法律行為の取消による物権変動を復帰的と考え，登記なくして取消前に現れたCに対しても主張できるが（大判昭4・2・20民集8巻59頁），Aが取消後に現れたCとの関係ではB

---

[1] 百選Ⅰ〔4版〕108頁。

からAへの一種の物権変動（復帰的物権変動）とみて，BからCへの権利変動との間に対抗関係が生ずるとして，Aは登記がなければ対抗できないという（対抗問題説，大判昭17・9・30民集21巻911頁）[1]。

```
        A ——→ B
   対抗関係  ↓
           ↘ C
```

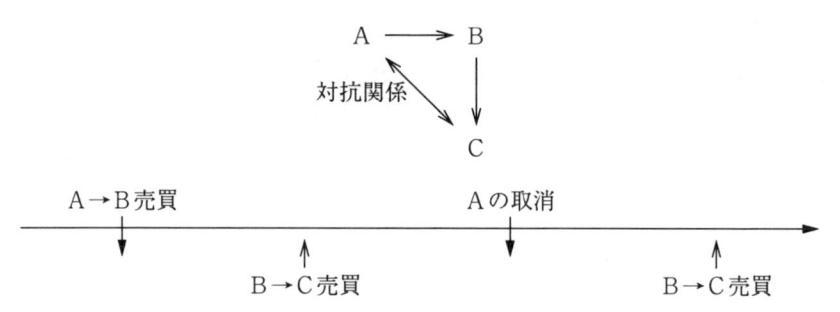

```
───┬──────────┬──────┬──────┬─────→
 A→B売買    ↑   Aの取消   ↑
        B→C売買        B→C売買
```

(b) **判例通説への批判**　この判例通説に対しては，以下のような批判がある。まず，第1にCの出現がAによる取消の意思表示の前である場合，詐欺による取消の場合は，96条3項により第三者保護がなされるが，それ以外を除き，Cが保護される可能性がなくなるのは不当ではないか。第2に，Aが取消の意思表示をなした事実を知ってBから土地を買い受け，移転登記を経由したCが所有権を保持できる結果となることは，取引安全の法理から考えて不都合ではないか。第3に，BからAへの復帰的物権変動と，BからCへの所有権移転とが対抗関係に立つと考えるとき，前者の物権変動を復帰的物権変動という擬制をしなければならず，121条の定める遡及的無効と整合しないのではないか，である。

(c) **無権利説**　取消による遡及的消滅は，復帰的物権変動を生じないとし，対抗問題とはならないとする「無権利説」である。これによると，Aの取消があった場合，契約ははじめから無効であったとされ（121条），Bは絶対的無権利者となり，Cの行った取引は取消の前後にかかわらず無権利者との取引にほ

---

1) 学説は，我妻・講義Ⅱ72頁，鈴木・81頁，舟橋・162頁がこの考え方を支持する。なお，この通説も，以下の2つに分かれる。①Aによる取消の有無や前後を問わず，Aが取消をなしうるようになった後は，AがA・B間の譲渡を取り消して権利を自己に戻すこと，CがBから権利を取得することが対抗関係にたち，早く登記を備えた方が勝つとする見解（鈴木・講義〈2訂版〉92頁），②Cの登場が取消の前後にかかわらず，対抗問題として処理され，Cについてはいわゆる背信的悪意者理論により，Aとの関係を考えるとする説（広中・物権上129頁以下，同「法律行為における取消と不動産取引における第三者の保護」法時52巻5号48頁以下）である。

かならない。したがって登記は不要であるとする説である[1]。

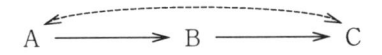

$$A \longrightarrow B \longrightarrow C$$

その理由は，論者により分かれるが，おおむね以下のようである。

①取消がなされるとＡＢ間の法律行為は遡及的に無効（121条）となり，Ｂは絶対的無権利者となる。②ＡとＣとの間に対抗関係は生ぜず，Ｃが保護されるか否かは公信の原則の問題である。しかし，わが国は，一般に，登記に公信力を認めない。③取消の意思表示により生ずる関係は，いわば不作為による後発的虚偽表示といえるため，その外形を除去すべく合理的な努力（仮処分の登記）を怠ったＡを虚偽表示者に準じて取り扱うのが妥当ではないか。さらに，保護すべき第三者について，④前主にいたるまでの権利変動に取消原因があること，またはそれが取り消されたことにつき，悪意で取引に入った第三者まで保護する必要はないのではないか，というものである。

　(ｲ)　取消原因により異なるのか。幾代説[2]は，第三者保護規定の有無により区別し，制限能力・強迫の場合は，第三者保護規定がないから登記除去可能時から94条２項の適用をし，詐欺の場合は，その取消の時期がどの時点であっても，96条３項によるとする。また，下森説[3]は，両者の問題解決を94条２項によるとしつつ，制限能力・強迫の場合は幾代説と同じく考え，詐欺の場合は，取消前は96条３項，取消時から94条２項を類推適用するという。

　(ｳ)　ＡがＣに取消を主張できる場合，取消権を主張するには登記が必要か。これに対しても，必要説と不要説がある。不要説は，もしＡに登記を要求す

---

1)　なお，この説もまたいくつかの学説に分かれる。①第三者保護の規定としては，詐欺の場合に関する96条３項のみを考え，これを取消後のＣにも適用する見解（原島重義＝児玉寛・新版注民⑥487頁以下），Ａが自らなした行為が取り消し得べきものであることを了知し，かつその追認を有効になしうる状態に入った後，登場したＣを94条２項の類推適用により保護しようとする見解（幾代通「法律行為の取消と登記」於保還暦民法学の基礎的課題上61頁以下，同「取消と登記」判例と学説②121頁以下，下森定「民法96条３項にいう第三者と登記・再論」薬師寺米寿民事法学の諸問題99頁以下），さらに，取消時を基準にして，取消前については遡及的無効とその制限である96条３項により処理し，その後については94条２項の類推適用を主張する見解（四宮・総則〈新版〉193頁，同「遡及効と対抗要件」法政理論９巻３号１頁以下。なお川井・物権45頁，半田・叢書民法総合判例研究⑦38頁）がある。
2)　幾代・前掲論文61頁以下。
3)　下森「法律行為の取消と登記」不動産物権変動の法理65頁以下。

れば，Aは登記移転後は，もはや取消ができなくなってしまい，制限能力者，被強迫者の保護に欠けることを理由とする。

(エ) 善意無過失の第三者Cが保護されるためには，Cに登記が必要か。無権利説は，不要であるとの理由として以下のような点をあげる。すなわち，①AがBの登記の無効を第三者に対抗できない以上，Cに対してAは無権利者であり，AC間に対抗関係は生じない，②保護要件としても，Cが対世的対抗要件を備えることまで要件とするのは，取引の安全を保護する94条2項の主旨に反するのではないか。③Aが与因行為をなし帰責性が高い以上，Cは善意無過失であれば保護されるとしてよいのではないか，という。

(オ) 問題解決の2つの方向──対抗問題説と無権利説の比較

判例・通説に対する批判について，学説は大きく2つの方向になるといえる。

細部は論者によりかなり異なる[1]が，対抗問題説からは，第三者が出現した時が取消の前後いずれであるかを問わず，第三者との関係は常に対抗問題として処理するとする。そして，取消原因のあったこと，または取消の意思表示があった事実を知る第三者は背信的悪意者として扱うことを原則とする。さらに，121条のいう遡及的無効は，177条所定の第三者が出現する可能性という法定の制限のついたものとして考えるという。

これに対して，無権利説からは，やはり，121条の遡及的無効を貫かれるべきであるという。したがって，第三者の保護は，96条3項と94条2項が第三者の善意を必要としていることを重要とみて，96条3項の適用がある場面を除いては，取消の前後を問わず94条2項の類推適用により図る，とする。

では，Aによる追認が可能となる時（124条）よりも前にCが出現した場合はどうであろうか。対抗問題説によれば，177条を適用する基礎に欠けるといい，無権利説は94条2項類推の前提である帰責事由を否定することになろう。

以上ならびに注に掲げた考え方をチャートにすると以下のようになろう。

---

1) なお，取消の場合も不動産物権変動の二重譲渡の場合と同じように考え，Cが善意・無過失の場合には，取消の前後を問わず保護されるとする公信力説（篠塚・民法セミⅡ110頁以下）。取消の場合にも信託法理を適用し，善意・有償のCのみを保護する信託法理説があることに注意すべきである（谷口知平「日常生活における信託法理」信託法研究2号14，15頁，同「無効・取消・解除と物権変動」法セミ304号30頁以下）もある。

3 不動産物権変動の公示　53

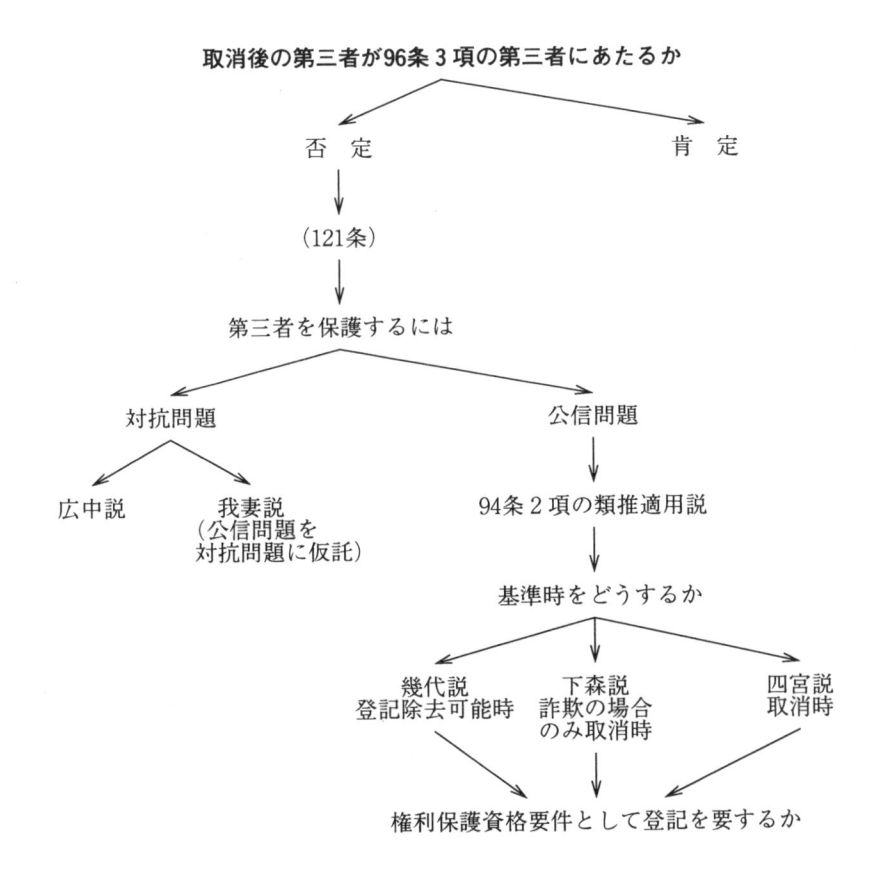

取消後の第三者が96条3項の第三者にあたるか

- 否定
  - （121条）
  - 第三者を保護するには
    - 対抗問題
      - 広中説
      - 我妻説
        （公信問題を
        対抗問題に仮託）
    - 公信問題
      - 94条2項の類推適用説
      - 基準時をどうするか
        - 幾代説
          登記除去可能時
        - 下森説
          詐欺の場合
          のみ取消時
        - 四宮説
          取消時
      - 権利保護資格要件として登記を要するか
- 肯定

　なお，物権変動の原因である法律行為につき，いままで述べてきたような取消事由ではなく無効事由があった，という場合は，以上のような対抗問題説が論じられる余地はない。Aを売主，Bを買主とすると売買契約についてAの側に要素の錯誤（95条）があった場合，Bは，一度も所有者となったことはないのであるから，BからAへの復帰的物権変動なるものを考える論理的前提を欠き目的不動産をBから買ったCは，94条2項の類推適用が認められる場合を除いては，所有権を取得する可能性はないからである。

(3) **時効と登記**との関係

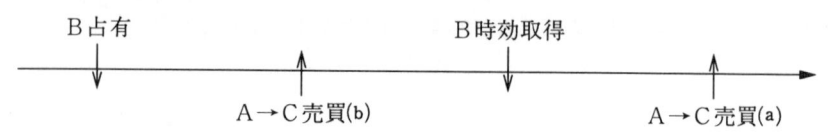

```
         B占有              B時効取得
          ↓                   ↓
──────────┼─────────↑─────────┼─────────↑──────────→
                A→C売買(b)          A→C売買(a)
```

時効による物権変動について，判例は177条で処理しようとしてきている。

それは，本来時効取得は原始的取得のはずであるから，その登記は保存登記と解されるところ，判例は，移転登記としている（大連判大14・7・8民集4巻412頁）からでもある。

(ア) 判例の3つの原則　　判例の原則は，以下の3つである。

A名義の土地をBが永年占有して時効が完成した後に，Aがその土地をCに売った場合，

(a) **第1原則**　　判例は，時効による取得を一種の物権変動，つまり一種の譲渡と考え，AからBと，AからCへの二重譲渡と解し，早く登記をした者が優先する。

時効取得者であるBは，登記がなければ時効完成後の第三者であるCに対し，時効による取得を主張しえない（前掲大連判大14・7・8）。

(b) **第2原則**　　Bは，Cの登記後に時効が完成するように起算点をずらし，時効完成前にCが現われたことにして，BとCとは物権変動の当事者であるから，登記なくして主張できるとする考え方がとれるか。判例は，第1の原則を貫徹するため，時効期間の起算点を任意に定める主張は認めない（最判昭35・7・27民集14巻10号1871頁，最判昭48・10・5民集27巻9号1111頁）。

(c) **第3原則**　　Bの時効完成後にAからCに移転登記がなされると，占有者Bは何年経っても登記がない以上Cに時効取得を主張できないのか。判例は，時効完成後に第三者Cが現われた場合には，このCの登記にも新たに取得時効の進行が始まる（最判昭和36・7・20民集15巻7号1903頁）。

(イ) 判例への批判　　しかし，こうした原則については，2つの相対立する考え方がある。

(a) 占有を重いとみる立場からは，時効取得者は，登記なくして主張することができ，いつでも勝てるとする[1]。

(b) 登記を尊重する立場からは，登記のあるごとに，今まで流れてきた時効

期間が無に帰してしまう，いわば登記を時効の中断事由のように考えるとする[2]。

これに対して，最近判例を詳細に分析し，

(c) 事実関係が二重譲渡である場合は，登記がなければ対抗しえないが（AがBに売ったが，Bは未登記の間に占有している場合）[3]。

境界線を超えて隣の敷地に入っている場合には，登記なくして時効取得を主張することができ，占有を原則として重くみていくことになるというものである。

||||||||||||||||||||||||||||||||||||||||||||||||||||||||||||||||||||||||||||||||||||||||

**【展開講義　7】　契約の解除を第三者に主張するには登記が必要か
　　　　　　　　　──契約の解除と登記**

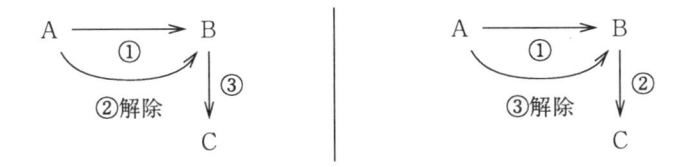

```
A ──①──> B          A ──①──> B
   ②解除  │③         ③解除   │②
           ↓                    ↓
           C                    C
```

AからBへの不動産の売買がなされた後，BからCへ転売されたが，A，B間の売買契約がAにより解除された場合，Cの地位はいかなる影響を受けるか，がここでの問題である。契約解除の効果との関係より考える。

解除の効果の法的更生[4]は，以下の3つがある。すなわち，解除の効果を契約の遡及的消滅ととらえ，未履行債務は消滅し，既履行債務は不当利得となるとする「直接効果説」，遡及的復帰を否定し，原状回復義務に基づく物権の復帰ととらえ，未履行債務については履行拒絶の抗弁権が，既履行債務については新たな返還義務が発生するとする「間接効果説」，そして，未履行債務は消滅し，既履行債務については新たな返還義務が発生するとする，折衷説である。

通説は直接効果説の立場から理論構成をする。すなわち，取消と登記と同じく，解除前と解除後に現れた第三者を区別し，Aの解除前にB・C間に譲渡があった場合には，解除によってAからの所有権移転は初めからなかったことになるが，

---

1) 加藤一郎・民法ノート（上）91頁。
2) 鈴木・115頁。
3) 星野英一「取得時効と登記」論集4巻316頁以下。
4) 北村実「解除の効果──545条をめぐって──」民法講座(5)113頁以下。

契約の法定解除による物権の復元についても，これをあらかじめ登記させることは不可能であるから，545条1項但書によりCは保護を受ける（Cには登記が必要であるという）。さらに，Aの解除後にB・C間に譲渡があった場合には，BからA，BからCの二重譲渡があったものとみなし，先に登記を得たほうが優先する，と解している[1]。

他方，間接効果説では，Cの出現がAの解除前であると解除後であるとを問わず，BからCの所有権移転は有効に成立し，BからAへの所有権移転を返還義務の履行であると構成し，二重譲渡となり，AとCは対抗問題になるという[2]。この場合は，民法545条1項但書の適用の余地はなく，この但書の意味が問題となる。また，間接効果説の立場にたち，鈴木説は，解除前の第三者は545条1項但書により，解除後の第三者との関係は民法177条で保護し処理するとする[3]。

さらに，Bの登記を信頼したことにつき善意・無過失のCのみを保護するといういわゆる公信力説がある[4]。

また，善意有償取得の第三者は保護されるとする信託法理説がある[5]。

判例は，「不動産売買の法定解除による所有権の復帰は，その登記をしなければ，契約解除後にその不動産を取得した第三者に対抗することができない」[6]という。

解除されれば，一種の二重譲渡となるから，177条の適用を見ることになるが，545条1項但書がある以上，この条項を無視する考えは妥当とはいえない。545条1項が解除前に現れた第三者を保護することは確かであるから，解除前に，この条項で，解除後の第三者は対抗問題として処理するのがよいといえる。なお，この点で，直接効果説か間接効果説かによる結論には大きな差異はない。

──

1) 判例・多数説。たとえば，大判昭14・7・7民集18巻748頁，我妻・講義Ⅱ73頁，船橋・163頁，柚木＝高木・物権128頁，林・物権83頁。
2) 広中・物権上119頁，四宮和夫「遡及効と対抗要件」法政理論9巻3号26頁，鈴木・講義〈2訂版〉92頁，原島重義・注民⑥290頁）。
3) 鈴木禄弥・物権法講義〈3訂版〉105頁。
4) 篠塚・民法セミⅡ123頁以下，同・論争民法学①33頁。なお，同「物権変動理論と民法体系の変化」民研250号31頁以下。なお，半田正夫・叢書民法総合判例研究⑦47頁，同・不動産取引法の研究69頁参照。
5) 谷口知平「日常生活における信託法理」信託法研究2号15，16頁，同「無効・取消・解除と物権変動」法セミ304号30頁以下）。
6) 大判昭14・7・7民集18巻748頁。

(4) 相続と登記

「**相続**」が意思表示によらない物権の変動である。ではこの場合も第三者に対抗するには「**登記**」を必要とするか。

現在の相続制度は，生前相続を認めていないから，被相続人がその相続開始の前後で，同一物権を譲渡することは考えられない。

そこで，相続と登記の問題は，場面を分けて考える必要があろう。それは，まず，**単独相続**した場合と，共同相続した場合とである。

(ア) 単独相続の場合

(a) AがBに不動産を譲渡し登記しない間に死亡してCがAを相続した場合。

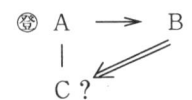

```
     ㊞ A ──→ B
        │   ⇗
        C ?
```

通説・判例は，BがCに所有権を主張するには登記は不要であるという。

その理由は，相続は包括承継であり，相続人と被相続人とは一体であり，BとCとは当事者の関係に立つからである。

(b) Cが相続開始後不動産をDに譲渡した場合。

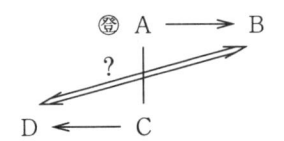

```
     ㊞ A ──→ B
        ?  ⇗
        ⇙ ╳
     D ←── C
```

BがDに所有権を主張するには登記が必要である。

その理由は，法律上同一の地位にあるA＝Cであるから，BとDに二重譲渡がなされたと同じことになるからである。

(c) 表見相続人Eが不動産をFに譲渡した場合。

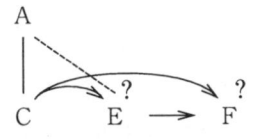

```
        A
        │ ╲
        │  ╲  ?    ?
        C   E ──→ F
```

CがE，Fに所有権を主張するには登記は不要である。

その理由は，Eが無権利者である以上Fも無権利者となり，CとE・F間に

対抗関係は生じないからである。
　(ｲ)　**共同相続の場合**
　では，父Ａが死亡し，子Ｂ・Ｃが相続する場合に，Ｂが勝手にＡの遺産である土地をＢ名義にしてＤに売却した場合のように，単独相続ではなく，共同相続した場合はどうであろうか。

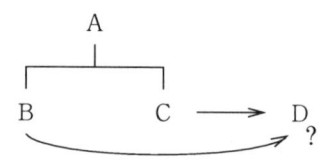

```
            A
       ┌────┴────┐
       B         C ───→ D
       └──────────────↗ ?
```

　すなわち，Ａの相続人ＢＣが共同相続した不動産について，Ｃが単独相続の登記をしてＤに譲渡した場合，ＢはＤに登記なくして持分権を主張できるかである。
　(a)　判例の考え方　　判例は，Ｃは相続の登記がなければ自分の持分をＤに主張できないとするもの，Ｃは相続の登記がなくても自分の持分をＤに主張できるとするものであった。最高裁は，相続があると人は自分の持分の登記をするということがまれであると考え，後者をとることにした（最判昭38・2・22民集17巻1号235頁）。ただし，Ｂの承認によりＣの単独登記とした場合には，Ｄは94条2項の類推適用により保護されるという。その理由は，(i)　Ｂの持分についてＣ，その譲渡人Ｄは全くの無権利者であり，無権者ＤはＢの登記の欠缺を主張する正当の利益を有しないこと，(ii)　取引の安全を保護するため，場合によっては善意（無過失）の第三者を保護すべきであること，である。
　なお，この考え方だと第三者の保護がはかれないとの批判がある。
　(b)　学　　説
　(i)　登記不要説　　Ｃが自分の持分を主張するには，登記は必要でないとする見解がある。それによると，Ｂは，相続によってその土地所有権の2分の1の持分しか承継していないから，Ｂが勝手に自分名義に登記を移したとしても，それは偽りの登記であって，登記に公信力がない以上，ＤがＢから譲り受けられるのは，Ｂの持っている2分の1の持分にすぎない。したがって，Ｃは登記なくして自分の持分を主張することができる，という。
　(ii)　登記必要説　　反対に，Ｃが自分の持分を主張するには，登記が必要か

否かについてはつぎの2つの考え方がある。

第1に、外見上Bの名義になっていると、Bの土地のようにみえる。その土地を制限していると主張するには、**対抗要件としての登記が必要**だとする考え方[1]である。

すなわち、ここで、制限しているというのは、たとえば地上権が設定されている土地が他人に売却された場合に、地上権者が地上権をもってその土地を制限していると主張するには登記が必要であるのと同様に、共有の持分というのは、お互いに制限しあっている所有権の相互関係だと捉え、制限しているということを主張するためには、共有持分権者はその持分を登記しなければ対抗できない、と解する。しかし、地上権が土地所有権を制限しているという場合の制限と、共有持分権者が制限しているということは、異質の問題ではなかろうかとの批判がある。

第2に、**表見代理の法理または94条2項の法理を広く使おうとする考え方**[2]である。

相続人Cが、自分の実印をBに渡したような場合（109条）、B名義の登記になったのをCが放置している場合（94条2項）、それらを使って第三者を保護するのがよいとするものである。ただし、94条2項の類推適用については、その拡大適用（類推）に関し、そこまで類推してよいのかという問題がある。

【展開講義　8】　遺産分割により法定相続分と異なる相続分を取得したことを第三者に主張するには登記が必要か——遺産分割と登記

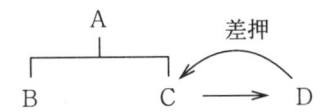

```
        A
      ┌─┴─┐    差押
      B   C ────→ D
```

判例・通説は、遺産分割による権利取得については登記必要とする、という。その理由は以下のとおりである。

① 遺産分割の遡及効が分割前の第三者に対して制限されていること（909条）、また、当事者間で権利の移転としての取扱い（912条）がなされていることから、実質的に分割時に共有持分権の移転を生ずるとみるのが妥当であり、177条の適

---

1) 我妻・講義Ⅱ75頁。
2) 我妻=唄・相続法判例コンメ72頁、髙木多喜男・民法学⑦276頁、広中・物権上147頁。

用を肯定できる。

②　相続放棄と違い，分割後確定的に権利を取得する者は比較的容易に登記ができるから，取引の安全をより保護しても不合理ではないのではないか。

③　遺産分割後に分割前の状態における共同相続の外観を信頼して利害関係を有するに至る第三者が出現する可能性が相続放棄に比較して大であること，

を掲げている。

つまり，遺産分割は，相続により，いったん取得した共有持分が，分割時に新たな得喪変更が生じた（持分の変更）のと実質上変わらないとし，法定相続分を超える権利を取得した相続人は登記がなければ分割後に権利を取得した第三者に対抗できない（最判昭46・1・26民集25巻1号90頁＝百選Ⅰ〔3版〕57頁）とする。

【展開講義　9】　相続放棄により法定相続分と異なる相続分を取得したことを第三者に主張するには登記が必要か――相続放棄と登記

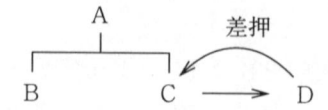

```
        A
      ┌─┴─┐    差押
      B     C ───→ D
```

判例は，この場合について，BがDに対抗するには登記不要であるという（最判昭42・1・20民集21巻1号16頁）。その理由は，以下のようである。

①　相続放棄をすると，初めから相続人にならなかったことにされ（絶対的な遡及効（939条））177条とは関係なく何人に対してもその効果を主張しうること，

②　相続放棄は「相続の開始があったことを知った時から3箇月以内」（915条）にのみ可能で，しかも処分行為があれば放棄はできなくなる（921条）ので第三者の出現を顧慮する必要が少ないこと，

③　放棄後遺産分割までの終局的権利帰属が決まらない間に登記をしないのが通例であること，である。

つまり，判例・通説は相続放棄の反射効としての権利取得であるから，それについては登記不要とする（家族百選〔4版〕95頁参照）。相続放棄をした者は相続開始時に遡って相続開始がなかったことになり，他の共同相続人は，持分取得を登記なくして第三者に対抗できる。

なお，以上の他，受遺者と相続持分の譲受人の関係も，対抗問題と解し，登記必要とする（最判昭39・3・6民集18巻3号437頁，生前贈与と他の者への特定遺贈との関係についても，登記の具備の有無によるとする――最判昭46・11・16

民集25巻8号1182頁＝家族百選〔4版〕96頁）。

3.3 登記を必要とする第三者の範囲

◆ 導入対話 ◆

学生：先生，不動産の物権変動について，当事者以外の第三者に対して，自分に物権変動のあったことを主張するには登記がいることは分かったんですけど，では，誰に対しても必要なんですか。たとえば，第三者が，そのことを知っている場合なんかどうですか。

教師：いいところに気づいたね。確かに，きみの言うとおり，第三者でも，その物権変動のあったことを知っている場合もあるよね。そうした場合，はたして，登記がなければ，権利変動を主張するのに登記を必要とするのかは問題だね。条文をもう一度読んでみようよ。

学生：確か，177条は，第三者に対抗することを得ずと規定していたけど，あ！これこれ，……。第三者について，ほかの条文では，確か，「善意」のとかというように，何か，制限がついていましたよね。

教師：そのとおり。たとえば，民法94条2項では「善意の第三者」に対抗できないと規定していたよね。ところが，いま勉強している177条は……どうかな。

学生：えーと……第三者について，何にも制限する文言はありません。そうすると，当事者は別として，その他の第三者すべてに「登記」がないと，いわゆる「対抗」できないことになることになりますよね。でも，単に，物権変動があったことを知っている人から，自分がその不動産を手に入れたいために，その物権変動をなかったことにしてやろうとする人とか，詐欺をした人とかもいるわけで，そうした人にも「登記」がなければ対抗できないというのはちょっと変じゃありませんか。

教師：確かにそうだ。では，そうした疑問をもって基本講義を読んでほしいね。

(1) 第三者の範囲

民法177条は，不動産の物権変動は，不動産登記法の規定により登記しなければ「第三者」に対抗することができないと規定する。民法が意思表示のみで物権変動が生ずるとしたことから，一般に，**第三者**とは，「**当事者**」およびそ

の包括承継人（相続人等）以外の者をいう。さらに，ここにいう第三者から，不動産登記法4条・5条にいう「詐欺又は強迫によりて登記の申請を妨げたる第三者」および「他人のため登記の申請する義務ある者」は，明文から排除されることは当然である。しかし，民法の条文が，第三者についてなんら制限をしていない[1]ことから，それ以外の者を全て含むのか（第三者無制限説），それとも，それ以外の者のうち一定の者に対しては登記なくして対抗できるのか（第三者制限説）が問題となる。さらに，もし，この第三者が制限的に解することが許されるとして，具体的にどのような者がこれにあたるのかが問題となる[2]。

たとえば，AがBに建物を譲渡したが，未だAに登記が残っている間に第三者Cがその建物に火をつけ，消失させた。BがCに損害賠償を請求したが，CはBに，登記がAにあることを理由として所有権の主張はできないといえるだろうか。これに対して，こうした場合当初の判例は，民法177条の第三者を形式どおりに解し，Cの主張を認め，Bは損害賠償を請求できないとの考え方を示していた[3]。

(2) 無制限説の根拠

この考え方の基礎には，177条の立法趣旨が，すべての人に観念的な物権を公示し不測の損害を蒙らせないようにさせようとする点にあるといえよう。すなわち，不動産登記制度の理想は，不動産に関する一切の法律関係を登記簿により明瞭にするところにあり，当事者の問題は，登記が不動産物権変動の効力発生要件になっていないことから，登記と物権の変動を一致させることは難しいが，第三者の関係においては，登記によって画一的な処理を行うべきであるとする点にあるといえよう。

(3) 第三者制限説と両説の検討

これに対して，登記制度の目的が，取引の安全のためであるとすることから，判例は「本条にいう所謂第三者とは，当事者もしくはその包括承継人に非ずし

---

1) 旧民法財産篇350条は，善意の第三者には対抗できない旨定めていた。現行法にはない理由は不明（未定稿本・民法修正案理由書758頁）。梅謙次郎・要義巻之27頁以下では，区別の困難性をあげる。
2) 鎌田薫「対抗問題と第三者」民法講座(2)67頁以下参照。
3) 事案は異なるが，大判明38・10・20民録11輯1374頁，大判明40・2・27民録13輯188頁等。

て不動産に関する物権の得喪変更の登記欠缺を主張する正当の利益を有する者を指す」，すなわち，その不動産に取引上正当な利害関係を有する者をいうとする（大連判明41・12・15民録14輯1276頁）。したがって，前記の事例におけるCは，当然第三者ではないことになる。

当初の学説は無制限説であったが（梅・富井），そして，この連合部判決を受けた形で，制限説が展開されていった[1]。その後，舟橋博士が，当時無制限説を支持していた我妻博士に対する批判として，制限説を主張した[2]。その後すぐ，我妻博士も，制限説へと改説している。

こうした，第三者の範囲を考えるには，一方で，所有権絶対の考え方より，物権の直接支配性，そしてそれから生ずる排他性が導き出され，そこには物権の優先的効力があることより，公示制度の必要性が導き出される。これが登記制度である。他方，契約自由の原則から，わが国は，物権変動における意思主義（176条）を採用したことから，この両者の調和点として，わが国は，「対抗要件主義」を採用した。そうした，背景を前提に以上2つの考え方についてみると，まず，無制限説では，前記のCに対しても，Bは登記がないとCに損害賠償できないことになる。

また，たとえば，不法占拠した者が偽造書類により，自己への移転登記をした場合，同じく，明渡請求ができないことになり，その結果は，不当であるといえる。さらに，わが国においては，登記登録料が高額であること，登記官には形式的審査権しか認められていないこと，登記が不動産物権変動の効力発生要件になっていないことから，登記と不動産物権変動の不一致の多さという実情の下において，登記によって少なくとも第三者との関係を画一的に処理しようとすることは，真実の権利者を害するおそれが多く，前記の立法趣旨との関係からも，制限説が妥当といえよう。

そこで，次に問題となるのは，「登記欠缺を主張する正当の利益を有する者」とは誰かである。

(4) 第三者に該当する者

---

1) なお，その先駆けとなり，転機となったのは，末弘博士の物権法上165頁註1の記述において，連合部判決を支持したことによる。
2) 登記の欠缺を主張し得べき「第三者」について，加藤還暦祝賀論文集（昭6）639頁以下。

(ア) 客観的要件[1]

第三者の範囲を定める基準として，判例は，前記のように「登記の欠缺を主張する正当の利益を有する者」としか述べていない。この具体化は判例の形成に任せたといえる。

学説は，前述したように同一不動産に関して，有効な取引関係に立てる第三者に限定されるとするもの[2]，対抗関係が利害が相反するときにおいて初めて発生することを考えると，問題となる物権変動と両立しえない権利関係に立つ者，問題となっている物権変動が有効であるなら否認されざるを得ない権利を有する者との考え方があり，支配的見解がない。

民法177条の立法趣旨が取引保護にあるとするならば，登記なくして対抗できない「第三者」がなんらかの形において取引に入った者に限定されることは理路当然である。

しかし，その「取引関係に入った」という状態が，単なる債権関係でよいのか，または，物権の取得という段階までに達していることを要求されるのか，さてまた，物権の取得と同視しうる程度の物的支配関係にたっていればよいのかが問題となる。

そこで，第三者の範囲を定める客観的要件として，学説・判例において異論なく「第三者」にあたるとされるものは，

(a) 物権取得者　当該不動産について，所有権，地上権，抵当権等の物権を取得した者である。二重譲渡の場合の譲受人相互の関係が典型である。

(b) 物権取得にまで至らないが，当該不動産につき一種の支配関係を取得した者，差押・仮差押・配当加入申立をなした債権者，譲渡人に対する破産債権者，等である。

判例は，これらのものは目的不動産上に一定の支配権を獲得した者であるから第三者にあたるという。はたして自明かは検討しなければならない。

(c) 当該不動産の賃借権者　不動産賃借人が第三者であるかは，賃借権そのものを否定する場合と，賃借権を認めた上で，賃料請求をしたり，契約解除をしようとする場合とが問題となる。

---

1) 詳しくは，新注民(6)560頁以下。
2) 我妻・講義Ⅱ154頁。

(d) 賃料請求と登記　家主Aがその所有家屋をBに売却した場合にBが借家人Cに対し家賃を請求するには所有権移転登記を経由しておくことが必要か，また借家人Cは新家主Bに所有権移転登記がないことを理由に，賃料の支払を拒否できるかである。

判例は，賃貸人の地位を承継した旨の通知のみで，所有権の移転登記がない場合には，新所有者は賃借人に賃料請求もできないし（大判昭8・5・9民集12巻1123頁），解約申入もできないという（最判昭25・11・30民集4巻11号607頁）。その理由は，登記なく二重売買されると複雑な法律関係が生ずるという。学説は，判例を肯定するもの[1]，不要とするもの[2]とがある。

学説はBの立場を保護することから判例に賛成する。

本来の対抗問題は，いわば食うか，食われるかという権利の優劣を決定する機能に限定すべきであり，対抗問題でなく，賃借人の賃料二重払の危険は，供託制度や478条により処理できるとし，これを理由に登記不要とするものがある[3]。

しかし，登記には権利の証明機能があることを考えると賃借人に対する賃料の請求権者の明確性のために，新家主には賃料請求につき登記を必要とするとの考え方の方が妥当である。

なお，債権譲渡の対抗要件（467条による売主から賃借人への通知）によるべきという説もある[4]。果実収取権（賃料債権）の移転時期（575条）との関係も考える必要があろう[5]。

(e) 当該不動産につき，所有権その他の物権の設定，移転を受ける債権を有する者である。

(イ) 主観的要件

第三者が主観的にどのような要件を充たしている者かについても見解が分かれる。すなわち，悪意者を含むか，背信的悪意者はどうかである。

前記の第三者に当たるとされた場合で，その者が物権変動の事実を了知しているという意味での悪意の場合にも，なお，登記がなければその者に対抗でき

---

1) 我妻・講義Ⅱ100頁，幾代・注民(15)163頁，星野・借地借家424頁。
2) 鈴木・234頁，石田(喜)・物権法43頁。
3) 吉原節夫・新版注民(6)575頁以下，舟橋・物権法190頁。
4) 鈴木・物権法〔2訂版〕96頁。
5) 内田勝一・百選Ⅰ〔第4版〕122頁，同・焦点Ⅰ，20頁参照。

ないのか。

　判例・通説は，第三者の善意・悪意を問わないとする見解である。

　悪意者排除説の根拠は，177条の趣旨を取引の安全をはかるものであるととらえつつも，公示内容と異なる物権の変動はないとの信頼した者にその信頼に応じた効果を認める者であるとし，画一的，無条件的な保護をはかるものではないとする。

　これに対して，**善悪不問説**は，177条を登記により，広く取引を整理し，権利関係の明確を期すことにより，取引の安全をはかるものとする。

　しかし，今日，善悪不問説を維持しながら，第三者に背信性がある悪意の場合は別とする**背信的悪意者排除説**が主流となりつつある。

　すなわち，「不動産登記法4条，5条のような明文に該当する事由がなくとも，少なくともそれに類する程度の背信的悪意者」，「登記の欠缺を主張することが信義に反するものと認められる事情がある場合には背信性がある者は」登記の欠缺を主張するについての正当の利益を有しないことは当然であることから，以下のような者を背信的悪意者として第三者から排除しようとする。

　具体的には，以下の者が問題となっている。

　(a)　第1の譲渡行為の登記の欠缺を主張することが自己の行為と矛盾し，信義則に反する者。たとえば，代理人，仲介人ないし，立会人として関与した者とか，第1の権利変動を容認したうえこれを前提として行為をした者などである。

　(b)　第2の譲渡行為について，第2の譲受人に反倫理的な意図ないし動機があり，信義則に反する者。第2の譲受人が不当に利得する目的が有り，第1の譲受人に害意を抱いていた場合などである。

　(c)　第2の譲受人が譲渡人に準ずる地位にある者。たとえば，親子・夫婦などの親族関係や，法人とその代表者という密接な関係があり，無償，またはそれに準ずる形での譲渡がなされた場合である。

　なお，背信的悪意者からの転得者は，善意または単純悪意来場合には第三者となり，第1の譲受人は対抗要件が必要となる。取引の安全からである。

　(5)　第三者に該当しない者

　(i)　不法占拠者・不法行為者　　不法行為者が該当しないのは，Bの登記の

ないことを主張することにより，自己の権利が害されることはないからである[1]。

(ii) **実質的無権利者**とその者からの譲受人，転得者，表見相続人やその者からの譲受人，転得者，無効登記の名義人および，その者からの譲受人，転得者。

無権利者に対してまで物権変動の事実証明のための登記が必要とすることは適当でないからである。

(iii) 転々譲渡の場合の前主と後主　AからB，BからCと譲渡された場合，Cは登記なくしてAに所有権取得を対抗できる（大判大5・3・11民録22輯739頁）。

(iv) **一般債権者**　ここにいう一般債権者とは，まだ差押，または配当加入等にまでは至らない単なる債権者をさす。判例はこの者には直接支配の可能性があるにすぎないとして，これを第三者でないとする。通常，一般債権者が単に一般債権者としての資格のままで登記の欠缺を主張することはなく，一般的に第三者性を肯定する必要はない。なお，AがBとCに二重譲渡後，Dの故意・過失により建物が毀損した場合，BとCのいずれがDに対して損害賠償できるかについては，債権譲渡の対抗要件に準じて考えるべきであろう。

【展開講義　10】　悪意者排除説について

今まで述べてきたような「第三者」にあたるかぎり，その者が物権変動の事実を知っていた場合（悪意）にも，なお登記がなければ物権変動をその者に対抗しえないのか。何度も述べるように，民法177条の法文にはなんらの限定もなされていないことから，解釈上分かれる。先にも述べたように，従来通説とされてきたのは第三者の善意悪意を問わないとする見解——善悪不問説・無差別説——であり，判例も同様の見解であった。他方，学説には，悪意の第三者は同条の「第三者」から除外されるとする見解があった。こうした論議が分かれるのは，結局，177条の立法趣旨をどのように理解するかにある。

悪意者排除説の論拠は，177条の趣旨を，取引安全をはかるものであるが，それは公示内容とは異なる物権変動はないであろうと信頼した者に対しその信頼に応じた効果を認めるというものであり，画一的かつ無条件的に取引保護をはかる

---

[1] 良永和隆・百選Ⅰ〔4版〕124頁。

ものではないとして，物権変動の事実を了知している悪意の第三者は保護に値しないとすることにある。

　他方，善悪不問説は，同条を，登記により権利関係の明確を期し，それにより取引の安全と円滑をはかるものであるとして，その目的からすれば物権の帰属を全体的立場から画一的形式的に取り扱うことが要求されるから，第三者の善意悪意を区別すべきでなく，たまたま悪意の第三者が保護を受ける結果になる場合があるとしても，それは画一的形式的取扱いの結果にすぎないという。しかも，善意悪意を区別するとその立証上たいへん面倒になり，善意悪意の対象である物権変動の時期じたいあいまいな場合が少なくないとすれば，善意悪意の判定がいよいよ困難となるし，譲渡人と第一譲受人が共謀して第二譲受人の悪意であることを作出するおそれが不可避であること，善意悪意で結果を異にしては悪意の第三者からさらに当該物権を譲り受け，あるいは，その上に物権を取得した転得者の地位が不安定となり，取引の安全をはかることができないという。

　こうした善悪不問説の批判に対し，悪意者排除説は以下のようにいう。第三者の善意は当然，推定されるのであるから訴訟上の混乱は生じない，また，転得者の問題については，第三者の悪意の効果が絶対的，固定的にその後の全転得者に及ぶと考える必要はなく，悪意であることの判断は個別的，相対的にすればよく，善意の転得者の地位が脅かされることはないという。

　今日，善悪不問説は，基本的に善悪不問としながら第三者が背信性ある悪意の場合は別とするいわゆる背信的悪意者排除説が，判例，学説上定着しつつある。理論的には，いわゆる善悪不問説とどのような関係にあるのかは問題が残っている。また，今日，いわゆる二重譲渡成立の法的根拠をいかに理論構成するかという問題につき，悪意者排除説は，譲渡人に残されている登記に一種の公信力を認めることによって説明しようとする。いわゆる公信力説とよばれるものである。この考え方によれば，登記がなければ対抗できない第三者から少なくとも悪意の第三者は当然に除外されることになる。

【展開講義　11】　背信的悪意者からの善意転得者は保護されるか

　従来の判例・通説によれば，第三者の範囲は「正当利益」の有無によって決せられ，正当利益を有しない者のなした登記は絶対的に無効であり，その者からの転得者も登記に公信力のない結果すべて権利を取得する余地はなくなる。かかる立場からすれば，背信的悪意者のなした登記も，とくに著しく信義則に反していて正当利益なしとされる以上は絶対的に無効となり，それにつづく転得者の地位

もくつがえされることにならざるをえない。

　しかし，このような考え方は善意の転得者ひいては取引の安全を害することにより疑問である。そのために，背信的悪意者排除についての種々の理論構成がなされている。典型的なケースである二重売買の場合を例にとると，信義則に反した第2の買主は，少なくとも売主との関係では有効に権利を取得しているから，全くの無権利者の場合とは異なる。第2の買主のなした登記は実体関係と符合するものとして一応有効であり，単に第1の買主に対してその登記欠缺を主張しえない（信義則に反するから）というにとどまると解される。したがって，転得者がいなければ，第1の買主の登記欠缺を主張しえない結果，請求があれば登記は抹消されるべきことになるが，転得者がいれば，転得者は登記に公信力なしとの原則の適用を免れ，転得者がともに第1の買主に対する関係で信義則に反しているという事情のない限り，第1の買主は登記なくして転得者に対抗しえないものと解すべきである。そしてその場合には，第1の買主は，売主と第2の買主に対して責任を問うことができるが，権利そのものは回復できないと解すべきである。二重売買の場合に，権利の帰属について誰かが犠牲をしのばなければならない以上，登記をしなかった点に落度のある第1の買主の保護よりも，むしろ取引の安全を優先させることはやむをえない結果というべきであり，登記制度と信義則との妥協点としては妥当な解釈といえよう。最近，最高裁には，以下のような判例がある。すなわち，所有者AからBが不動産を買い受け，その登記が未了の間に，Cが当該不動産をAから二重に買い受け，さらにCから転得者Dが買い受けて登記を完了した場合に，たといCが背信的悪意者にあたるとしても，Dは，Bに対する関係でD自身が背信的悪意者と評価されるのでないかぎり，当該不動産の所有権取得をもってBに対抗することができるものと解するのが相当であるとする（最判平8・10・29民集50巻9号2506頁，【判批】横山美夏・月刊法学教室200号140頁，大橋弘・ジュリ1124号98頁以下）。

3.4　不動産登記制度

―――――――――　◆　導入対話　◆　―――――――――

学生：不動産を登記することの大事さは今までさんざん聞いてきたんですが，それでは，具体的に不動産登記をするにはどうすればいいんですか。

教師：不動産を登記をするには，不動産登記法の手続に従ってしなければならな

いんだよ。それは、一言ではいえないんだけれど、通常は、司法書士さんのお世話になっているんだ。不動産登記は、いわば、紙の上での手続によるから、一つでも、書き方、内容に間違いがあると、登記所というお役所では受け付けてくれないんだ。それだけ重要な権利であることから、その手続も厳格にされているということなんだ。

学生：……では、具体的にどのような手続をするんですか。

教師：詳しいことは、後の基本講義を読んでほしいね。

(1) 登記の意義

　不動産登記とは、不動産に関する権利関係につき、一定の国家機関（登記官）が不動産登記法所定の手続に従って**登記簿に記載**すること、ならびに**記載された内容**のことをいう。こうした登記事務は、登記すべき権利の目的である不動産の所在地を管轄する法務局もしくは地方法務局または支局もしくは出張所が掌っている。なお、不動産が数個の登記所の管轄区域にまたがっているときは、法務省令の定めるところにより法務大臣または法務局もしくは地方法務局の長によって管轄登記所が指定される（不登8条2項）。

(2) 物的編成主義

　登記簿の編成方法には2つある。**物的編成主義**と人的編成主義とである。わが国は、1筆の土地または1個の建物について1用紙を備えると定め（不登15条）、物的編成主義を採用している。登記簿も、わが国の慣行から土地と建物を別個の不動産としていることから、土地登記簿と建物登記簿とに区別されている（不登14条）。

(3) 登記簿の構成（巻末資料参照）

　登記用紙は表題部（「表示ノ登記」と称する）、**甲区欄・乙区欄**の3つの部分からなる。

(ア) 表題部　土地・建物の現況を記載する表示に関する事項を記載する。土地の表示の登記には、土地の所在地・地番・地目・地積などを記載し（不登78条）、建物の表示の登記には、建物の所在地・家屋番号・建物の種類・構造・床面積などが記載される（不登91条）。

(イ) 甲区欄　所有権に関する事項について記載する。順位番号欄と事項欄

からなり，表題部に示された不動産の所有権に関する事項が事項欄に記載されている。

(ｳ) 乙区欄　所有権以外の権利に関する事項が事項欄に記載される。たとえば，地上権・抵当権・賃借権などに関する事項である。

なお，不動産の権利の登記の順位は，原則として受付番号，順位番号による（不登6条1項，例外として民329条・331条）。

(4) 登記を必要とする権利とは

原則として，不動産物権はすべて登記を必要とする。

不動産登記法1条は，登記さるべき権利として，所有権，地上権，永小作権，地役権，先取特権，不動産質権，抵当権，不動産賃借権，採石権を規定している。これに対して，民法上の物権で登記を要しない権利とは，まず，占有権は，事実上の支配にもとづき，その支配の存続する限りにおいて認められる権利であるから（民180条参照），登記をもって公示手段とすべきではない。留置権は，占有を要件とし，その物に関連性ある債権を担保する権利である（民295条・302条参照）。債権の満足を受けるまで目的物を留置するところに，その特質があり，登記による公示に適しない。一般先取特権は，特定の債権担保として，債務者の総財産より優先的に弁済を受け得る権利であり（民306条・335条参照），特定の不動産を目的とする物権ではないから，登記を公示方法としない。なお，入会権は，一定の地域の住民が一定の土地に入会って共同に収益をなす権利であって，その内容は各地の慣習によって定まるから，登記を要しない。

なお，不動産買戻権は，物権ではないが，しかし，実際の取引では，これが一個の財産権として独立の取引客体となっているので，不動産登記法は，その設定について登記をみとめた（民579条，不登37条）。そこで，判例は，これをさらに拡張し，移転や消滅についても登記することができるとする。

(5) 不動産登記の手続

不動産登記の目的は，不動産上の私権と私権の変動（権利の設定，保存，移転，変更，処分の制限もしくは消滅）を公示し，もって取引の安全を図ることにある。

(ｱ) **申請主義**（原則）・**当事者出頭主義**と**職権主義**（例外）　不動産の登記においても私的自治の原則は適用されるので，原則として当事者の申請，官

庁・公署の嘱託（判決による）がなければ登記はなしえない（不登25条1項）。ただし，不動産の物理的存在とその現況を客観的に公示するという「不動産の表示の登記」には「職権主義（登記官によってなされる登記）」も採用されている（不登25条ノ2）。

　(ｲ)　**書面主義**　不動産の権利に関する登記の申請は，必ず書面によってしなければならない。

　申請書には，①登記の目的（不登36条1項5号），②登記原因と日付（同条4号），③申請人の氏名と住所（同条2号），④代理人の場合（同条3号），⑤添付書面として，登記原因を証する書面（不登35条1項2号），登記義務者の権利に関する登記済証（同条3号），その他登記義務者の印鑑証明書（不登則42条），買主の住民票抄本等の住所証明書（不登則41条），代理人による場合は代理人権限証明書（不登35条1項5号）などである。なお，登記官には実質的審査権がなく，書類審査のみである（形式的審査主義）。

　(ｳ)　**1不動産1登記用紙主義**（不登15条）　1筆の土地，1個の建物について用紙を備えるという物的編成主義（↔人的編成主義）を採用している。

　(ｴ)　**共同申請主義の原則**（不登26条1項）　登記権利者と登記義務者の共同でなすことを原則としている。なお，民法108条の自己契約，双方代理の禁止の規定は，登記申請の代理については適用されない。したがって，たとえば，登記権利者である買主は，登記義務者である売主の代理人として登記を申請することができる。

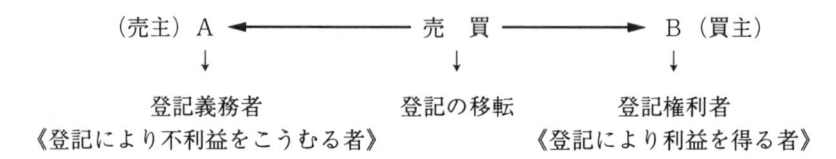

```
　　　（売主）A ←――― 売　買 ―――→ B（買主）
　　　　　　　↓　　　　　　↓　　　　　　　↓
　　　　登記義務者　　　登記の移転　　　登記権利者
　　《登記により不利益をこうむる者》　　《登記により利益を得る者》
```

　(ｵ)　**オンライン登記情報提供制度について**　オンライン登記情報提供制度は，これまで，一般利用者が，登記所に出向かないと登記情報を入手することができなかった登記事務を電子情報処理組織によって取り扱う登記所の登記簿に記載された情報（＝登記情報）を，今後は，インターネット回線を利用して一般利用者が自宅または事務所のパソコンで閲覧することができるようにする制度である。時間と手間が大幅に短縮されることになる。提供される情報は，

①不動産登記，商業・法人登記の登記簿に記載された事項の全部についての情報，②１つの不動産の所有者に関する情報である。利用方法・手順は，各人が家庭で独自に登記情報を手に入れられるという方法は採っていない。まず，オンライン登記情報提供制度を利用しようとする者は，あらかじめ指定法人に利用者の登録をし，自宅または事務所のパソコンからインターネットを利用して，指定法人に対し，登記情報の提供を請求する。そして，指定法人は，登録利用者の請求にもとづき，専用回線を利用して，登記所のコンピュータ・システムに対し，登記情報の提供を請求，登記所のコンピュータ・システムは，指定法人に対し，請求に係る登記情報を送信される。そして，指定法人は，登記所のコンピュータ・システムから送信された登記情報をインターネットを利用して，登録利用者に送信され，登録利用者は，送信された登記情報をパソコンの画面に表示し，または印刷して，その内容を確認する，という方法である。

(6) **登記請求権**

有力説ならびに，実務上の取扱いは，実体上の権利変動を生じたにもかかわらず，それに応じた登記がなされていない場合，および実体上の権利変動が生じていないにもかかわらず，生じたような登記がある場合に，登記を実体上の権利変動のプロセスと態様に符合させるために登記制度の理想から当然に生ずる，登記権利者から登記義務者に対し登記申請についての協力を求める権利である，と解している（【展開講義　12】参照）。

(7) **中間省略登記**

中間省略登記とは，A→B→Cと権利が移転した場合に，中間者Bへの登記を省略して，Aから直ちにCへ移転登記することをいう。登記は不動産物権変動を正確に反映させなければならないということで，以前は中間省略登記は許されないと解されていたが，その後，ABC三者の合意がある場合には，中間省略登記は許されるとされた（最判昭40・9・21民集19巻6号1560頁）。中間者Bを除いて，AC間の合意でAからCへ移転登記がなされたときは，中間者Bは，正当な利益がなければ，Cの登記の抹消を請求することはできない（最判昭44・5・12民集23巻6号951頁）（【展開講義　14】参照）。

(8) 不動産登記の種類と機能

(ア) **終局登記**と**予備登記**　　まず，登記を大きく分けると，対抗力の有無に

よる区別として,「終局登記（本登記）」と「予備登記」とがある（登記の効力による分類）。前者は対抗力のある登記であり,後者は対抗力のない登記である（ただし,警告的効力がある）。

　(a)　終局登記　　終局登記には,登記の目的が何であるか,また内容によって,以下の4つの種類がある。

　(i)　**記入登記**とは,たとえば所有権移転の登記,抵当権の設定のように,新たな登記原因により新たになされた登記をいう。

　(ii)　変更登記とは,たとえば登記名義人の表示の変更,根抵当権の極度額の増額のように既存の登記の一部を変更する目的でする登記をいう。これには狭義の変更登記と更正登記がある。

　(iii)　**抹消登記**とは,たとえば被担保債権弁済による抵当権の抹消登記のように既存の登記がこれに対応する実質関係を失ったとき,その登記を抹消することを目的とする登記をいう。なお,登記を抹消するには,抹消の登記をなした後に,抹消すべき登記を抹消しなければならない（不登147条1項）。

　(iv)　**回復登記**とは,いったん消滅した登記,抹消された登記が,もともと,消滅・抹消されるべきものでなかったとき,これを回復するための登記をいう。

　(b)　**主登記**と**付記登記**　　終局登記は,登記の方法・形式により,主登記と付記登記とに分けられる（登記の形式による分類である）。

　(i)　主登記　　主登記とは独立の登記順位をもった新たな登記で,権利の設定・所有・維持・保存・抹消などに関する登記である。

　(ii)　付記登記　　付記登記は登記上権利関係を有する第三者があるとき,変更登記の申請書にその者の承諾書またはこれに対抗しうる裁判の謄本を添付すると,付記の登記という形式でなされるものである（不登56条・66条）。附記登記は独立の登記順位を有せず,既存の主登記に付記して,その一部を変更し,新たな登記として,その既存の登記を維持する登記であり,その順位は主登記の順位による（不登7条1項）。

　たとえば,登記名義人の表示の変更の登記,買戻の特約の登記（民581条）は,付記登記によりなされる（不登58条・59条ノ2）。

　(c)　**仮登記**　　仮登記とは,終局の登記（本登記）をなし得るだけの実体法上のまたは手続法上の要件が備わっていない場合に,将来その要件具備時にな

されるべき本登記のため，予め順位を保全する目的でなされる登記である（不登2条・6条2項）。所有権に関する仮登記である場合は，登記上利害関係を有する第三者の存しないときは，本登記をなす要件の備わったときに，当事者の共同申請により本登記をなすことになるが，登記上利害関係を有する第三者の存するときは，本登記の申請書にその者の承諾書またはこれに対抗することを得べき裁判の謄本を添付しなければならない（不登105条1項・146条1項）。なお，仮登記をなした後に本登記の申請があったときは，仮登記の左側の余白にその登記をなす（不登55条）。その効力は，対抗力にあるのではなく順位の保全にある（【展開講義 15】参照）。

(d) **予告登記** 予告登記とは，登記原因の無効・取消による登記の抹消・回復の訴えが裁判所に提起されたとき，その訴えの提起があったことを第三者に警告する目的で，受訴裁判所の職権による嘱託にもとづいてなされる登記をいう（不登3条）。

(9) **登記の機能**

登記は不動産物権変動の対抗要件である。登記の機能をみるに，実質的な機能としては，対抗力であり，形式的には，推定力，公信力があげられる。

(ア) **権利関係の公示力** 物権取引は，物権の得喪変更を目的とする法律行為であるが，物権は排他的な効力を有し，その変動は外部から認識できる何らかの徴表を備える必要がある。でないと，第三者を害し，権利関係を複雑にし，物権取引の理想を十分に達成できないおそれがある。これを物権公示の原則といい，わが民法では，登記をもって公示方法とし，これを第三者に対する対抗要件とするにとどめ，公信力を認めていない。

(イ) **登記の対抗力** 登記の対抗力とは，不動産に関する物権の得喪および変更は登記法の定める所に従ってその登記をしなければ，第三者に対抗することができない（不登177条）ということである。このようにわが国では，登記は権利変動の有効要件ではなく，物権変動の効果を第三者に対抗（主張）するための要件にすぎない。なお，「対抗することを得ず」の意味については争いがある（**3.1**参照）。

(ウ) **登記の推定力** 実質上の権利関係を伴わない登記は無効である。しかし，登記は公簿上の記載として登記されることによりその事項は一応真実に合

致（成立）しているものと推定される。これを登記の推定力という。当然，推定力があるにすぎないため，登記と真実とが異なる場合には，反証をあげてこれを覆すことができる。なお，登記ある不動産について，188条の占有推定の適用があるか否かについては争いがある。

(エ) **登記の公信力** 登記には公信力がない。わが民法は動産物権の変動については公信の原則を認めるが，不動産についてはこれを認めない。登記に公信力を認めるか否かは政策的な問題であるが，公信力を認めると取引の安全は保護されるが，真実の権利者の利益を害することになる。不動産取引の安全を図るには公信力を認める方が望ましいが，それには登記制度の完備を要する。

(10) **登記について注意する事項**

(ア) **閉鎖登記簿** 登記用紙が，種々の理由から用紙が閉鎖され，登記簿から除去されて，これらが編綴された登記簿をいう。閉鎖される理由を列挙すると，①登記用紙が滅失のおそれあるとき（不登24条），または，枚数が多くなり取扱いが不便となった（不登76条）などの理由によって，新登記用紙に移記された場合，さらに，②A地とB地が合併された場合のように合併による場合，③土地が海没したとか，建物が滅失（取りこわし）したときのように，不動産が滅失した場合である。なお，閉鎖された登記用紙は，閉鎖の日より20年間保存される（不登24条ノ2第2項）。

(イ) **帳簿の公開** 帳簿は，閲覧することができる。閲覧するには，申請書に（口頭によることは許されない），署名押印し，閲覧したい登記の不動産所在地番（家屋の場合は家屋番号）を記し，手数料（収入印紙による）を納付する。ただし，閲覧は，利害関係のある部分に限定され許されるから，利害関係の事由等を記載した書面を添付しなければならない。また，登記簿の謄本，抄本の交付も，手数料を納付して請求することができ，さらに郵送料を納付して，それの送付を請求することもできる（不登21条）。

(11) **登記の有効要件——実体的有効要件，形式的有効要件**

(ア) **実体的有効要件** 登記が有効であるためには，その登記が現在の権利関係と一致していれば十分であり，物権変動のプロセスや態様を正確に反映している必要はない。たとえば，登記原因が売買であるのを贈与として登記したり（物権変動の態様が真実と異なる），中間省略登記をしても（物権変動のプ

ロセスが真実と異なる），その登記が現在の権利関係を反映していれば有効なものとされる。この登記の実体的有効要件に関連して，「登記の流用」もしばしば問題となる。

　登記の流用とは，実体関係が消滅したことによって無効となった登記を，その後に生じた実体関係のために流用することである。たとえば，AがBより金銭を借用し，その担保として自己の不動産に設定した抵当権の登記を，Bの抵当権消滅後に，Cから金銭を借用し，その担保として設定した抵当権の登記として用いることである。このような登記の流用も，それが実体関係と一致する登記である限りは有効である。ただし，

　(a)　実体関係の消滅後，不動産上に法律上の利害関係を有する第三者が生じた後は，登記の流用はできない。

　(b)　建物滅失後の新築家屋に旧建物の登記を流用することはできない。

　(イ)　形式的有効要件　　登記の形式的有効要件としては，登記が登記簿上になされているということが挙げられる。登記の申請が受理されていても，何らかの事情で登記されていなかったときは，登記があるとはいえない。ただし，

　(a)　新登記簿に移記する際などに，登記官が登記を遺脱した場合でも，いったん登記されて対抗力を生じた以上，登記官による遺脱があっても，登記は効力を失わない。

　(b)　偽造文書などにより不当に抹消された登記は，なお効力を失わない。

　(c)　同一の土地または建物につき，手続上の誤りにより，二重に保存登記がなされた場合，後になされた登記は無効である。

【展開講義　12】　登記請求権とは何か

　登記権利者が登記義務者に対し登記の移転や抹消を求める請求権を登記請求権という。登記請求権の発生原因あるいはその根拠については，必ずしも統一した説明がされていない。1つの考え方は，登記請求権を物権的請求権と理解する。しかし，この考え方には，大きな問題点がある。たとえば，不動産がA→B→Cと譲渡された場合，登記が真実の取引の実態に添うようにされるべきであるという基本的な要請にもとづけば，不動産がCのもとにあるが，登記がなおA名義である場合，BがAに登記請求権を行使して，B名義にして，つぎにCがBに登記

請求権を行使してC名義にすることが必要である。すでに物権を所有していないBがAに対して物権的請求権として理解された登記請求権を主張することはできないことになる。そこで，登記請求権を物権変動に応じて不動産法上生じる特殊の請求権と解する立場がある。この立場によれば，登記請求権は物権的な請求権に近い性質を有するが，実体的な請求権ではなく，不動産登記法の要請にもとづく特殊性を有しているというのである。なお，不動産がA→B→Cと譲渡された場合において，AB，BC間の取引行為がすべて無効であったときに，登記権利者であるAがBCに対して抹消登記請求権を主張することができるだけではなく，BがCに対して抹消登記請求を求めることができるとするのも（最判昭36・4・28民集15巻4号1230頁），このような登記請求権の特殊性によると考えることができる。なお，抹消登記請求の場合には，売主が登記権利者になることに注意されたい。

　判例は，個々の事案に応じて登記請求権を債権的なものと解したり，物権的なものと解している（多元説）。もっとも，大審院は，Yの田地をXが買い受け，Xが所有権移転の登記をしないままでAに譲渡をした後に，XがYに移転登記請求をした事件で，「売買ニ因ル所有権移転ノ登記ハ売主ガ買主ヲシテ所有権ノ取得ヲ完全ナラシムルガ為メ欠クベカラザル義務」，すなわち，債権上の義務であるとした後に，「売買ニ因ル所有権移転ノ登記請求権ハ独立ニシテ消滅時効ニ罹ルベキ性質ノモノニアラズ」と解した（大判大5・4・1民録22輯674頁）。したがって，判例理論によると，登記請求権は，たとえそのその性質が債権的なものであったとしても，消滅時効にかからないのである。学説では，一元説的な説明をしようとする立場，判例を支持する立場，登記請求権を物権変動に応じて不動産法上生じる特殊の請求権と解するが，それを実体的なものとして把握しようとする立場などがあり，統一されていない。

【展開講義　13】　不動産売主の登記取引請求権の有無

　登記申請は双方申請主義にもとづいているから，登記義務者と登記権利者との共同申請が必要になる。登記義務者である売主が登記権利者である買主に対して登記を申請することについて協力するように求める債権的な請求権があることは当然である。この関連では，むしろより重要な論点は，農地売買における許可申請協力請求権についてであろう。農地法は，農地売買に関しては，県知事等の許可がなければ，農地売買の効力が発生しないと定めている（農地3条等参照）。この場合にも，当事者には債権的な効果だけは発生し，登記申請と同様に双方申

請主義にもとづく許可申請について，当事者は相手方に対して許可申請協力請求権を主張することができる。判例によれば，この請求権は，債権的なものであるから10年の消滅時効にかかる。

【展開講義　14】　中間省略登記は有効か

　たとえば，ある不動産がＡ→Ｂ→Ｃと譲渡された場合，まずＡＢの共同の申請によりＢへの売買を原因とする移転登記がされて，次にＢＣの共同の申請によりＣへの売買を原因とする移転登記がされることになる。しかし，現実の取引では，登録税を節約するために，あたかもＡ→Ｃへの売買がされたように登記される場合がある。このような登記を中間省略登記という。そこで，このような真実の状態とは異なる登記が有効であるかどうかが，まず第１に問題となる。判例は，中間取得者であるＢを含めた三者（Ａ，Ｂ，Ｃ）が中間省略登記に合意をすれば，中間省略登記をすることが許されると解している（大判大５・９・12民録22輯1702頁など）。中間取得者の利益を保護するために正当な結論である。それでは，中間省略登記をしても，中間取得者の利益が損なわれない場合にはどうか。判例は，なお中間省略登記がされていない場合にも真実の状態をなるべく登記簿に反映させることが必要だと解して，中間取得者の同意がないかぎり，中間省略登記をＣがＡに対して請求することはできないと解している（最判昭40・９・21民集19巻６号1560頁）。これに対して，判例は，すでになされてしまった中間省略登記の場合において，中間取得者が同意をしていないことを理由にして中間省略登記を無効だとして，その抹消を請求するときには，中間取得者にすでになされた中間省略登記の無効を主張するについて利益がなければならないと解している（最判昭35・４・21民集14巻６号946頁）。また，中間取得者の同意がなくされた中間省略登記の場合において，中間取得者でない者が中間省略登記の無効を主張することはできないとも解されている（最判昭44・５・２民集23巻６号951頁）。すでに登記がされた以上，中間取得者に利益がないのにそれをもとに復するほど登記の真実反映の要請を維持する必要はない，という判断にもとづくものである。

【展開講義　15】　仮登記の順位保全の効力とは何か

　仮登記には，本登記のように，第三者に対抗する効力（対抗力）はないが（大判昭２・５・28民集６巻312頁），後日なされるべき本登記の順位を保全する効力がある（不登７条２項）。したがって，仮登記にもとづいて本登記がなされると，本登記の順位は，原則として，仮登記のときにさかのぼる。つまり，本登記とし

ての対効力は，本登記のときに生ずるが，ただ，その内容の実現が，仮登記後，本登記前，すなわち，中間時に生じた登記事項によって妨げられることのないよう，仮登記のときを基準として本登記の順位を決定するというわけである。したがって，中間時の処分によって生じた権利の変動は，仮登記にもとづいてなされた本登記の内容実現と抵触する範囲で効力を失うか，もしくは，後順位となる。たとえば，所有権取得の仮登記にもとづいて本登記がなされると，中間時に，第三者のためになされた所有権取得の本登記は，その効力を失う。また，抵当権設定の仮登記の場合であれば，その後になされた他の抵当権設定登記は後順位となる。

4　動産物権変動の公示

◆　導入対話　◆

教師：たとえば，Bが友人Aから中古のMDコンポを安く買い受けたとして，このMDコンポのような動産の所有権の取得をBが第三者に対抗するための要件は何だと思いますか。

学生：それは動産の引渡だと思います。

教師：そうだね。不動産の場合と違って，動産の物権変動の対抗要件は引渡とされています。

学生：引渡というのは，実際に物が手から手へ移る場合をいうのでしょうか。

教師：そういう場合も当然含まれるが，民法はその他に物の場所的移転を伴わない引渡も定めていて，そのような観念的な引渡も対抗要件になると解されている。そのあたりのことも含めて，ここでは動産物権変動の対抗要件をめぐる問題について勉強することにしましょう。

4.1　動産物権変動の対抗要件

(1)　序　説

民法178条によれば，動産の物権変動の対抗要件は引渡（占有移転）とされている。それは，動産は不動産に比べて一般に経済的価値が小さく，また動産の取引が不動産より頻繁であるため，登記のような公示方法を採用することが

経済的・技術的に困難であるからである。しかし、つぎに述べるような動産については、178条は適用されない。①登記された船舶・建設機械や登録された自動車・航空機などについては、登記または登録が所有権移転や抵当権設定の対抗要件であり（商687条・848条、建設機械抵当法7条、道路運送車両法5条、自動車抵当法5条、航空法3条の3、航空機抵当法5条など）、178条の適用がない。②貨物引換証・倉庫証券・船荷証券などの有価証券に表示された動産については、証券の引渡が証券に表示された動産の引渡と同じ効力を生じるとともに、動産上の権利移転の効力発生要件でもあるので（商575条・604条・627条2項・776条）、178条は適用されない。③金銭については、それが収集の対象として取引される場合は、178条の動産として扱われるが、通貨として流通する場合には、金銭自体は交換価値を表すだけで個性がなく、金銭の占有と所有は切り離すことができないので、引渡が所有権移転の成立要件と解されている。

(2) 対抗要件としての引渡

178条にいう引渡には、つぎに述べるように、場所的な移転を伴う現実の引渡のほかに、観念的な引渡も含まれる。

(ｱ) 現実の引渡　**現実の引渡**とは、動産に対する現実的・直接的な支配を譲渡人から譲受人に移転することである（182条1項）。冒頭の例でいえば、AからBへMDコンポを実際に引き渡すことであり、これによってBは所有権取得の対抗要件を備えることになる。このように、動産では現実の引渡は通常場所的な移転を伴う。

(ｲ) 簡易の引渡　**簡易の引渡**とは、譲受人またはその代理人がすでに目的物を所持している場合に、当事者の意思表示のみによってなされる引渡をいう（182条2項）。先の例においてすでにMDコンポを借り受けていたBがAからそれを買い受ける場合には、Aからの占有移転の意思表示だけでBは引渡を受け、対抗要件が備わる。B→A、A→Bへの現実の引渡を繰り返す手間を省く趣旨である。

(ｳ) 占有改定　**占有改定**とは、譲渡人が譲渡後も引き続き目的物を占有する場合に、譲渡人が以後譲受人のために目的物を占有する意思を表示することによってなされる引渡をいう（183条）。前述の例でいえば、MDコンポを売ったAが売却後はBからそれを借り受けるという場合には、以後BのためにMD

コンポを占有するというAの意思表示によってBは引渡を受けたことになり，対抗要件が備わる（183条にいう「代理人」とは売主Aを指し，「本人」とは買主Bを指す）。この場合も，A→B，B→Aへの現実の引渡を繰り返す手間を省く趣旨である。

　(エ)　指図による占有移転　　**指図による占有移転**とは，譲渡人が代理人によって占有している物をその状態で譲渡する場合に，譲渡人がその代理人に対して以後譲受人のために占有すべき旨を命じ，譲受人がこれを承諾することによってなされる引渡をいう（184条）。たとえば，前例のAがCに貸しているMDコンポをBに売却する場合には，AがCに対して以後Bのために占有すべき旨を命じ，Bがこれを承諾することによって引渡を受けたことになり，対抗要件が備わる（184条にいう「代理人」とはMDコンポの借主Cを，「本人」とは売主Aを，「第三者」とは買主Bを指す）。この場合も，C→A，A→B，B→Cというように現実の引渡が繰り返されるのを省略する趣旨である。

　(3)　引渡を必要とする物権変動

　(ア)　引渡を対抗要件とする動産物権　　178条は「動産に関する物権」と規定しているが，引渡を対抗要件とする動産物権は，動産の所有権に限られる。というのは，動産の占有権・留置権・質権では，占有の取得が成立要件であり，かつその継続が存続要件である（180条・203条・295条・302条・344条・353条）ので，対抗要件としての引渡を論じる必要がなく，また動産の先取特権は対抗要件を必要としないからである。ただし，動産質権については，対抗要件としての引渡が必要な場合がある。すなわち，被担保債権の譲渡に随伴して動産質権が債権の譲受人に移転したときには，譲受人は目的動産の引渡を受けなければ質権の取得を第三者に対抗できない（352条）。

　(イ)　引渡を対抗要件とする物権変動　　引渡を対抗要件とする動産の物権変動は，178条によれば「動産に関する物権の譲渡」であるが，具体的には動産所有権の移転である。すなわち，①売買などの法律行為による動産所有権の移転が主であるが，②判例・通説によれば，法律行為の取消や契約の解除による所有権の復帰的移転も含まれる。これに対し，相続による所有権移転については，相続によって相続財産の占有も相続人に移転すると解されているので（第5章2.2参照），対抗要件としての引渡を問題にする必要がない。さらに，取

得時効による所有権取得についても，占有の取得が時効取得の要件になっているので，対抗要件としての引渡を問題にする必要がない。

(4) 引渡を必要とする第三者の範囲

(ア) 第三者の範囲　178条の「第三者」とは，物権変動の当事者およびその包括承継人以外の者で，引渡の欠缺を主張する正当な利益を有する者に限られる（第三者制限説）（大判大8・10・16民録25輯1824頁）。具体的な第三者の範囲については，177条の第三者の範囲と同様に考えられているので，ここでは省略する（本章**3.3**参照）。ただ，第三者に該当するかどうかで争いがあるのは，賃借人と受寄者についてであるので，これについて触れておきたい。

(イ) 賃借人と受寄者　たとえば，A所有の動産を賃借人または受寄者のCが直接占有していて，Bがこの動産をAから譲り受けた場合，Bは引渡（指図による占有移転）を受けなければ，Cに対して所有権取得を対抗できないかという問題である。この問題につき，判例はCが賃借人である場合と受寄者である場合とで区別し，賃借人は178条の第三者にあたるが（大判大4・4・27民録21輯590頁），受寄者は，所有者からの請求があればいつでも目的物を返還しなければならないので（662条参照），第三者に該当しないとする（最判昭29・8・31民集8巻8号1567頁）。これに対し，学説は分かれており，①賃借人や受寄者は，賃料を誰に払うべきかあるいは目的物を誰に返還すべきかについて重大な利害関係をもっているので，第三者に該当すると解するのが多数説である。しかし，②賃借人や受寄者は，目的物の譲受人と物の支配を争う関係に立たないので，第三者に該当しないとする少数説もある。そしてこの説は，賃借人や受寄者の保護は，債権の準占有者への弁済の規定（478条）によって図ることができるとする。

4.2　即時取得制度

◆　**導入対話**　◆

学生：私の友人Aが海外旅行に行く友達Bに頼まれて，1カ月の約束で自分のカメラをBに貸したのですが，約束の1カ月をすぎてもカメラを返して貰えないのでBに催促したところ，どうやら旅行の後Bはお金に困って，そのカメラを友人Cに売ってしまったということなのです。それで，AがCからカメラを取り戻せないかどうか私のところへ相談にきたのですが，この場合，AはCから

カメラを取り戻すことができるのですか。
教師：BはAからカメラを借りていただけでその所有者ではありませんから，BがCにそのカメラを売っても，それによってCがカメラの所有権を取得することはありません。したがって，カメラの所有権は依然としてAにありますから，AはCからカメラを取り戻すことができるのです。これが原則です。
学生：原則ということは，その例外としてAがカメラを取り戻せない場合もあるということですか。
教師：ええ，そうです。それが即時取得または善意取得といわれる制度なんです。
学生：それはどのような制度ですか。
教師：では，その制度についてこれから勉強していきましょう。

(1) 即時取得の意義

　即時取得（善意取得）制度とは，動産の取引において，動産を占有している者を信頼して取引関係に入った者は，その占有者が無権利者であっても，その動産について権利を取得するという制度をいう。このような即時取得制度が認められている理由として，つぎのようなことが挙げられる。すなわち，前述した動産物権変動の公示手段である引渡は，第1に現実の引渡以外に場所的移転を伴わない観念的な引渡（占有改定や指図による占有移転など）も公示手段としての引渡に含まれ，第2に登記と比べて権利を正確に公示するものではないという点で，公示手段としては不完全なものである。しかし，高度な流通性と迅速性を要求される動産の取引において，そのつど占有者が真の権利者であるかどうかを調査することは，手間がかかりまた実際上期待できない。そこで，動産を占有していることによって権利者らしい外観を有している者を信頼して取引関係に入った者を保護することによって，動産取引の安全性と迅速性を確保するために，即時取得制度が設けられているのである。
　ところで，民法は，即時取得を無権利者と取引した者が取得した占有の効力として規定している（192条参照）。しかし今日では，即時取得は，無権利者の占有に対する取引者の信頼を保護するためのものであり，無権利者の占有の効力（公信力）ととらえられている。

(2) 即時取得の要件

(ア) 目的物が動産であること　即時取得の対象は動産に限られる（192条）。しかし，つぎに挙げるような動産については，即時取得の適用が問題となる。①登記・登録によって権利関係が公示される自動車・船舶・航空機・建設機械などについては，即時取得は適用されない。ただし，未登録の自動車（最判昭45・12・4民集24巻13号1987頁）や未登記の船舶（最判昭41・6・9・民集20巻5号1011頁）については，即時取得の適用がある。②無記名債権は動産とみなされるので（86条3項），即時取得が適用されるが，無記名債権が有価証券（手形や小切手など）である場合には，特別法（商519条，手16条，小21条）が適用されるので，民法の即時取得は適用されない。

(イ) 取引行為によって取得したこと　(a) 即時取得は，動産取引の安全を保護する制度であるから，取引行為（売買・贈与・代物弁済・弁済・質権設定など）によって動産を取得したことが要件となる。したがって，相続によって相続財産中にある他人の動産を承継しても，即時取得は認められないし，他人の山林を自己の山林と誤信して伐採し，動産となった樹木を占有しても即時取得は成立しない（大判大4・5・20民録21輯703頁）。

(b) 即時取得は無効な取引行為を有効とする制度ではないので，取引行為そのものは有効であることが必要である。すなわち，取引行為が行為能力の制限・詐欺・強迫・錯誤などによって取り消されたり無効となったときは，即時取得は成立しない。というのは，即時取得は，前主の無権利という瑕疵を補完するだけであり，それ以外の瑕疵を補完するものではなく，そのように解さないと，制限能力者の保護・意思の欠缺・瑕疵ある意思表示などの規定の存在意義がなくなるからである。ただし，効力のない取引によって占有を取得した者から，その占有を信頼して動産を譲り受けた者については，即時取得の適用がある。

(ウ) 前主から占有を取得したこと　(a) 占有の取得　この前主からの占有取得については問題がある。すでに述べたように，占有の取得方法については，現実の引渡のほかに，簡易の引渡・占有改定・指図による占有移転がある。そして，現実の引渡や簡易の引渡によって占有が取得された場合に，即時取得の成立を認めることについて異論はないが，占有改定や指図による占有移転によって占有が取得された場合については，議論が分かれている（【展開講義

16】,【展開講義　17】参照)。

【展開講義　16】　占有改定によって即時取得は成立するか

　たとえば,冒頭の例でBがAから借りたカメラをCに売却した後も今度はそれをCから借り受けて使用するために,カメラの引渡は占有改定によって行われた場合に,即時取得によってCはカメラの所有権を取得できるかという問題である。

```
        貸借          売却
   A ────────→ B ────────→ C
              │   占有改定
              ▼
            カメラ
```

　(1)　**判例**　この問題につき,判例は,一貫して占有改定によっては即時取得は成立しないと解している。すなわち,即時取得が成立するためには,「一般外観上従来の占有状態に変更が生ずるがごとき占有を取得することを要し,かかる状態に一般外観上変更を来さないいわゆる占有改定の方式による取得をもっては足らない」として,即時取得の成立を否定している(大判大5・5・16民録22輯961頁,最判昭32・12・27民集11巻14号2485頁,最判判昭35・2・11民集14巻2号168頁)。

　(2)　**学説**　学説は肯定説・否定説・折衷説に分かれているが,現在では肯定説を説く者は少なく,もっぱら否定説と折衷説との対立がみられる。

　(ア)　**肯定説**　これは,占有改定によっても即時取得は成立すると解する説である[1]。その理由として,即時取得は前主の占有を信頼した者を保護する制度であるから,前主からの占有取得は即時取得の本質的な要件ではなく,ただ民法192条は,即時取得者が権利取得を対抗するために占有の取得(引渡)を要求しているにすぎず,そして占有改定も対抗要件になりうるので(178条参照),占有改定によっても即時取得は成立すると説く。

　(イ)　**否定説**　これは,占有改定による即時取得の成立を否定し,現実の引渡を受ける時に即時取得が成立すると解する説である[2]。その理由として,①BからCへの占有改定があっても真の権利者Aの譲渡人Bに対する信頼が裏切られたとはいえないこと,②取引安全の保護と真の権利者Aの保護との調和から,占有改定のような外部から認識できない行為によってAの権利を喪失させることは妥当でないこと,③占有改定による即時取得を認めると,AがBから目的物の引渡

---

[1]　柚木＝高木・物権398頁など。
[2]　末川・235頁,舟橋・245頁,近江・講義Ⅱ156頁以下など。

を受けた後であっても，Ｃから引渡請求があればＡはこれに応じなければならず，妥当でないことなどが挙げられている。

　(ウ)　折衷説　　これは，占有改定によって一応即時取得は成立するが，権利の取得はまだ不確定であり，後に現実の引渡を受けることによって権利の取得が確定すると解する説である1)。このような折衷説と否定説との差異は，つぎのような点に現れる。第1に，否定説ではＣが現実の引渡を受ける時に善意無過失でなければならないが，折衷説では占有改定の時に善意無過失であればよく，第2に，占有改定の時点でＡとＣの間で権利の帰属が争われた場合，否定説ではＡに権利があるためにＡが勝つが，折衷説ではＡもＣもお互いに権利を主張できないために，原告となって訴訟を起こした方が敗訴する。

　なお，近時ではこの問題をいくつかの類型に分け，類型ごとに考えようとする説も有力に主張されているが，結論的には前述の否定説の立場に立っている2)。

【展開講義　17】　指図による占有移転によって即時取得は成立するか

　たとえば，冒頭の例でＡからカメラを借りて引渡を受けたＢがその承諾を得てＤにカメラを転貸して現実に引き渡し，その状態でＢがＣにカメラを売却して引渡は指図による占有移転によって行った場合に，Ｃは即時取得によってカメラの所有権を取得できるかという問題である。

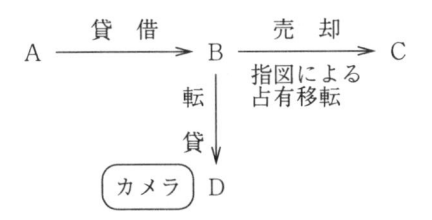

```
        貸借          売却
    A ──────→ B ──────→ C
              │    指図による
           転 │    占有移転
           貸 ↓
         ┌─────┐
         │カメラ│ D
         └─────┘
```

　この問題につき，判例は指図による占有移転によって即時取得の成立することを肯定している（最判昭57・9・7民集36巻8号1527頁）。学説も，判例と同様に即時取得の成立を肯定するのが多数説である3)。その理由として，所持は動いていないが，真の権利者Ａの信頼は形の上でも完全に裏切られていることや，指図による占有移転は所持人Ｄに対する命令を必要とするから，占有の移転を比較的外部から認識できることなどが挙げられている。これに対し，最近では，この

---

1) 我妻＝有泉・講義Ⅱ233頁以下，鈴木・174頁，内田・民法Ⅰ462頁。
2) 広中・191頁以下。
3) 末川・235頁，舟橋・247頁，近江・講義Ⅱ158頁など。

問題を類型に分けて考える立場が有力になっている[1]。すなわち，①Aから借りているカメラをBがDに譲渡して占有改定を行い，DがこれをCに譲渡して指図による占有移転をした場合と，②Aから借りているカメラをBがさらにDに転貸して現実の引渡を行い，BがこれをCに譲渡して指図による占有移転を行った場合とを区別する。そして，①の場合には，カメラはBのもとにあるので，AのBに対する信頼は形のうえでは裏切られていないし，BからDへの譲渡は外観から認識不可能である。さらに，DがCに指図による占有移転をしても直接占有者Bを介したAの間接占有はなお存続する。したがって，Cの即時取得は否定される。これに対し，②の場合には，BからCへの指図による占有移転によってCが間接占有者となり，Bは代理占有関係から離脱してBを介したAの間接占有もなくなるので，Cの即時取得が認められるとする。

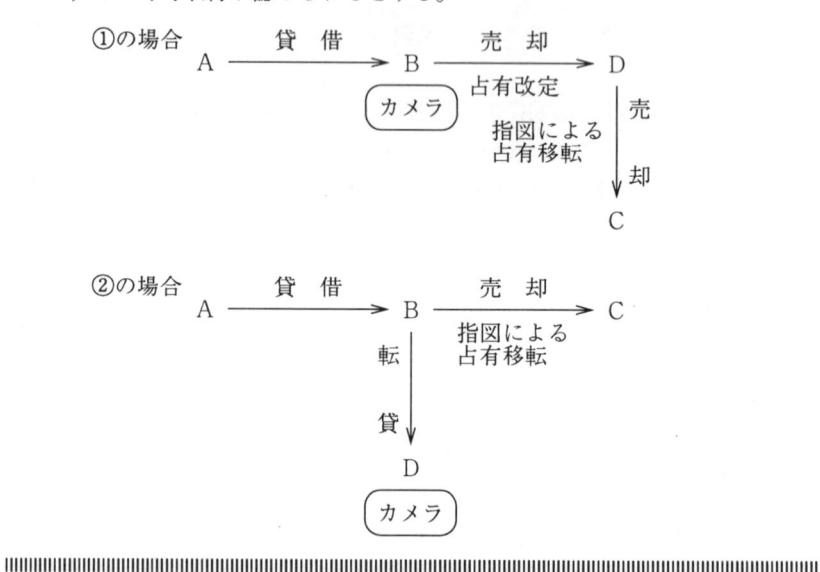

```
①の場合    A ──貸借──→ B ──売却──→ D
                      [カメラ]  占有改定    │
                              指図による   売
                              占有移転    却
                                        ↓
                                        C

②の場合    A ──貸借──→ B ──売却──→ C
                              │  指図による
                              転  占有移転
                              貸
                              ↓
                              D
                             [カメラ]
```

(b) 平穏・公然の占有取得　　即時取得者は，平穏・公然に占有を取得したことが必要である（192条）。この平穏・公然の占有は推定されるので（186条1項），即時取得の成立を否定する真の権利者が取得者の占有取得は平穏・公然でないこと（強暴・隠秘であること）を立証しなければならない。しかし，平

---

1) 広中・193頁。

穏・公然という要件は，取引によって動産の占有を取得する場合には，通常充足されていると解されるので，この要件が問題になることは実際上きわめて少ない。

　(エ) **取得者の善意無過失**　即時取得者は，前主に処分権限がないことについて善意無過失であることが必要である（192条）。そして，占有取得時に即時取得者が善意無過失であればよい。即時取得者の善意は法律上推定される。その根拠条文については，通説は186条1項とするが，188条とする有力説もある。これに対し，無過失を推定する規定はない。しかし，188条により，目的動産を占有している前主は有効に権利をもっていると推定されるので，即時取得者も前主に権利があると信じたことについて過失がないという推定，つまり無過失の推定を受けると解するのが，現在の判例（最判昭41・6・9民集20巻5号1011頁）・通説である。したがって，真の権利者が即時取得者の悪意または善意有過失を立証しなければならない。

　(オ) **前主に処分権限がないこと**　前主に処分権限があれば取得者は有効に権利を取得するわけであるから，即時取得は問題にならない。即時取得が問題になるのは前主に処分権限がない場合であるので，当然にこの要件が要求される。

　(3) 即時取得の効果

　(ア) **権利の取得**　即時取得によって，取得者は即時にその動産の上に権利を取得する（192条）。取得される権利は，具体的には所有権と質権であるが，そのどれであるかは取引行為の形態（売買契約や質権設定契約など）によって決まる。なお，即時取得者への所有権の移転が担保目的であれば，譲渡担保権が取得されることになる。

　(イ) **原始取得**　即時取得による権利取得は，前主に権利がないにもかかわらず即時取得者が権利を取得するので，**原始取得**である。したがって，所有権の取得の場合には，真の権利者の所有権が即時取得者に移転するのではなく，即時取得者がそれとは無関係に新たに所有権を取得し，その反射的効果として真の権利者の所有権が消滅する。また，質権の取得の場合には，真の権利者は所有権を失わないが，その所有権は質権という負担の付いたものになる。いいかえれば，真の所有者は他人の債務の担保のために自己の動産を質に入れた**物**

上保証人の立場に立つことになる。

(4) 盗品・遺失物に関する特則

占有物が盗品または遺失物である場合には，被害者または遺失主に盗難または遺失の時から2年間の回復（返還）請求権が与えられる（193条）。動産が盗品または遺失物である場合には，本来の権利者は占有者に対して返還請求ができるので，この場合に限って即時取得が制限されていることになる。

(ア) 回復請求権　回復請求権を行使できる者は，被害者または遺失主である。大抵の場合は所有者であるが，寄託物または賃借物の盗難または遺失の場合には，受寄者または賃借人も回復請求権を行使できる。回復請求の相手方は，現に動産を占有している者である。回復請求権は，盗難または遺失の時から2年の間に行使しなければならない。この2年の期間は，除斥期間と解されている。この2年間の回復請求ができる間，目的動産の所有権は原所有者と占有者のどちらにあるのかについて争いがある。①判例は，回復請求ができる間は原所有者に所有権があり，2年の経過によって占有者が所有権を取得すると解する（大判昭4・12・11民集8巻923頁）。②多くの学説は，192条によって占有者が所有権を取得するが，原所有者を保護するために，193条によって2年間は原所有者が回復を請求できると解する。

(イ) 代価の弁償　193条によって被害者または遺失主が回復請求をするにあたっては，占有者に代価を支払う必要がない。すなわち，占有者が前主に代金を支払っていても，被害者または遺失主はそれを弁償せずに取り戻すことができる。これに対し，占有者が競売もしくは公の市場においてまたはその物と同種の物を販売する商人より善意で買い受けた場合は，被害者または遺失主は，占有者が支払った代価を弁償しなければ，目的物の返還を請求できない（194条）。したがって，194条は193条の特別規定であるといえる。本条にいう「公の市場」とは店舗を，「その物と同種の物を販売する商人」とは店舗をもたないで同種の物を販売する商人（たとえば，行商人）をいう。しかし，占有者が古物商や質屋であるときは，被害者または遺失主は，盗難または遺失の時から1年以内しか回復請求できないが，無償で回復請求できる（古物営業法20条，質屋営業法22条，公益質屋営業法15条1項）。これらの規定は，194条の特別規定である。

5　明認方法

---◆　導入対話　◆---

学生：先生，不動産については登記，動産については引渡が対抗要件ということは何となくわかりましたが，それ以外の方法があるんですか。
教師：これまでは不動産物権変動の対抗要件としての登記および動産物権変動の対抗要件としての引渡について学んできましたが，これ以外に慣習法上の対抗要件として明認方法というものがあります。
学生：あっ，聞いたことがあります。明認方法というのは，たしか立木や未分離の果実などの取引について用いられるものと聞きましたが。
教師：そうです。よく勉強しているね。ではその方法はどういうものかな。立木の取引を中心に学んでいきましょう。

5.1　明認方法の意義

(1) 立木の取引と明認方法

　本来，**立木**は土地の構成部分として土地とともに取引されるものである。しかしわが国では，古来から立木は土地に付着したままでしかも土地とは切り離して取引の対象とされてきた。この場合には，立木が地盤所有権と切り離されていることを公示することが必要になる。このために，明治42年に立木ニ関スル法律（立木法）が制定され，「一筆の土地又は一筆の土地の一部分に生立する樹木の集団」で立木法に従って所有権保存の登記（立木登記）をした立木は不動産とみなされ，土地と分離して譲渡することや抵当権の目的とすることが可能とされた（立木法1条・2条）。

　ところが，わが国ではこのような立木登記は行われず，**明認方法**と呼ばれる取引慣行上の公示手段を用いて立木が地盤から分離していることを公示し，立木が取引されることが行われている。判例も，これを有効な公示方法（立木所有権取得の対抗要件）と認めている（ただし，抵当権設定の公示には使えないと解されている）。なお，この明認方法は立木だけでなく，みかん・桑の葉・稲立毛などの未分離の果実の取引にも公示手段として認められている。

(2) 明認方法の具体例

明認方法は，立木を削って所有者名を墨書きしたり（大判大10・4・14民録27輯732頁［原兵衛山林墨書事件］），立て札を立てたり（大判大5・9・20民録22輯1440頁［温州みかん事件］），木の幹に焼き印を押すなどの方法で行われるのが一般的である。さらに判例は，立木を薪炭用として買い受けて山林に製炭設備を作って製炭事業に従事することも明認方法と認めている（大判大4・12・8民録21輯2028頁）。

5.2 明認方法の効力

(1) 対抗要件としての明認方法

立木の取引において，つぎのような場合に明認方法は対抗要件として作用することになる。

(ア) 立木の二重譲渡　山林の所有者AがBとCに二重に譲渡した場合には，先に明認方法を備えたBまたはCが立木の所有権取得を対抗できる。BとCがともに明認方法を備えていないときには，BとCは互いに対抗できない（最判昭33・7・29民集12巻12号1879頁）。

(イ) 立木の譲渡と土地の譲渡　山林の所有者AがBには立木のみを譲渡したが，Cには立木をも含めて土地を譲渡したときには，立木について二重譲渡の関係が生じる。この場合，Bが先に明認方法を備えればBは立木所有権の取得をCに対抗できるが，Cが先に土地所有権の移転登記または立木の明認方法を備えれば，Cが立木所有権の取得をBに対抗できる（前掲大判大10・4・14）。

(ウ) 立木を留保した土地の売買　山林所有者Aが立木を留保して土地のみをBに譲渡したが，Bはその土地を立木を含むものとしてCに転売した場合には，Aは立木について明認方法を備えていなければ，土地所有権について移転登記を取得したCに立木の所有権を対抗できない（最判昭34・8・7民集13巻8号1223頁）。

(2) 対抗力の存続

明認方法は立木の譲渡が行われる際に備えられるだけでは足りず，第三者が立木について利害関係を取得する時にも存在していなければ，対抗要件としての効力をもたない（最判昭36・5・4民集15巻5号1253頁）。したがって，たとえば山林の所有者AからBが立木を含むものとして土地を買い受け，立木につき明認方法を備えたが，その後その明認方法は存在しなくなった場合には，B

はAから立木を譲り受けたCに対して立木の所有権取得を対抗できない。

6　物権の消滅

──────◆　導入対話　◆──────
学生：物権は絶対的なものと聞きましたが，物権は消滅することがあるんですか。
教師：それは物権である以上，永遠に変わらないということはありません。
学生：ではどういうことですか。

6.1　物権の消滅原因

　物権の消滅とは，物権それ自体が存在しなくなることであり，物権変動の1つである。物権に共通する消滅原因として，①混同（179条），②目的物の滅失，③消滅時効（167条2項），④放棄などがある。以下では，まず混同について説明した後，それ以外の消滅原因についてはまとめて取り上げる。

6.2　混　　同

　混同とは，併存させておく必要のない2つ以上の法律上の地位が同一人に帰属することをいう。民法は，物権の共通の消滅原因として混同を規定している（179条）。なお，債権の共通の消滅原因としての混同も定められている（520条参照）。

(1)　混同による消滅

　①所有権と地上権や抵当権などの他の物権（制限物権）が同一人に帰属した場合には，制限物権は消滅する（179条1項本文）。②所有権以外の物権（制限物権）とこれを目的とする抵当権などの物権が同一人に帰属した場合には，抵当権などの物権は消滅する（179条2項本文）。

(2)　混同によって消滅しない場合

　つぎの場合には，同一人に帰属した2つの権利を存続させておく必要があるので，混同による消滅は生じない。

　㋐　所有権と制限物権が同一人に帰属したが，目的物または制限物権が第三者の権利の目的となっている場合（179条1項但書）　　たとえば，A所有の土

地にBが1番抵当権，Cが2番抵当権を有する場合，Bがその土地の所有権を取得しても，Bの1番抵当権は消滅しない。また，A所有の土地に地上権を有するBがCのために地上権に抵当権を設定している場合には（369条2項参照），Bがその土地の所有権を取得しても，地上権は消滅しない。

(ｲ)　制限物権とこれを目的とする物権が同一人に帰属したが，制限物権または制限物権を目的とする権利が第三者の権利の目的となっている場合（179条2項但書）　　たとえば，A所有の土地に地上権を有するBが，その地上権についてCのために1番抵当権，Dのために2番抵当権を設定している場合，Cが地上権を取得してもCの1番抵当権は消滅しない。また，A所有の土地に地上権を有するBがCのために地上権に抵当権を設定し，CがDのためにその抵当権に転抵当を設定している場合には，Cが地上権を取得してもCの抵当権は消滅しない（転抵当については，第7章4.1参照）。

(3)　例外としての占有権

占有権は物を占有しているという事実にもとづいて生じる権利であるので，占有権と他の物権が同一人に帰属しても，占有権は消滅しない（179条3項）（占有権については，第5章参照）。

6.3　混同以外の消滅原因

(1)　目的物の滅失

物権は物を支配する権利であるので，支配の対象である物が滅失すれば，物権もまた消滅する。たとえば，火事によって家屋が焼失すれば，その家屋の所有権も消滅する。

(2)　消　滅　時　効

所有権は時効消滅しないが，所有権以外の物権は，20年の消滅時効にかかる（167条2項）。ただし，抵当権については，債務者および抵当権設定者に対する関係では債権と同時でなければ時効によって消滅しないという特則が設けられている（396条）（これについては，第7章7.1参照）。また，占有権は物の占有という事実から生じるので，占有を失えば消滅し，消滅時効を問題にする余地がない。

(3)　放　　棄

物権の放棄は，物権の消滅を目的とする単独行為（法律行為の一種）であり，

物権変動の一般原則に従って，放棄の意思表示のみによって効力を生じる（176条）。ただし，不動産所有権の放棄は，登記を抹消しなければ第三者に対抗できない。放棄の意思表示は，所有権と占有権については，特定の人に対してなされる必要はないが，制限物権については，放棄によって直接利益を受ける人（通常は所有者）に対してなされる必要がある。たとえば，地上権の放棄の意思表示は，土地所有者に対してなされねばならない。物権の放棄は，他人の権利を害するときには許されない。民法は，地上権の放棄（268条1項）や抵当権の設定された地上権や永小作権の放棄（398条）についてこの旨を定めているが，これらの規定の趣旨はすべての権利の放棄にも類推適用されるべきであるとされている。したがって，たとえば借地上の家屋に抵当権が設定されている場合には，借地権が放棄されても抵当権者には対抗できない。

第3章 所 有 権

1　所有権の意義と内容

◆　　導入対話　　◆

学生：所有権という言葉をよく聞きますが，たとえば，「私がケイタイを持っている」ということをいうんですか。
教師：そうです。ただし，単に「持っている」ということだけを意味するのではないんだ。基本講義の箇所をよく読んでほしいんだけど，所有権は数ある物権の中でも最も典型的な物権であり，物権の王座をしめるものだといっていいんだ。まず，所有権の内容である物を支配するのはその物の全部につき全体に及ぶんだ。この点，目的物について一面的に支配をする物権もあるのだけれど，これとは異なるのだ。これを，所有権の全面性とよんでいるんだよ。
学生：では，所有権があるということは，その物について何をしてもいいんですか。
教師：確かに一見そういえるね。しかし，所有権もしょせん社会があってのことなんだ。したがって，その内容は民法上，法令の制限内において，物を自由に使用，収益，処分しうるんだ。また，その内容には個人尊重，権利絶対の思想が支配していた時代から社会本位的な法律思想が台頭する時代に進展するに及んで諸種の制限が加わってきているんだよ。
学生：では，ぼくの持っているものを盗られたような場合，当然，前に習ったそのものを返してくれということができる物権的請求権があるんですよね。
教師：よく勉強しているね。そのとおり。所有権は代表的な物権として当然のことながら，前に学んだ物権的請求権を生ずるんだ。

1.1　所有権の意義とその社会的機能

所有権は数ある物権の中でも最も典型的な物権であり，物権の王様といって

もよい。所有権とは，法令の制限内において，物をあらゆる面において支配（その物の使用・収益・処分をなすこと）することを内容とする物権である。常に物の現実的支配（＝占有）とは結びついてはいず，観念的，抽象的に物に対する全面的支配性をその権能として有している（1.2参照）。

その社会的機能は，今日のわれわれの生活は，市場経済社会の一員として生活している基本となる私有財産制度を，多種多様な契約と結びあって経済活動を展開させている点にある。

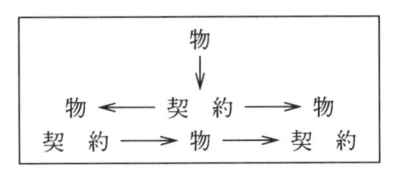

```
         物
         ↓
 物 ← 契 約 → 物
 契 約 → 物 → 契 約
```

1.2 所有権の法的性質

(1) 所有権の全面的支配性

```
                    ┌ 所有権の弾力性
所有権の全面的支配権性 ┤ 所有権の恒久性
                    └ 所有権の渾一性
```

所有権とは，物をあらゆる面において支配することを内容とする物権である。ただし，それは法令の制限内において物を使用・収益・処分する権利である。

所有権の内容である物を支配する権利を主張し行使できる能力（以下権能という）はその物の全部につき，かつ全面的に及ぶ。したがって，全面的支配性があるとは，目的物を所有者の意思に従ってどのようにでも「自由に」利用できる権利という意味である。これに対して，目的物につき一面的な権能を持つ，たとえば，他人の不動産の利用権としての「地上権」，「永小作権」，「地役権」とか，債権担保のための「質権」や「抵当権」とは異なる。そのような一面的な機能を持つ物権を**制限物権**とよんでいる。

(ア) この所有権の全面的支配性により，この全面的支配に服する弾力性を有している。所有権は地上権とか永小作権など他の制限物権によって制限を受けると，その権能を行使することが停止される。けれどもこのような制限はいずれも有限であり，その制限がやがて解消してしまうと所有権は直ちにもとの円

満な状態に復帰する。このことを「**弾力性**」といっている。

(ｲ) また，所有権は他の物権のように，存続期間を定め，消滅を予定していない。所有権自体の存在については存続期間の制限がなく，また消滅時効によって消滅してしまうこともない。このことを「**恒久性**」という。

(2) 所有権の渾一性

つぎに，所有権の権能はいろいろあるけれども，所有権はこのような個々の権能が集合してなっているものではなく，右のいろいろな権能はその源となる渾一の支配権能から流出するものと解されている。このことを「**渾一性**(こんいつせい)」という。

1.3 所有権の内容

(1) 所有権の内容としての「**使用・収益・処分**」

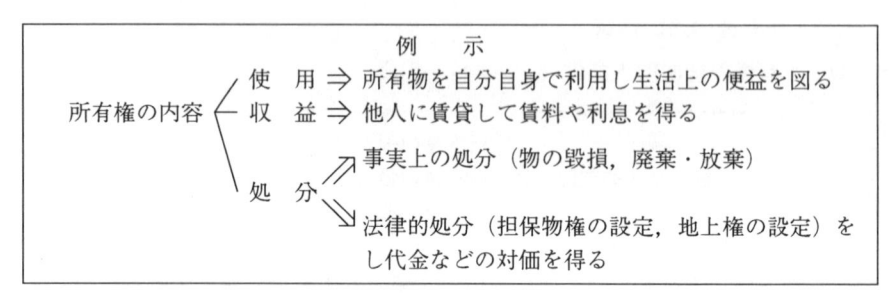

```
                          例  示
             ┌ 使 用 ⇒ 所有物を自分自身で利用し生活上の便益を図る
所有権の内容 ┤ 収 益 ⇒ 他人に賃貸して賃料や利息を得る
             │         ┌ 事実上の処分（物の毀損，廃棄・放棄）
             └ 処 分 ─┤
                       └ 法律的処分（担保物権の設定，地上権の設定）を
                         し代金などの対価を得る
```

(ｱ) 所有権の内容としての「使用・収益」　206条は所有権の内容を「法令ノ制限内ニ於テ自由ニ其所有物ノ使用収益及ヒ処分ヲ為ス」と規定する。使用・収益をするとは，目的物を自己使用するとか，または目的物から果実（86条）を収取することである。所有者は所有物を自分自身で利用してもよいし，また，所有物を他人に賃貸して賃料とか利息とかをとり収益をあげてもよい。これらはいずれも206条にいう使用，収益にあたるものである。

(ｲ) 所有権の内容としての「処分」　所有者はさらにこれだけにとどまらず，所有物を処分してもよい。「処分」というのは物をこわしたり，放棄してしまうなどの事実上の処分，その物について質権や抵当権などの担保物権を設定したり，地上権を設定するなどの法律上の処分をも指す。こうみてくると，所有権を持つ者は結局，その物をいかようにでも利用できるということがわかる。

つまり，物を全面的に支配する権能である。しかも，今日における所有権は，常に物の現実的支配（占有）と結びついているものではなく，現実的ではなく（観念的），かつ具体的ではなく（抽象的），物に対し1つにひっくるめて支配する権能としての性質をもっている。

(2) 所有権の制限

(ア) 法令による所有権の制限[1]　(a) 本来，所有権は私有財産制度の根幹をなすものだから，これを制限することはとくに慎重でなければならない。そこで，法律・政令といったものでなければ制限してはならないと定めている。しかし，他方，権利はそもそも社会全体の利益と調和すべきことが必要であるからむしろ制限されて当然であるともいえる。現在では法令の制限をこのような意味に解するのが一般である。民法がこのような権利を認めたのは，それぞれの人がその意思にもとづいて，物を独占的，全面的に支配し利用できるようにしておくことが，国家社会の利益のためにも権利者個人のためにも適当だと考えたからである。したがって，そこでは所有権の自由なる行使を認めることが，社会全体の利益にも適合するものと考えられたので，公共の福祉と所有権の自由とは対立する観念ではなかったのである。しかし，20世紀になり，民法は，社会的に自覚し，権利の社会性を認識してくるとともに所有権の観念にも社会本位的思想が加わってくる。憲法29条2項・3項などはいずれもその現れである。

(b) 法律による制限は，とくに土地所有権に関するものが多い。今後，この制限する法令は増大することであろう。とくに，公法上の制限，たとえば，都市計画法等による制限は，増加するものと思われる。

制限の態様もさまざまであるが，主として，取引の制限（国土利用計画法，農地法），利用の制限（都市計画法－市街化区域，市街化調整区域），緑地法，緑地法，河川法，森林法等），公用徴収・強制的利用権（国土利用計画法，土地収用法，土地改良法，農地法等にその例がある）の設定などがある。

(イ) 土地所有権の上下による制限　ところで，土地所有権については，法令の制限内においてその土地の上下に及ぶとされている（207条）。その立法理

---

[1] 大沢正男・民法学(2)172頁以下。なお，同書18頁以下の水辺芳郎「所有権の制限と合意の効力」も参照。

由は，土地所有権は土地の完全な利用権であり，土地所有権は地表だけでなく地上の空間および地下にも及ばなければならないという点にある。土地の上下に及ぶとは，合理的な支配が認められる範囲内ということであり（ドイツ民法では，排除するにつき何らの利益を有しない高さまたは深さにおける干渉を，土地所有権者は禁止できない，と規定する（905条）），地表とその上の空間とが別個の所有権者に属することを認めない。他人が「土地の上下」を侵害すると，所有権の侵害となり，その停止，ならびに損害賠償の問題となる。鉱物については問題だが，最近では，地下水の汲み上げによる地盤沈下が大きな社会問題となっている。外国では，地下水を汲み上げることのできる量は，日常家事に必要なものだけに限るという立法例もあるが，わが国ではこのような制限はなされていない。無尽蔵にあると思われた地下水も枯渇してきており，地下水等についても鉱物と同じような考えをとるべきではなかろうか。

なお，最深度利用についても，新たな法律が成立し（大深度以下の公共的使用に関する特別措置法；2000・5・26公布），公共の利益となる事業による大深度地下について，一定の深さについては，私的所有権が及ばないことについて規定している。

(ウ) 所有権の行使についての制限[1]　　所有権の行使については，「権利の濫用」（1条3項）が問題となる。所有権の行使と社会全体の調和は，熟慮すべき問題である。

1.4　所有権の3つの大きな問題

所有権の問題を考える場合には，3つの大きな問題がある。

① 相隣関係といわれる問題，

② 所有権の取得に関する問題，

③ 1つの物を何人かで所有しているいわゆる共有の問題，

である。以下それぞれについて述べる。

---

[1]　水本浩・争点Ⅰ138頁参照。

2　相隣関係

◆　導入対話　◆

学生：先生，実は，私の家のことなのですが，お隣との間にもめ事ができたんです。

教師：それは困ったことだね。具体的にどういうことなの。

学生：それが，まず，毎年，秋になると，お隣の木の葉が落ちて，私の家のといが詰まるのです。そこで，木の枝を切って欲しいといったんですが，それが気にくわなかったのか，それ以来，冷たい関係が続いているんです。うちの方で勝手に，枝を切ってはいけないのですか。

教師：それは，お気の毒だけれど，民法では勝手に切ってはならないことになっているんだ。

学生：なぜですか。

教師：それは，木の枝を切ると，木そのものが枯れてしまうことがあるからということなんだ。

学生：そうなんですか。どうも納得いかないなあ。もうひとつあるんです。それは，お隣との間の，いまある塀が古くなったので，新しい塀を設けたいと父は考えているんですが，その場合，お隣との関係がいま話したとおりなので，自分の方で勝手に新しくしようと思っているらしいんですが，できるんですか。その場合，何らかの制約はあるのですか。

教師：民法は，2棟の建物がその所有者が異なり，かつその間に空地あるときは各所有者は他の所有者と共同の費用でその境界に塀（囲障）を設けることができると規定している。ただし，当事者の協議が調わないときについて塀は板または竹垣にして高さ2メートル以上でなければならないということになっているんだ。では，相手方がそのことに応じないときはどうかだが，その場合，自分の敷地内にその塀を立てることはかまわないんだが，境界線上に立てるには協議を必要とするんだよ。

2.1　相隣関係の法律問題

(1)　相隣関係の意義

相隣関係の問題は，われわれの身近かな生活に直接結びついた事例がかなり

出てくることから，物権法の中で比較的興味のもてるところである。抽象的な難かしい文章が続く中で，ほっとする箇所ではなかろうか。民法のほかの分野についても身近かな事例を自分で作り，考え，さらに読み進むという学習態度をとれば，案外，理解しやすくなるのではなかろうか。もともと，法律，とくに私法というものは世の中に暮す人々の間の利害衝突を調整するためのものであり，つまり，法律はもともと，具体的な事例，事件に対処するためのものなのである。したがって，表現や形式こそ一般的，かつ抽象的ではあるが，もともと，具体的ケースに対処するためのものであるから，法律学の学習にあたっても，できるだけ具体的な例にあてはめて考えた方が理解しやすいと思われる。

さて，隣り合って存在する不動産上に暮らしている人間同士が，互いに，それぞれの所有権の主張を無制限にしたのでは，かえって，それら不動産所有権の完全かつ有効な利用が妨げられることになる。たとえば，Aが建物を造るのに隣地所有者Bの土地に足場を組まなければならない地形であった場合に，Bがそれを拒否するとAは建物を造れないことになる。逆に，Bが建物を造る場合にAから拒否されると，同じようにBは建物を造れないことになる。お互いに所有権の効用は半減してしまう結果になる。そこで，民法は各所有者の有する権利について，ある程度制限し，それぞれの所有者に協力の義務を負わせ（相互の互譲と協力），そうすることによって隣接する不動産相互の利用を，満足かつ調節をはかろうとした。これが相隣関係である。前の例では，隣地に立入ることができるというのが代表的な例である（**隣地立入権**）。隣地に立入ることができるのは，建物を造るとか，塀を作るとかあるいはこれを修繕するというような必要がある場合に限られる。また，立入ることができるといっても，建物を建てるからすぐ立入れるというのではなく，立入らせてくれという請求をし，相手方がその請求に応じなければ訴えを提起し，裁判所の判決をもらって立入ることになる。

(2) 地役権との差異

ところで，後で学ぶ地役権はA地のためにB地を利用する物権であるから，この相隣関係によく似ている。しかし，その両者は本質的に以下のような違いがある。相隣関係は法律によって決められた所有権の内容の拡張や制限であるのに対し，地役権は契約によって設定される所有権の拡張か，制限であり，い

わば所有権が他の物権によって一時的に制限されるものということができる。

2.2 相隣関係の具体的内容

(1) 隣地使用・立入権

2.1での例のように，土地所有者は境界やその近傍において牆壁(しょうへき)もしくは建物を築造し，またはこれを修繕するために必要な範囲で隣地の使用（立入）を請求することができる。ただし，隣の住家に立入るには隣人の承諾をえなければならない（209条1項但書）。

このいずれの場合でも，その隣人が損害を受けたときは損害賠償（償金）をしなければならない（同条2項）。

(2) 囲繞地(いにょうち)通行権[1]

袋地(ふくろ)（他人の土地に囲まれていて公路に通じていない土地）や準袋地（池沼，河渠もしくは海洋によるのでなければ公路に出られないか，または崖岸があるためにその土地と公路とが著しい高低をなしている土地）の所有者は公路に至るためにその囲繞地(いにょうち)を通行する権利がある（210条）。周りの土地を通過できるという意味で，囲繞地通行権という。実際例としては，純粋な袋地というのはほとんどなく，準袋地といわれるものが多い。公道に接している部分が少しであるとか，崖であるとか，路地はあっても車が入れないとか，建築基準法の制限のために道路に面している部分が少なくて建物が建てられないという形で問題となる。準袋地の場合にも，周囲の土地を通過することができるかということが問題となる。最近では認める傾向にあるといえる。

袋地，準袋地からの通行の場所，方法としては，通行権者のために必要にして，かつ囲繞地にとって損害の最も少ない場所および方法において通行しなければならない（211条）。そして，必要があるときは通路を開設することもできる（同条2項）。通行権を有する者は通行地の損害に対して償金を支払うことを要する（212条）。しかし，こうした袋地，準袋地が共有地を分割することにより，または土地の一部を譲渡したために生じたのであれば，その土地所有者は他の分割者の所有地または譲受人の所有地のみを通行することができるが，第三者の土地を通行する権利までは含まれない（223条）。

---

[1] 山田卓生ほか・展開民Ⅰ〔2版増補〕235頁以下参照。

(3) 水に関する相隣関係

(ア) **自然的排水** 土地所有者は隣地より水が自然に流れてくるのを妨げてはいけない（214条）。すなわち承水義務を負う。水の流れが山崩れなどによって低地で阻塞したときは自費をもって高地の所有者はその疎通に必要な工事をすることができる（215条）。

(イ) **人工的排水** 人工的排水のためには原則として隣地を使用することは原則としてできない。すなわち，直ちに雨水が隣地に注瀉（ちゅうしゃ）するような工作物を設置できない（218条）し，貯水や排水などのために設置した工作物が破潰または阻塞により隣地に損害を与えたり，与えるおそれがあるときは修繕や疎通をし，または予防工事をしなければならない（216条）。人工的排水がとくに許されるのは高地所有者が浸水地を乾かすため，あるいは家用，農工業用の余水を排泄するため他人の土地を使用しなければ公路，分流または下水道に達することができない場合である（220条）。

(ウ) **流水の利用** 水流地の所有者は対岸の土地が他人所有の場合にはその水路や幅員を変更することができない（219条1項）が，対岸の土地も自己所有の場合にはこのような制限はない。しかし，その場合でも下口では自然の水路にもどさなければならない（同条2項）。

水流地の所有者は堰を設ける必要があるときはその堰を対岸に付着せしめることができる。そのことによって損害が生じれば償金を支払わなければならない（222条1項）。対岸の所有者は水流地の一部がその所有に属するときには費用を分担してその堰を使用しうる（同条2項）。

(4) 境界に関する相隣関係

(ア) **界標設置権** 土地の所有者は隣地の所有者と共同の費用で境界標示物（その種類は，その地の慣習による）を設置することができる（223条）。界標の設置および保存の費用は相隣者が平分して負担する。しかし，測量の費用は土地の広さに応じて負担する（224条）。

(イ) **囲障設置権** 2棟の建物がその所有者が異なりかつその間に空地あるときは各建物の所有者は他の所有者と共同の費用で，その境界に塀（囲障という）を設けることができる。囲障の種類については，まず協議で定めるべきだが，当事者の協議が整わないときは，高さ2メートルの板塀または竹垣とする

(225条2項)。この場合，一方当事者は，費用の増額を自ら負担して，それ以上の材料，または高さのものにすることもできる（227条）。境界に囲障を設けるときの費用，保存の費用は相隣者が平分して負担することなる。

このように境界線上に設けられた界標や囲障は相隣者の共有と推定される（229条）。

(5) 境界を越える竹木についての相隣関係

隣地の竹木の枝が境界線を越えるときはその竹木の所有者をしてその枝を剪除せしめることができる。また隣地の竹木の根が境界線を越えるときはこれを裁取することができる（233条）。

(6) 境界線付近での工作物築造に関する相隣関係

(ア) 建物　境界線付近での工作物築造には隣地との境界線から一定の距離を保たなければならない。建物を築造する場合には，境界線より50センチメートル以上の距離をおかなければならない（234条1項）。ただし，右規定の違反者があっても建築着手のときから1年を経過し，または建築が竣成したときは相隣者はこれに対して建築の廃止や変更を請求することはできず，ただ損害賠償を求め得るにとどまる（同条2項）。

(イ) 建物以外の工作物　井戸，用水溜，下水溜または肥料溜は境界線から2メートル以上，トイレの水洗化に伴い少なくなったが，地窖または廁坑は，境界線から1メートル以上の距離をおいて設けなければならないし，水樋または溝渠はその底までの深さの半分以上矩てることを要するものとされる。しかし，この場合でも距てるのは1メートルが限度とされる（237条）。なお，境界線付近で右の工事をなすには土砂の崩壊または水，汚液の滲漏を防ぐに必要な注意をしなければならない（238条）。

以上の相隣関係のなかでも別段の慣習があるときはその慣習に従うものとされている（219条・228条・236条）。

(ウ) 観望の制限　特別な慣習のない限り，境界線から1メートル未満の距離で他人の宅地を観望できる窓または縁側を設置するときは目隠しをつけなければならない（235条）。

(7) 日照権

日照権については，民法上規定がない（立法者にとっては予想外）。まず，

建物の高さについては，建築基準法が制限をおいている。ただし，同法の目的が相隣関係者間の日照，通風に関する利害関係の調整法規ではない。そこで，たとえ，同法に違反していなくても，日照権保護の見地から，損害賠償，差止請求，設計変更当の仮処分を認めてきている。

(8) 相隣関係の注意点

この相隣関係は，相隣接している所有権者であることから，法律上当然に認められる権利である。その範囲で，自分の所有権が制限を受けるということであり，逆に自己の所有権が拡張したともいえる。相隣関係は土地の利用の調整を図ったものであり，所有権者相互間だけでなく，借地人の間にも準用すべきである。

【展開講義 18】 譲渡または分筆後に袋地または囲繞地が譲渡された場合に無償囲繞地通行権はどうなるか

本来袋地でなかった土地が，分割や一部譲渡によって公路に通じなくなった場合は，他の分割者の所有地ないし分割地だけを通行することができ，他の土地を通行することができない。注意すべきは210条の囲繞地通行権は有償であり，213条のそれは無償であることである。袋地，準袋地は土地の利用方法を考慮してきめられるから，田地のときは肥料や収穫物の運搬に必要な限度で，また，石材搬出路などについても同様な考慮が働く。

Aがその所有地を甲，乙，丙と分筆し，これをそれぞれB，C，Dに同時に分譲した場合，B，Cの甲，乙土地が袋地であるとしたら，B，CはD所有の丙地だけを通行できるのか（213条），それとも隣接地丁の所有者Eに囲繞地通行権を主張できるだろうか（210条）。さらにDが丙地をFに譲渡した場合，B，CはFにこの通行権を主張できるだろうか。逆にBが甲地をGに譲渡した場合，Gは，DないしFに通行権が主張できるだろうか。ここには2つの問題が含まれている。まず213条2項は同時全部譲渡にも適用されるかである。判例（最判昭37・10・30民集16巻10号2181頁）は肯定するが，同時全部譲渡の場合は，一部譲渡と異なって通行地譲受人に一括償金払の償金額を加味して価格を決定するのは無理だとする反対説がある。

もう1つは，213条の無償通行権は分割の当事者のみに妥当するのか，それともその者から袋地ないし囲繞地を譲り受けた特定承継人にも適用されるかである。積極説は囲繞地所有者が変われば袋地所有者が不測の損害を受けることを根拠と

し，消極説は分割や譲渡の場合に当事者内部だけで通行を処理するとするのが趣旨であるから，特定承継人まで拡張するのは妥当でない。そもそも無償の通行権は近代的利用権が有償であるとの原則に反するとする説も提示されている。

【展開講義 19】 建築基準法65条は民法234条1項の特則か

　民法においては，建物は境界線から50センチメートルの距離を置いて建築すべきことを要求している（234条1項）。ただ異なる慣習があるときはそれに従う（236条）。一方，建築基準法はその65条で，防火地域または準防火地域で外壁が耐火構造のものについては，その外壁を隣地境界線に接して設けることができるとしているので，その間の関係をどうみるか問題が生ずる。公法としての建築基準法と私法としての民法の間の関連である。同じことが隣地通行権（211条）についてもいえる。建築基準法では原則として敷地は道路と2メートル以上接していなければならないが（建基43条），この道路は一定の幅員を要求される（建基42条）。この場合，増改築に際して隣地通行権者は，隣地所有者に建築基準法上の道路と同じ幅員を請求できるかが問題とされる。

3　所有権の取得

◆　導入対話　◆

教師：A君，所有権がどのようなことで手にはいるか知ってるかい。

学生：……それは，他の人からものをもらったり，買ったりした場合でしょう。

教師：そうだ，法律的にはね，前者を贈与契約といい，後者を売買契約というんだが，そうした場合，そのものの所有権を得ることになるよ。しかし，それ以外にもあるんだよ。

学生：あ，そうだ，たしか，道でものを拾って，警察に届けたりしたら，ある期間がくると，それが自分のものになるって聞いたな。たしか，僕の小さい頃，1億円拾った人がいたようなことを聞いたな。……

教師：それは，遺失物の拾得というんだ。それ以外に，田舎の山の中の川で魚を釣った場合の無主物先占，さらに，埋蔵物発見，そして，人のものを加工したりして別のものを作った場合のような添付（付合，混和，加工の総称）というのがあるんだ。さらに，相続や時効でも所有権を取得することがあるよ。

3.1 所有権取得の原因

われわれが所有権を取得する原因の大半は売買などの取引によるか，または相続による場合である。そして，ときには民法総則に規定する時効で取得することもある。物権法ではこのような取得原因とは別に，所有権の原始的取得原因として以下に学ぶ無主物先占・遺失物拾得・埋蔵物発見，添付を規定する。ただし，そうした所有権取得の原因も，通常，その多くは専ら雇用関係など，その他の法律関係で定まる。

3.2 各種の所有権取得原因

(1) 無主物先占

無主の動産（所有権者のいない動産）について，所有の意思で占有を始めれば，その者が動産の所有権を取得する。たとえば，川の魚を獲れば，その魚の所有権を取得する（239条1項）。**無主物**とは，現在所有者のない物をいい，先占とは，無主物を所有の意思で占有することをいい，意思を要素とする準法律行為中の非表現行為である。

「占有」という言葉は，ここでは，「事実上支配すること（難しくいうと，**自己のためにする意思**をもって**物を所持する**という）」とでも一応理解して，先に進んでほしい（詳しくは第5章参照）。

判例には，岩に付着して繁殖する海草を岩石からはいでこれを採取するとき先占取得する（大判大11・11・3刑集1巻622頁）とか，野生のたぬきを追跡して狭い岩穴の中に追込み，石塊でその入口をふさぎ，逃げることのできないようにしたのは，確実にそのたぬきを先占したものといえる（大判大14・6・9刑集4巻378頁）とする。反対に，ゴルフ場内の人工池の底にあるロストボールについて，それはゴルフ場の所有であって，無主物ではない（最決昭62・4・10刑集41巻3号221頁）とするものがある。

無主の不動産は，先占による取得を認めない。すべて国庫（国を財産法的にみた場合の名称で，国の所有になるということ）に帰属する（239条2項）。

(2) 遺失物の拾得

遺失物を拾得した者が，特別法に従って公告した後6カ月内に所有者が知れなかったときは，拾得者が所有権を取得する（240条，原始取得である）。特別法とは，遺失物法（明32法87号）のことをいい，それに詳しく規定する。「**遺失**

物」とは，本人の意思によらず，かつ他人に奪われたのではなく，本人の占有を離脱した物をいう。「犯罪者ノ置去リタルモノト認ムル物件，誤テ占有シタル物件，他人ノ置去リタル物件，逸走ノ家畜」なども含めている（遺失11条・12条）。「拾得」とは，遺失物の占有を取得することで，単に発見しただけでは不十分で拾得とはならない。

また，拾得者が，1週間内に遺失主か警察署長に届け出ると5分から2割の範囲内で報労金が貰える（遺失4条）。どの程度にするかは，遺失主が決めるが，遺失物の価格は返還を受ける当時の価格をさすというのが判例である（大判昭3・2・2民集7巻33頁）。手形や小切手については問題がある。手形や小切手を遺失した場合，権利者が支払銀行にその旨を届け出て支払わないようにいうと，遺失した手形や小切手は，無価値となる。しかし，このような処置をする前に拾得者が銀行に呈示して支払を受けると，所持人はまるまる損をすることになる。裁判例には，拾った時の状況や金額，遺失主の遺失した時の状況等を参酌して決定するとするものがある。

(3) 埋蔵物発見

埋蔵物は特別法（遺失物法）の規定するところに従い，公告をなした後6カ月以内にその所有者が知れないときは，発見者がその所有権を取得する（241条）。ただし，発見者が他人の所有物の中において発見した場合には，発見者とその物の所有者とが折半してその所有権を取得する（241条但書）。

埋蔵物ということができるためには，土地・建物・動産などの中に包蔵されているもので，単に埋蔵されていたというだけではなく，誰が所有者か簡単に識別できない物でなければならない。埋蔵物は無主物ではなく，誰かの所有に属するのだが，埋蔵の結果，具体的に誰が所有者かが分からなくなった物である。遺失物の場合と異なり，こんどは発見（埋蔵物の存在を識別すること）で足り，占有の取得までは要しない。

なお，これらの埋蔵物が文化財である場合には，文化財保護法の規定（63条）によって，国が所有権を取得する。

なお，遺失物とか埋蔵物とか無主物というのは，相対的な概念で，所有権者が誰であるかが容易にわかる場合が遺失物，論理的にはわかるけれども誰であるかが容易に発見できないものが埋蔵物，論理的にもその所有者が誰であるか

わからない場合が無主物である。したがって，輸入された中古のジーンズを買ったところ，ポケットの中に宝石が入っていた場合は，誰が所有者か容易に探し出すことはできないから，遺失物ではなく埋蔵物である。

3.3 添付
(1) 総説

添付とは，所有者を異にしている2つ以上の物が結合して，社会経済上の観念に照らして1つの物になった場合，あるいは他人の物に手を加えて新しい物を作り出した場合に，この物の所有権を誰に取得させるかを決める制度であり，3つの型がある。

242条ないし244条の付合，245条の混和，246条の加工である。不動産の所有者はその不動産の従としてこれに付合した物の所有権を取得する（242条）。

その制度趣旨は，それぞれ所有者が違ういくつかの物が結合してしまい，社会観念の上からは1つの物とみられるようになってしまったり，所有者でない者が加工をほどこして新しい物ができあがってしまったようなときには，これを毀損しあるいは多額の費用をかけて分離・復旧することは物理的には不可能ではないにしろ，社会経済の上からは甚だ不利益といわざるを得ないので，このような場合，社会全体の立場から，個人意思を制限して原状に戻すことをせず，むしろ，それを不可分な1個の物として，誰かの所有にさせようとするところにある。

なお，添付規定は，添付によって生じた物は当然に1個のものとして所有権の対象となり，その物の分離・復旧は許さない（強行規定的要素）。ただし，添付によって生じた物の所有者を誰にするか（242条〜246条）については，当事者間の特約によることもできる。

(2) 各種の添付

(ア) 付合　(a) 不動産の付合　**不動産の付合**とは，たとえば建物に釘を打ち付けるとか，頑丈な棚を作りつける等，不動産に動産を付着して経済上不動産に吸収されたとみられるようになった状態をいう。しかし，この場合でも，その他人の不動産に動産を付着せしめて該不動産を利用する法律上の権利があるとき（242条但書の「権原ニ因リテ」）は右の動産はこれを付着せしめた者の所有に属する（242条但書）。

(b)　動産の付合　**動産の付合**[1]とは，他人の糸を使ってワイシャツを縫った場合など，それぞれ所有者を異にするいくつかの動産が吸収され（付合して）毀損しなければ分離することが不可能になったとき，または分離のために過分の費用を要する場合をいい，その合成物の所有権は主たる動産の所有者に属する（243条）。主従の別ができない場合は，共有となる（244条）。

　(イ)　混和　**混和**とは，各別の所有者に属するものが混ざりあってどの部分が誰のものか識別できなくなった場合をいう。これには，たとえば，A，B，Cのもっていたセメントと砂利と水が混じってしまった場合のように固形物が混合した場合と，同じく各人がもっていたお酒が1本のビンに全部入れられてしまったように流動物が融和した場合とがある。

　混和物の所有権は，動産の付合の場合と同じく，主たる物の所有者の所有あるいは両所有者の共有となる（245条）。

　(ウ)　加工　**加工**とは，材木を使って机を作るように，他人の動産に工作を加えて新たなものを作り出すことをいう。付合や混合は物と物とが付着し，合体するものであるのに対し，加工は工作という人間の労働が物と合体するものである。加工者が一部自分の材料を提供してもよい。

　加工物の所有権は，材料の所有者が原則として，でき上がった物の所有権を取得する（246条1項本文）。その取得は原始取得である。加工によって生じた価格が著しく材料の価格を超えるときは，できあがった物は加工者の所有になると規定している（246条1項但書・2項）が，これはわれわれのような者が，日曜大工的に何か物をつくったときと，有名なその道の名大工が他人の材料によって物を作った場合とを比較してみれば，条文の意味するところが納得できるであろう。

　(3)　添付における当事者の利益の調整

　以上のように，ある者に所有権を帰属させることとしたのは，まず，一物一権主義という物権法上の建前から，添付制度の規定を設けなければならなかったし，また，社会経済上の利益を考えてのことであるが，実質的にみると，片方は動産を失い片方は動産の所有権を取得するという不平等を生じ，なにも他

---

[1]　安永正昭＝道垣内弘人・民法解釈ゼミナール(2)63頁。

人の損失を犠牲にして所有権を得る原因があるわけではない。そこで，その他人との間の関係は不当利得の規定（703条・704条）に従い，得た利得を返すこととして利害の調整を図っている（248条）。

【展開講義　20】　借家人による建物増改築と付合の関係について

　付合，混和，加工を添付といい，通説的見解によれば，所有者の異なる複数の物が結合して新たな物を生じた場合，社会経済的にみてもとの状態に戻させることは不利益であるから1個の物として誰か一人に所有権を帰属させようとするものであるといわれている。

　添付に関する規定は，要件を定めたところおよび添付の結果消滅する権利に関するところの規定は強行規定である。これに対して，その効果としての，誰に所有権を帰せしめるかおよび償金請求権（248条）は，当事者間の特約によって自由に定めることができると解されている。前者は第三者の利害に関係するが，後者は当事者間の利害関係の調節にすぎないからである。建物の付合建物は土地と別個の不動産であるから土地に付合しない。それでは建物賃借人が建物所有者の承諾を得て増改築した場合，建物に付合するであろうか。まず付合がどのような基準によってどの程度結合すれば成立するかがまず考えられねばならない。では，家屋を賃借する権利（借家権）は242条但書の「権限」に該当するかどうかである。さらに，付合しないというものには増築部分は社会経済的独立性および物理的独立性が存在しなければならない。この場合，増改築部分が区分所有権の対象となりうる場合のみが独立の所有権の客体となり，それ以外は付合を認めるとする説もある。区分所有権を認められても土地に対する何らかの権限が必要であるので，持続的に保持できるかも考えねばならない点であろう。

【展開講義　21】　無権原者の植栽と付合[1]

　無権原で他人に種苗が植栽された場合，所有権はどうなるのか。

　通説は，農作物が他人の所有する土地に権限なくして植栽したときは，土地に付合する。借地人が植栽した稲苗，稲立毛は借地人に所有権が認められるとする。①242条は，各所有者に分離請求を認めることによって生ずる社会の全体的利益の損失を防止しようする趣旨であること，②付合するとしても無権原者の損失は248条によって塡補できるし，それに関して留置権（295条）の行使も認められて

1）　新田敏・争点Ⅰ142頁。

いること，④仮に付合しないとしても，土地所有者の収去請求に応じなければならないこと，⑤第三者に対しての，取引客体の範囲の明確性も保たれることから，土地に付合し土地所有権に帰属するという。これに対して，少数説（末弘，末川）は，播かれた種子や植えつけられた稲苗は，独立の物として取引されているから権限の有無を問わず付合しないとする。すなわち，作物は経済上独立の存在を有することを理由とする。しかし，この見解には以下のような批判がある。①何らの手段も講ぜずにあらゆる成育の段階で，取引可能な独立性を有するとすることは，農地取引の安全を害すること，②無権原者に収去義務を認めなければならない。なお，また稲苗が成長して稲立毛になったとき独立性を持つにいたり，242条但書の権限の適用を受けるとするものもある。

さらに，善意の占有者に収去権と償金請求権の選択権を認める（林，星野）ものがある。その理由は，善意の占有を，189条2項を根拠に，242条の但書の権限に含めるにある。ただし，この見解に対する批判は，物権的請求の効果に関する189条を，権限者とみる根拠とすることには無理があるのではないかとするものである。

これらの対立は耕作者をどのように保護するかに関してであり，少数説は小作人の立場を保護しようと意図したものであるといえる。

4 共　　有

━━━━━━━━━━◆ 導入対話 ◆━━━━━━━━━━

学生：先生，私の住んでいるマンションが共有だとよくいわれるんですけど，これは所有権があるということと違うんですか。

教師：そうだね，共有は，所有権の一形態と考えたらいいと思うよ。先生によって説明の仕方が違うんだけど，1つのものを，複数の人がもっている状態とでもいうのかな。

学生：ああ……，たしかに，マンションの建っている土地は，自分のものか，それとも……。自分の家に行くための廊下も誰のものか。マンションの外壁はだれのものか。あそうだ，たしか，マンションの駐車場のことで，もめ事がでているって，父が言ってたな。

教師：そうだね，君が言ったように，マンションを考えるといろいろ出てくるけど，ここでは，たとえば，君が，友達と，お金を出し合って，車を買ったとし

よう。この車は君のものであると同時に，友達のものでもあるんだ。こうした状態の時，たとえば，この車のエンジンオイルを取り替えた場合，この費用は誰が支払えばいいと思う。
学生：それは，取り替えた人が支払うんじゃないんですか。
教師：でも，君はこの車を使ってドライブをしないのかい。するだろう。そしたら，君にもこのオイル代金の一部でも支払う必要がでてくるんじゃないんだろうか。そうした問題をここでは考えるんだ。

　先走っていえば，①共同所有の各種形態とその異同を正しく把握してほしいね。②共有の法律的性質についての２つの見解を学び，理解してほしい。③共有者の間の関係を学び，共有物の分割についても整理しておこう。また，「共有」は持分処分の自由，分割請求の自由が残されている個人主義的色彩が強い共同所有の型であることなどを理解してほしい。

4.1　共同所有の形態

　われわれは普通，自分１人で１つの物を所有する。しかし，ときには数人が共同で１つの物を所有することもある。その場合，共同で所有する者同士がいかなる関係にあるかということによってその共同所有の形態は総有，合有，共有の３種に分かれる。その３種の形態について説明する。

　所有権は物を使用，収益，処分できる権利だと説明したが（1.1参照），この所有権の内容を実質的に観察すると，その中には①目的物をどのように維持し，改善し，収糞処分するかということを決定するところの目的物の管理に関する事柄と，②その目的物から収益をあげ，自己の利得とするところの目的物の収益に関する事柄とが含まれていることがわかる，このことは普通の単独所有の場合にはあまり明確には現れてこない。しかし，共同所有の場合は明らかとなる。

　(1)　総　　有

　共同所有の第１の形態である総有の原始的な発端はゲルマンの村落共同体の所有形態にあるといわれている。この村落共同体は強固に結合した団体であったが，その共同体が所有するものは右の団体結合関係を反映し，目的物の管理権は共同体がもち，村民は単に収益権だけを有するにとどまった，きわめて団

体的色彩が濃厚であったということができる。そして，このような共同所有の形態が近代的な所有権が成立する以前においては常態であったといわれている。総有という共同所有の形態はこのように目的物の管理権は団体に，収益権のみが団体員の各共同所有者に分属するものである。

(2) 共　　有

これに対して，共同所有者各員はなんらの団体的統制を受けることなく，それぞれが全く独立の立場を有するきわめて個人主義的色彩の強い共同所有を共有という。ここにあっては，共同所有の各人は目的物の管理権と収益権とをあわせもっている。したがって，その持分を自由に処分できる持分処分の自由と，いつでも共同所有関係を終了して単独の所有に移行せしめる権限，すなわち分割請求の自由をもっている。総有とは反対に団体的結合がきわめて微弱であるといえる。この形態は遠くローマ法の共同所有に源を発するといわれている。

なお，民法上，共有ということばが使用されたとしてもそれは共同所有ということの略称ではない。

(3) 合　　有

合有という形態は以上に述べた2つの形態の中間にある。合有も，各共同所有者はなお，目的物の管理権とその収益権との両者をもっている点は共有と異なるところがない。しかし，右の共同所有者同士の間に共同の目的があり，したがって，この共同目的によって，さきの各自の権利は制限を受け，共同目的の存続するかぎり，持分処分の自由も分割請求の自由も行使できないものとされている。いいかえれば，各共同所有者のそうした権利は共同目的が続いているかぎり，隠れたものであるにとどまり，その共同目的が終ったときにはじめて明らかとなる。

(4) 共有に関する考え方

以上のように，共同所有の三形態の違いは共同所有における主体間の団体的結合の密接度にある。わが民法では総有は入会権にみられ，共有はここで学ぶ共有がその典型であり，合有の形態は民法上の組合財産の共同所有にみられる。共有，合有，総有のいずれに属するかはそれぞれの条文で判断する。問題となるのは遺産（相続財産）である。かつて合有説が多かったが，909条但書によって，少なくとも物である場合は共有と解されている（通説・判例）。

4.2 共有の性質

(1) 持分の考え方

共有の法律的性質（**持分**の考え方）については2つの見解が対立している。

第1の見解は，共有を各共有者がそれぞれ1つの所有権をもっているが，目的物が1つであるため，その各所有権が一定の割合で制限しあっている状態であるととらえ，その制限された所有権を持分とする（〔図1〕）。

第2の見解は，1つの所有権を分量として考え，各共有者が量的に分かれて属している状態であるととらえて，それを持分という（〔図2〕）。

どちらに解しても，目につくような差異はない。第2の見解の方が，説明としては簡明である。

(2) 共有の対外関係

各共有者は自己の持分権を第三者に対して主張することができる（持分の対外的主張）。第三者が自己の持分を否認するとき，このものに対して持分の確認，自己の持分権の登記請求，妨害排除請求が認められる。

それに対して，その者を相手どって共有確認の訴えを提起するとき（共有関係の対外的主張）は，共有者全員で起こす必要がある。すなわち必要的共同訴訟である（大判大5・6・13民録22輯1200頁）。それでは，1人が反対すると訴えを起こせないことになって不当ではなかろうかとの反論もある。しかし，そうした場合には，もはや共有にしておく意味がなく分割請求すべきであるし，多数の人が共有している場合は一種の団体であって，いわば権利能力なき社団として代表者があればその者が訴えを起こせばよく，格別支障はないともいえる。

【展開講義 22】 共有の対外的主張

共有の目的物が侵害された場合，①共有者全員が共同して共有関係を主張する，②共有者のある者が，単独で共有関係自体を主張する，③共有者のある者が，持

分権を主張して目的の確認・維持をはかるとの方法が考えられる。共有関係についての紛争である以上，共有者全員が当事者となるのが自然で，結果的にも妥当で，かつ関係者全員が一致して確定ができるという意味から①の方法が妥当である。ところが共有者のある者が共同の提訴を拒んだり，あるいは共有者が不明のような場合には，事実上この方法は採用できない。そこで，②，③の方法によることとなるが，訴訟の個別化を招き，濫訴ならびに，既判力の問題を生ずることから問題がある。判例上問題となっているのは，①第三者に対する共有物の所有権確認請求は共有者全員でしなければならないか，②共有物の引渡請求，③共有不動産について第三者が不法な登記名義が有する場合の登記抹消請求，④第三者に対し共有物についての妨害排除請求，⑤共有物についての契約解除，⑥共有不動産の第三者に対する登記請求は各自単独でできるか等である。その要点のみを述べると，これらの権利の内容を共有関係自体と，持分権とに分け，持分権の主張は各自単独でできるとした（共有物の所有権確認＝最判昭40・5・20民集19巻4号859頁，共有不動産の登記請求＝大判大6・2・28民録23輯332頁）。また，保存行為の理論より各自の単独行使を認める（共有物についての妨害排除請求＝大判大4・4・19民録21輯731頁，登記抹消手続＝最判昭31・5・10民集10巻5号904頁等）。学説は，持分権の理論によるもの，保存行為の理論によるもの，共有物の引渡請求につき，不可分債権の理論の類推によるもの（多数説）がある。

4.3 共有者間の関係

(1) 共有持分の割合

(ア) 共有持分の割合は法律の規定によって決まることもあり（たとえば，前に述べた他人の物の中の埋蔵物を発見した場合に，その物の所有権は発見者とその物の所有者とが折半して所有権を取得するという241条の但書がそれである），また，共有者同士の意思表示によって決まることもある。民法は右の割合が不明な場合を考え，一応，各共有者の持分は相均しいものと推定している（250条）。

(イ) そして，共有者のうちの1人が持分を放棄したり，相続人なくして死亡したときにはその人の持分は他の共有者に帰属することとなっている（255条）。所有権の弾力性の現れである。

(2) 共有物の利用

共有物の利用は，共有者の持分の価格の過半数で決める（252条）。

つぎに共有物の利用の関係をまとめておこう。

(ア) 持分の使用・収益　まず，各共有者は共有物の全部について，その有する持分の割合に応じて使用することができる（249条）。学説は収益も右の使用に準じて考えている。

(イ) 持分の管理　共有物の管理は，原則として，持分の価格に従って過半数で決する（252条＝原則）。このことは，共有物の管理を全員で行ってはならないということではなく，むしろ，共有者全員で行うことができない場合を予定しての趣旨である。ただし，これには，以下の2つの例外がある。

① 共有物の変更やその処分は共有者全員の同意にもとづくことが必要である（251条）。

② 共有物の保存行為はそれぞれの共有者が単独ですることができる（252条但書）。

ここにいう変更とは，旧遊地の田圃を宅地にしたり，住居を店舗に替たりすることをいう。また，保存行為とは，級友の建物の屋根を修繕したり，自動車の壊れている部分を修繕したりすることである。

(ウ) 共有物に関する費用負担　共有物の管理の費用とか，それに対する公租公課等の負担は，各共有者がその持分に応じて負担することとなる（253条）。

持分権は普通の所有権と性質は全く同じであるから，共有者は共有者間の内部においても，また，共有者以外の者に対する外部に対しても単独でその権利の存在を主張することができる。したがって，単独で持分権確認を求めてもよいし，それに応じた物上請求権を行使することもできる。また，その持分権を他に譲渡することも自由である。

(3) 共有物の分割

(ア) 共有物の分割の自由とその例外　(a) 共有分割の自由　各共有者は何時であろうとも共有物の分割を請求して共有関係にピリオドをうつことができる（256条1項）。共有所有の形態のところで述べたように，共有は総有や合有と異なり，共有者の間が団体的結合によって結ばれているのではなく，個人的色彩が濃厚なのであるから，共有者の中の誰か1人が共有関係の終了を希望するときにはいつでも自由に分割を許そうというのである。その性質は形成権

である（通説）。

(b) 不分割の特約　もっともその分割請求の自由に対し，5年を超えない期間であればある期間を定めてその期間内は分割をしないという，不分割契約をすることができるとされている（256条1項但書）。しかし，持分の特定承継人にはその契約の効果は及ぶが，不動産においては登記しなければ対抗できない（不登78条）。

(イ) 分割の方法　分割の方法には，協議による分割と，裁判による分割の2つがある。

(a) 分割請求と協議による分割　分割請求があれば，とくに不分割契約がなされていないかぎり分割をすることとなるが，その分割方法は共有者の協議が調うかぎり，どのような方法によってもよい。一般的には共有物をそのまま現実に分割する，「**現物分割**」が最も多いであろう。しかし，共有物を第三者に売却しその代金を分配するという「**代金分割**」とか，共有者中の1人が単独でその共有物の所有権を取得し，その者が他の共有者に価格の一部を支払うという「**価格賠償による分割**」によることもある。

(b) 裁判所による分割　分割が(a)のような共有者の協議によってできないときは，共有者は分割を裁判所に請求することができる（258条1項・形成の訴え）。裁判所は，諸般の事情を考慮し，必ずしも当事者の申立てによることなく分割を実現する。具体的には，現物分割を原則とし，それが不可能なときまたはそうすることによって著しくその物の価格を損するおそれがあるときは競売を命じ，その代金を分割するという方法をとる（同条2項）。

(ウ) 分割とその利害関係人の保護　共有物について権利を有する質権者，抵当権者，各共有者の債権者などは，自己の費用で分割に参加することができる（260条1項），参加請求にかかわらず，これを無視してなされた分割は，参加請求者に対抗できない（同条2項）。ただし，この分割について，利害関係人へ通知する必要もないことから，その実効性は疑わしい。

(4) 分割の効果

以上のようにして分割がなされると，それによって共有関係は終了し，たとえば現物分割であるとすれば，各共有者はそれぞれ自分の取得した部分について，分割した時から，単独に所有者となる（遺産の分割のように分割以前から

単独所有であったとされない。→909条）。

(ア) 共有者間の担保責任　分割は理屈の上からいうと，ちょうど各共有者が持分の一部分ずつをお互いに交換しあうような関係になるので，民法は各共有者は，他の共有者が分割によって得た物について，売主と同じように担保責任を負うと定めた（261条）。たとえば，あるはずの土地の面積が実は不足していたというような場合には，あたかも売買の目的物に瑕疵があったときと同じように，各共有者が担保責任を負わなければならない。

(イ) 証書の保存　共有物に関する証書は分割した後も，かつての各共有者が，その取得した部分についての権利取得などの立証のため必要とすることが多い。そこで，分割に関する証書は，保存しなければならないと定めている（262条）。

(ウ) 共有物上の制限物権・持分権上の担保責任　(a) 共有物上の制限物権　共有物上の制限物権は，共有物の分割により影響されない。すなわち，用益物権も，担保物権も分割された各部分上に存続する。

(b) 持分権上の担保責任　分割は権利の相互的移転であるから，混同の規定が類推される。各共有者が自己の持分につき，共有物の上に設定した担保物権があるときは，もし現物分割であれば，担保物権は分割によって受けた部分の上になお存続し，また，代金分割または補償による分割の場合には，物上代位（304条）の法理により各共有者が分割の結果受くべき金銭に対して，その権利を行使できる。

(エ) 分割の非遡及効　分割は，売買・交換という有償行為でありそうしたことから，分割の効果は遡及しない。

4.4　準　共　有

所有権の共有と同じことは実は所有権以外の財産権についても起こりうる。たとえば，抵当権を数名が共同でもっているということも考えられるし，何人かの人が共同で1冊の本を出版したとすれば，その著作権はその数人が共同で持つことになろう。このような所有権以外の財産権を共同所有する場合を準共有といっている。

準共有を認め得る主な権利は，地上権，永小作権，地役権，抵当権などの民法上の権利のほか・株式・特許権，実用新案権，意匠権，商標権，著作権，鉱

業権，漁業権などである。なお，債権について準共有が成立すると考えられている。

【展開講義 23】 共有・合有・総有という概念はどのようなものか

　共有とは，2人以上の者が何ら人的なつながりなくして同一物を共同で所有する形態であり，各共有者がそれぞれ1個の所有権を有し，それらの各所有権が一定の割合において相抑制し合い，その内容の総和が1個の所有権の内容と等しい状態にあるものであって，共有物の処分は，その共有者全員の同意がなければなし得ず，各共有者の有する持分権は，同一物上に存立する他の共有者の有する持分権によって抑制を受けつつも，共有物全体を目的とする1個の所有権である。または，各人は持分権をもつが，共同目的のため2人以上の者が同一物についてそれぞれ所有権を持ち，各人のもつ所有権が，単独所有の場合に比べて，いわば，分量的な制限を受けている状態をいう。その分量的な制限を受けた所有権を持分権という。民法はこの持分権を自由に譲渡でき，いつでも共有者の意思でこの共有状態を解消できる。なお，不動産の場合，この持分権を第三者に対抗するには登記を要する（不登39条）。

　合有は，複数人が相互に人的な結合をし，団体的制約を受けつつ，こうした結合が続くかぎり分割請求ができず，持分権の処分も制限されるものである。わが国では，組合財産，また，共同相続（学説）にそれをみることができる。

　総有とは，村落共同体またはそれと類似の共同体が，山林，放牧地，ため池などを所有している場合にみられる慣習的な共同所有形態である。共同所有者は1つの団体を形成し，その構成員は共同所有者として使用収益を内容とする権利を持ち，いわゆる持分権，分割請求権はなく，持分を他に譲渡することもできない。処分権に関しては，団体に属するという形の共同所有形態。わが国では，入会権にそれをみることができる。

【展開講義 24】 共有物分割の方法は現物分割・代金分割・価格賠償に限られるか

　分割請求権は，形成権と解すべきである。共有者は分割請求権を行使することによって，何らかの方法で具体的に分割を実現すべき法律関係を発生させることができる。分割は共有者全員の協議が調うかぎりどのようにしてもよい。協議が成立しないときは，分割を請求できる（258条1項）。

この分割の訴えは形成の訴え（説・判例）であり，分割請求をする共有者を除き他の全員を相手方としてこれを提起すべきだというのが判例である。そして，裁判所は現物分割を原則とし，それが不能であるか，または著しく価格を減ずるおそれがあるときは競売して代金分割をなす（258条）。

分割の結果に対して利害関係を有する第三者，すなわち，共有物につき権利を有する者および各共有者の債権者は自分の費用で分割に参加できる。これらの者が参加請求をしたにもかかわらずその参加を待たずに分割した場合は，その分割をもって請求者に対抗できない（260条）。

5　建物区分所有[1]

◆　導入対話　◆

学生：前の課で，共有のことを勉強したのですが，マンションのことを質問したのに，そのことについてはでてきませんでしたが。

教師：そうだったね。そのときにも話したんだけど，マンションの場合も，共有の基本的な問題は同じなんだ。だけどね，マンションの場合には少し異なるんだ。昔は，家が横につながっている，いわゆる棟割長屋があったんだ。今でいえば，マンションが，一階部分のみあるという状態なんだ。

学生：それは，落語の世界ですよ。

教師：そうだよ。そこで，今日のマンションは，階層的になっているから，そのことの特殊性と，民法の共有規定では不都合な部分もあるので，特別法として，「建物の区分所有等に関する法律」が施行されているんだ。

(1)　区分所有権

1棟の建物に構造上区分された数個の部分に，独立して住居，店舗，事務所，倉庫などの用途に供する建物の部分を所有権の目的とすることをいう。一物一権主義の例外をなす。ただし，規約で共用部分と定めたものを除く。都市部における狭隘な土地の高度利用から中高層建物が増加し，従来の208条に代わっ

---

1)　玉田弘毅・争点 I 146頁。

て「建物の区分所有等に関する法律」が昭和37年制定された（法69号）。また都市部への人口集中，地価高騰により土地利用の高度化が図られ，近時の分譲マンションの普及に伴い管理の充実を図り，円滑な区分所有関係維持のためもあり，昭和58年根本的な改正がなされた（法51号昭59・1・1施行）。

(2) 建物の区分所有法の改正点

以下，主たる改正点についてまず述べる。

(ア) 区分所有建物とその敷地利用の一体化・登記の合理化を図るため，専有部分と敷地利用権とは原則として分離できないようにした（建物の区分所有等に関する法律22条～24条，以下128頁までは同法）。

(イ) 区分所有建物の管理の充実・適正化を図るため，共用部分の変更および規約の設定・変更・廃止にはそれまで区分所有者全員の合意が必要であったものを，区分所有者および議決権の各4分の3以上にして要件を緩和した（17条・31条）。

(ウ) 区分所有者は全員で区分所有建物を管理するため団体を構成できるとした（3条）。また区分所有者が30人以上であるときは，区分所有者および議決権の各4分の3以上の決議で法人にすることができることとした（47条）。

(エ) 区分所有者の共同生活（相隣関係）維持のため，共同の利益に反する行為をした場合，またそのおそれがあるときは，集会の決議により，行為の差止め，その者の専有部分の使用禁止・競売を請求できることとした（57条以下）。

(オ) 建替えのため必要性が出てきたときは区分所有者および議決権の各5分の4以上の多数決議により建替実現の措置を講ずることができることにした（62条）。

(3) 区分所有権の成立

(ア) 区分所有権の対象となる構造上区分された1棟の建物が存在すること。

(イ) 専有部分が存在し，構造上，利用上の独立性が存在すること。

(a) 区分所有権の対象となる個々の建物部分は物的支配に適するよう構造上区分され独立している必要がある。構造上区分された建物部分について最高裁は建物の構成部分である隔壁，階層等により独立した物的支配に適する程度に他の部分と遮断されており，その範囲が明確な建物部分をいい，必ずしも周囲すべてが完全に遮断されていることを要しないと判示している（最判昭56・

6・18民集35巻4号798頁）。つまり遮断性について，境界壁，床スラブ，扉などによる完全遮断でなくとも，鉄製扉，角柱，鉄パイプ等が設置され，周囲と明確に区分されていればよいとしたものである。登記実務では出入口以外のシャッター仕切，木製扉，ガラスドアなどの仕切による建物も区分所有の対象となるとされる。

(b) 利用上の独立性とは，直接外部に通ずる出入口を有するとか，共用部分（廊下，階段等）を通じて出入口と結ばれることが必要で，他の建物部分を利用しなければ外部への出入りができないようであれば，利用上の独立性があるとはいえない。区分建物の用途について第1条は住居，店舗，事務所，倉庫を例示しているが，他に塾・教室，診療所，ホール・講堂などがあげられる。

(c) 専有部分は他の境界部分との関係で建物の境界壁・床スラブ等，どの範囲まで及ぶか，壁面までか壁芯までかが問題となる。通常，壁芯の一部には導水管，ガス管，排水管等が敷設されているから，壁芯まで専有部分と解されず，壁面「上ぬり」部分までと解されている。つまり専有部分の所有者が，壁面を変えたり，床の張替え可能部分，天井の改造できる範囲が専有部分の及ぶ範囲と考えられる。なお専有部分とされる建物の部分でも規約で共用部分とすることができる（4条2項）。登記簿上，専有部分の面積の表示は床面積（水平投影面積）による。

(d) 共用部分とは専有部分以外の建物部分，専有部分に属しない建物の付属物，規約で共用と定めた付属の建物をいう（2条4項）。1棟の建物内に区分所有権の対象となる複数の専有部分が独立して存在し，玄関・廊下，階段等構造上区分所有者の全員または一部の者のため当然共用される法定共用部分とその他規約によって共用される規約共用部分に分けられる。

(ウ) 専有部分以外の建物部分とは，廊下，階段，屋上，エレベーター，機械室，電気室，事務室，管理人室，車庫，ピロティ（東京地判昭51・5・13下民集27巻5＝8号278頁），バルコニー（最判昭50・4・10判時779号62頁），などである。

(エ) 建物の付属物とは，給水管，排水管，ガス管，集合アンテナなどがあり，規約で共用と定める付属建物とは倉庫，集会室があげられる。規約共用部分については登記しなければ第三者に対抗できない（4条2項）。共用部分は区分所有者全員の共有に属し，一部のみの共用部分は，これを共用する区分所有者

の共有に属する（11条1項）。規約で別段の定めをすることもできる（同条2項本文）。各共有の持分は，規約で別段の定めをしなければ共有者各自が有する専有部分の床面積の割合による（14条）。共用部分の処分は専有部分と分離してはできず，専有部分が処分されれば共用部分もそれに従うこととなる（14条）。共用部分の変更は区分所有者および議決権の各4分の3以上の多数による決議ですることができる。定数は規約で区分所有者の過半数にまで減ずることができる（17条1項但書）から，変更のための要件は緩やかである。

(4) 建物の敷地および敷地利用権

(ア) 建物の敷地 区分所有の対象たる専有部分と敷地利用権の一体化を図るために，敷地の範囲を明らかにしなければならない。建物の敷地とは建物が所在する土地および4条1項の規定により（建物が所在する土地と一体として管理・使用する庭・通路等の土地を）規約で建物の敷地と定めた土地（規約敷地）をいう（2条4項）。

(イ) 敷地利用権 敷地利用権とは専有部分を所有するため建物の敷地に関する権利をいう（3条6項）。敷地利用権の対象となるものは敷地の所有権，地上権，賃借権，使用借権がある。これらの権利を区分所有者全員が共有するのが通常である。ただ棟割長屋のような場合は敷地を区分して単独の利用権を持つ場合もある。

(ウ) 分離処分の禁止 建物の敷地が明確化され専有部分と敷地利用権の一体化が図られると，専有部分を分離して処分しえなくなる。適用除外規約のないかぎり，分離処分は無効となる（22条1項・3項）。もっとも取引の相手方が不測の損害を被るおそれがあるなど善意の相手方には，その無効を主張しえない。ただし，分離処分できない専有部分および敷地利用権であることを登記した後に処分した場合は，主張しうる（23条）。

(エ) 規約による別段の定め 右の一体性は規約で分離処分できることを定めれば，その定めにより分離処分できる（22条1項但書・3項）。小規模区分建物の場合，その敷地利用権について一体性を強調しなくとも1戸建ての敷地のごとく，分離処分できることとしたものである。

(5) 建物・敷地の管理

(ア) 区分所有者の団体の結成 区分所有者は全員で建物やその敷地，付属

施設の管理を行うため団体を構成することができる（3条前段）。そして集会を開き規約を定め管理者をおくことができる。区分所有者が30人以上のときは区分所有者および議決権の各4分の3の議決で管理組合法人（47条以下）を作ることができる。またこの団体の決議により共用部分を変更したり27条，規約の設定・変更・廃止（31条），に4分の3の決議で，建替え（62条）は5分の4の決議というように厳格な要件ではあるものの，多数決原理を取り入れて団体の拘束を強化している。

(イ) 規約および集会　　(a) 規約　　区分所有者は団体を結成して，規約を制定し，建物，敷地の管理に必要な事項を定めることができる。たとえば，共用部分の決定（4条2項），規約による建物敷地の決定（4条），共用部分の共有関係（11条1項），共用部分の持分の割合（14条4項），変更（17条），管理（18条2項）など規約で別段の定めをすることができる。たとえば，判例は日本住宅公団が建設した分譲住宅の住宅管理組合の協定にバルコニー改築禁止の規定を設けることは公序良俗に反しないとしたが，右バルコニーに温室を設けるのは協定に反するから撤去の義務があると判示した（最判昭40・4・10判タ323号148頁）。

(b) 集会　　区分所有者の団体または管理組合法人の意思決定機関として重要な役割を果たす。招集権者は管理者で，少なくとも毎年1回招集しなければならない（34条1項・2項）。区分所有者の4分の1以上で議決権の4分の1以上の者は管理者に対して，会議の目的事項を示して集会の招集を請求できる（34条3項）。管理者がいない場合は右の要件の者が招集できる（34条4項）。この定数は規約で減ずることもできる。改正前の少数区分所有者の定数が4分の1であったのを4分の1に引き下げたのは「招集権」を「招集請求権」に変えたことによる。招集通知は少なくとも会日の1週間前に会議の目的事項を示して区分所有者に発信しなければならないが，規約で伸縮も可能である（34条1項）。区分所有者全員の同意があれば招集の手続を省略して開くこともできる（36条）。議事は法律・規約に別段の定めがないかぎり，区分所有者および議決権の各過半数による（39条1項）。議決権は規約に別段の定めがないかぎり，区分所有者の専有部分の床面積の割合による（38条）。議決権は書面で，または代理人によって行使することができる（39条2項）。集会の決議事項はまず

区分所有者を規制することになる規約の設定・変更・廃止（31条1項），共用部分の変更・管理に関する事項（27条・18条・21条），管理者の選任・解任（24条），訴訟当事者とすること（26条4項），管理組合法人の設立（47条1項），代表理事の選任（49条4項），事務執行（42条），解散（44条1項3号），義務違反者に対する措置として共同利益違反行為の停止請求（47条2項），専有部分使用禁止請求（48条1項），区分所有権競売請求（49条），占有者に対する引渡請求（60条1項）があり集会に強い権限を認めている。また，建物の復旧・建替え（61条3項・62条1項）などに関することである。

(c) 管理者　区分所有者は規約または集会の決議によって管理者を選任することができる（24条）。管理者の権限は，共用部分。建物敷地付属施設の保存，集会決議の実行，規約で定めた行為の権利義務を負い（26条1項），職務に関し区分所有者を代理し，共用部分についての損害保険契約にもとづく保険金額の請求および受領の代理人となる（26条2項），また規約，集会の決議による訴訟当事者となることができる（26条4項）。

区分所有者と管理者の関係は建物区分所有法・規約で定めるほか，委任の規定に従う（28条）。

(d) 管理組合法人　区分所有者の団体で，その構成員が30人以上のときは，区分所有者および議決権の各4分の3以上の多数による集会の決議で法人とする旨，およびその名称，事務所を定め，登記することによって法人とすることができる（47条）。管理組合法人を設立することによって，団体の対外的法律関係が1本化され，法人が管理のため，権利義務の主体となるから便利となる。区分所有者の数が多ければ多いほど団体を法人化しておくことのメリットが多いといえる。ただし実際には，法人格を取得したものは少ないといわれている。

(6) 義務違反者に対する措置

さきに集会の決議事項の箇所で述べたが，団体的規制強化の反映である。

(ア) 違反行為停止等の請求　区分所有者が建物の保存に有害な行為をしたり，建物の管理使用に関して共同の利益に反するような行為をしたり，反するおそれがあるときは，他の区分所有者の全員または管理組合法人は，区分所有者の共同の利益のため，その行為を停止し，その行為の結果を除去し，またはその行為を予防するため必要な措置をとることを請求することができる（47

条)。訴訟提起には集会の決議が必要である。

　(ｲ)　義務違反者に対する専有部分の使用禁止請求　　右の行為停止請求によっては障害を除去し，共用部分の利用確保，共同生活の維持を図ることが困難なときは集会の決議により訴えをもって相当期間の当該行為をした区分所有者の専有部分の使用禁止を請求することができる（48条1項）。この決議をするには，あらかじめその区分所有者に弁明の機会を与えなければならない。

　(ｳ)　区分所有権の競売請求　　(ｱ)・(ｲ)の方法では，共同生活上の障害を除去して共用部分の利用確保その他共同生活の維持を図ることが困難なときは，区分所有者の全員または管理組合法人は，集会の決議で訴えをもって当該区分所有者の区分所有権と敷地利用権の競売を請求することができる（49条1項）。(ｲ)と同様区分所有者に弁明の機会を与えなければならない（49条2項）。

　(ｴ)　占有者に対する引渡等の請求　　区分所有者以外の占有者を区分所有関係から排除するため区分所有者の全員または管理組合法人は集会の決議で訴えをもって，占有者が占有している専有部分の使用または収益を目的とする契約を解除し，その専有部分の引渡を請求することができる（60条1項）。引渡は原告たる管理組合法人または管理者への引渡であって，引渡を受けた者は，遅滞なくその占有部分を占有する権原を有する者に引き渡さなければならない（60条3項）。たとえば，通常は専有部分の所有者であり，例外的に転貸者であることもありうる。決議は区分所有者および議決権の各4分の3以上必要であり，決議の前にあらかじめ占有者に弁明の機会を与えなければならない（60条2項）。

　(7)　復旧・建替え

　(ｱ)　建物の一部滅失による復旧　建物の価格の2分の1以下に相当する部分が滅失したときは，各区分所有者は滅失した共用部分および自己の専有部分を復旧することができる（61条1項本文）。この場合共用部分を復旧した者は他の区分所有者に全額の償還を求めうる（61条2項）。小規模滅失の場合でも集会において滅失した共用部分を復旧する旨の決議をすることができる（61条3項）。また以上のほか，建物の一部が滅失したときは，集会において区分所有者および議決権の各4分の3以上の多数で共用部分を復旧する旨の決議をすることができる（61条4項）。この場合決議に賛成しなかった区分所有者は，賛成した

区分所有者に対し，建物および敷地に関する権利を時価で買い取ることを請求できる（61条7項）。

　(ｲ)　建替え決議　　建物が朽廃して建替えが必要となったにもかかわらず，建替えに賛成しない区分所有者がいる場合でも，建替え決議をすることができることとした。つまり，建物の老朽，損傷，一部滅失等により，建物の価額その他の事情に照らして建物の効用維持・回復に過分の費用を必要とするにいたったときは，集会で区分所有者および議決権の各5分の4以上の多数で建替え決議をすることができる（62条1項）。区分所有権等の売渡請求等建替え決議に賛成しなかった者に対しては，集会の招集者が建替え参加の諾否を書面で催告しなければならない。もし不参加の回答があった場合とか，考慮期間の2カ月を経過したときは，建替え決議に賛成した区分所有者，建替えに参加する旨回答した区分所有者，あるいはこれらの者から区分所有権および敷地利用権を買受けできると指定された者は，参加しない区分所有者に対して，区分所有権および敷地利用権を時価で売り渡すべきことを請求できる（63条4項）。この請求権は形成権と解される。このようにして区分所有権と敷地利用権を建替え参加者に帰属させ，建替えを行う旨の合意をしたものとみなして，建替えが実現する。

第4章 用益物権

1 用益物権総論

◆ 導入対話 ◆

学生：先生，他人の土地を借りないで使える方法があると聞いたんですけど，本当ですか。

教師：借りないでということばが気になるのだけど……。もし，いわゆる賃貸借契約でなくてという意味なら，確かにあるよ。

学生：それはどのようなものですか。

教師：前に学んだように，他人の土地を利用することを内容とする物権には，これから学ぶ「地上権」と永小作権，地役権，入会権があるんだ。このうち，地上権は家屋を建築したり，植林をするなどの目的で，他人の土地を利用する物権だね。それでは，世の中の人たちが他人の土地を利用して，その上に建物を建てているような場合，この地上権を取得しているのだろうか。わが国で実際に行われている建物所有の関係は，実はほとんどが賃貸借によっているんだ。賃借権については，債権法でくわしく学習する予定になっているから，ここで簡単にふれるに止めるが，民法は賃貸借契約によって賃料を支払って他人の物を使用する権利を認めている。これを賃借権というんだけれど，賃借権は，単に賃貸人，賃借人間の賃貸借契約にもとづいて発生するもので，本質はいうまでもなく，債権ということになる。賃貸借契約はなにを目的としてもよいから，土地だけでなく，テレビでもラジオでもよいんだ。

学生：ではなぜ，こうした二重ともいえるような権利を作ったんですか。

教師：はじめは，この二つの権利があることで，当事者の利害関係により選択できるようにしたんだよ。でも貸し手が，借り手に物権のような強い権利を与えることは考えられないよね。そうしたことから今日では，そのほとんどが賃貸借契約によっているんだ。

(1) 用 益 物 権

　他人の土地を利用するという内容を持った物権，いいかえれば他人の土地を物権的に利用することができる権利である。民法では，地上権，永小作権，地役権，入会権を定めている。用益物権の対象は，わが国では土地についてのみ認められている。

　ところで，他人の土地の利用については，民法では，債権を発生させる方法によるものには2つある。使用貸借（593条以下）と，賃貸借（601条以下）である。しかし，一般に借地・借家などについては「賃貸借」の方が圧倒的にひろく使われている。そこで，他人の土地の利用については，各種の用益物権の設定によるのと，賃貸借（賃料を伴わなければ，使用貸借）によるのと両者の使い分けを考える必要がある。

(2) 用益物権と賃借権との異同

　他人の土地を物権的に利用できるのが地上権その他の用益物権であり，債権的に利用できるのが賃借権である，として対比することができる。前者は，地上権その他の物権の設定契約により，後者は賃貸借契約によって成立するというふうに，この両者の権利関係の基礎が当事者間の契約によっている点は共通しているが，そこから生ずる効果には，土地利用権が物権になるか債権になるかという点で大きな相違があらわれる。そこで，物権と債権との基本的な相違は，既に述べたように（本書第1章1.1参照），物権が物を直接に支配し，排他的な利益享受を可能とする支配権であるのに対し，債権は債権者から債務者に対し一定の行為を請求できる「請求権」である，とされるところにある。

　この点をふまえて，用益物権と賃借権との相違を整理すると以下のようである。

　(ア) 用益物権は，すべての人にその効力を主張できる，いわば対世的な土地利用であるのに対して，賃借権は，契約当事者間でだけその効力を主張できるにすぎない。つまり賃借権においては，契約の相手方（一般には土地所有者であろうが，転貸借の場合もあることに注意）に対して「利用を認めよ（その前提として，その土地を引き渡せ）」と請求できるだけで，他の一般第三者に対して直接に利用権をもって対抗することができない。すなわち，排他性がないわけである。ただし，民法上は，不動産の賃貸借が登記されたときは対抗力を

生ずる旨が定められ（605条），その限りでは賃借権も対抗力をもつ場合がありうる。しかし，賃貸借契約の効果として賃貸人が賃貸借の登記につき協力する義務は定められていないので，当事者間の特約がある場合は別として，一般には，不動産賃貸借の登記は行われていないのが実情である。

(ｲ) 用益物権は，その排他性にもとづいて，その利益享受の妨害を排除できる。

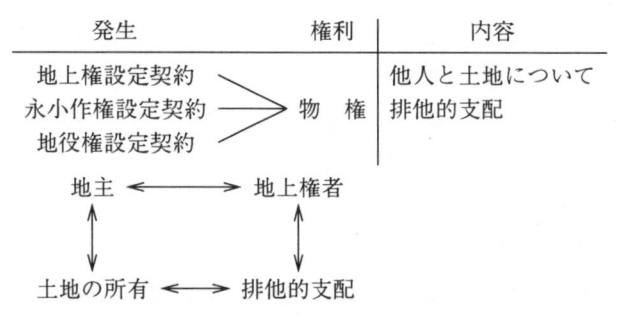

発生	権利	内容
地上権設定契約 永小作権設定契約 地役権設定契約	物　権	他人と土地について 排他的支配

地主 ⟷ 地上権者
↕　　　　　↕
土地の所有 ⟷ 排他的支配

2　地　上　権

2.1　地上権の意義

(1) 地上権は，他人の土地において，主として工作物（建物）または竹木（植林）を所有するため，その土地を使用しうる権利である（265条）。

地上権は，他人の土地の使用権であるから，土地以外の不動産には設定できない。しかし，土地であれば，地表の使用，地上の空間，地下，地下の空間の利用も可能である（地下権，空中権）。

ここにいう「工作物」とは，人工により地上および地下へ施設されるすべての建設物をいう。建物をはじめ，橋梁，広告塔・テレビ塔・電柱などの地上工作物，トンネル・地下壕などの地下の工作物をという。竹木というのは，主として植林の目的となる植物をいい，稲・麦・桑・茶・果樹などの耕作の目的となる植物類は含まれない。これらについては，永小作権（270条）が成立するからである。

(2) なお，民法269条ノ2の規定は，地下または空間において工作物を所有するため，上下の範囲を定め，地下または空間自体を地上権の目的とすること

が認められている。たとえば，地下鉄，地下街，地下駐車場，高架線，モノレール，ビルとビルとを連結する陸橋のような土地の下あるいは空間における工作物を所有するため，上下にわたる土地の中間の一部だけを目的として，地上権を設定することができる。

2.2 地上権と賃借権

地上権と同様の目的を達するための法律的方法としては，債権関係である賃貸借契約（601条）によることもできる。賃借権は賃貸人に対して土地を使用させることを請求しうる債権にすぎないから，賃借人の地位は地上権者の地位に比して，著しく薄弱である。しかも，賃貸借契約の内容は当事者が自由に定めることができるのであるから，土地所有者がその土地を他人に使用させる場合には，地上権の設定という方法を避けて，賃貸借契約の締結という方法によるのが普通である。したがって，現在地上権が設定される事例はきわめて少ない。

地上権と賃借権の主な差異を以下に記す。

(1) 地上権は登記をすれば第三者に対抗することができ，地主は地上権者に対して設定登記義務を負う。賃借権も登記があれば対抗力を生ずるけれども（605条），賃貸人は当然には登記義務を負わない。

(2) 地上権はその存続期間に制限がないけれども，賃借権は20年を超えることができない（604条）。期間の定めがない場合には，地上権においては当事者の請求によって，裁判所が20年以上50年以下の範囲でこれを定めることができるが（268条2項），賃借権においては，各当事者がいつでも解約の申入れをすることができる（617条）。

(3) 地上権は自由にこれを譲渡しまたは担保に供することができるが，賃借権は賃貸人の承諾がなければこれを譲渡しまたは賃借物を転貸することができない（612条）。

(4) 地上権においては1回の地代不払によってその消滅を請求することができないが（266条1項・276条），賃借権においては1回の賃料不払によって解約することができる（541条）。

(5) そこで，賃借人，ことに，賃借地上に建物を所有している者を保護するため，民法制定以来，「地上権ニ関スル法律」（明治33年法72号），「建物保護ニ

関スル法律」（明治42年法40号），借地法（大正10年法49号），罹災都市借地借家臨時処理法（昭和21年法22号），そして，臨時処理法を除く3つの法律を統合した，借地借家法（平12・3改正）などの多くの特別法によって，建物所有を目的とする土地賃借権を強化しただけでなく，とくに借地借家法においては，建物所有を目的とする地上権と賃借権とをあわせて借地権とし，民法の地上権よりもさらに強化をはかった。その内容は，後述する。

2.3 地上権の法律的性質

地上権は他人の土地（地上の空間および地下を含む。以下同じ）を使用しうる物権である。地上権の客体となる土地は，1筆であることを原則とするが，1筆の土地の一部でもさしつかえない（不登21条参照）。地上権は土地使用権であるから，土地を占有しうる権利を含む。地上権は工作物または竹木の所有を目的とする権利である。

工作物または竹木を所有するためとは，これを土地使用の主な目的とすることをいう。地上権の及ぶ土地の範囲は，工作物または竹木の敷地だけでなく，これらの所有目的を達成するために必要な範囲で，周囲の空地をも含むと解されている。

地上権は右の目的のために他人の土地を使用しうる権利であるから，工作物または竹木がまだ存在していない土地に地上権を設定することができるとともに，工作物または竹木が滅失しても，そのために当然に地上権が消滅することはない。地上権は，物権としての性質上，当然に譲渡性および相続性を有する。土地使用の対価である地代は，地上権の要素ではない。多くの場合，地上権は定期的な地代の支払を伴うが，賃借権（601条）や永小作権（270条）と異なり，必ずしもこれを必要としない。

2.4 地上権の取得

(1) 地上権の取得事由

地上権は，土地所有者と地上権を取得しようとする者との設定契約によって取得されるのが普通であるが，土地所有者の遺言によっても設定される。その他，譲渡・相続・取得時効などによっても取得される。地下または空間を目的とする地上権は，第三者が土地の使用または収益をなす権利（たとえば，地上権）を有する場合においても，その権利を有する者またはその権利を目的とす

る権利（たとえば地上権上の抵当権）を有するすべての者の承諾を得て，設定することができる（269条ノ2第2項）。

なお，罹災都市借地借家臨時処理法によれば，借地人が所有建物を賃貸している間に，その建物が戦災によって滅失した場合に，借地人が自分で建物を再築しないときは，借家人は一定の期間内に借地権の譲渡を申し出ることによって，優先的に借地権を譲り受けることができる（同法3条）。罹災都市の復興のために認められた特殊な借地権の取得事由である。

地上権と賃借権とは，前述のとおり，その性質上差異があるが，当事者間の契約によって借地権が設定されている場合に，それが地上権であるか賃借権であるかを判別することは，実際上容易ではない。結局は契約解釈の問題であって，譲渡性の有無・期間の長短・地主の土地修補義務の有無などを標準にし，契約締結当時の事情・借地の目的・その地方の慣習などを考慮して決めるほかない。民法施行の際，従来の借地関係には一般に地上権・賃借権の区別が明瞭でなく，その判定が困難であったため，「地上権ニ関スル法律」は，同法施行（明治312年4月16日）前から他人の土地において工作物または竹木を所有するためその土地を使用する者は，地上権者と推定することとしていた（同法1条）。

(2) 法定地上権

土地とその地上建物が同一の所有者に属する場合において，所有者がその一方だけの上に抵当権を設定し，それが実行された結果，土地と建物との所有者が別々になると，建物所有者はその土地の使用権限がないため建物収去を余儀なくされ，社会経済上の不利益を生ずる場合が少なくない。そこで，民法は，土地と建物との所有者が別々になったときは，当然に地上権が設定されたものとみなした（388条）。立木法にも同趣旨の規定がある（同法5条）。これを法定地上権という（法定地上権の詳細については，第7章 3. 4 (1)参照）。

2.5 地上権の存続期間

(1) 設定行為で期間を定めた場合

(ア) 民法は，地上権については永小作権（278条）や賃借権（604条）のように特別の規定を設けていないから，当事者は設定行為によって地上権の存続期間を自由に定めることができる。しかし，その最長期と最短期については問題

がある。地上権の最長期については、永久の地上権が定められるかという点が問題になる。判例はこれを肯定し（大判明36・2・16民録9輯1244頁など）、近時の通説もこれに賛成する[1]。今日では、実際上、土地所有権の機能は地代徴収権と化しつつあるから、永久の地上権を認めてもさしつかえないと考えられるからである。ただし、判例は、無期限という登記があるときは、反証のない限り、期間の定めのない地上権と解すべきものとしている（大判昭15・6・26民集19巻1033頁）。また、当事者はどのように短い期間の地上権を設定することもできるが、地上権設定の目的に反するような短期の存続期間は、地代据置の期間であって存続期間ではないと解され、あるいは拘束力のないいわゆる例文にすぎないと解されることになろう（この点は、後述のように借地借家法の適用を受ける地上権については、立法的に解決されている）。

(イ) 借地借家法は、借地権の最短期間を定め、借地権の存続期間は、30年とする。ただし、契約でこれより長い期間を定めたときは、その期間とする（同法3条）と定めている。最長期については規定はないが、借地借家によって最長期が制限されるに至ったと解すべき理由はない。なお、「臨時設備その他の一時使用のために」借地権を設定したことが明らかな場合には、適用されない（同法25条）。

(2) 設定行為で期間を定めなかった場合

(ア) 設定行為で地上権の存続期間を定めなかったときでも、後に協議して定めることができるのは当然である。設定行為によっても、またその後の協議によっても存続期間を定めなかったときについて、民法は次のように規定した。すなわち、慣習があればそれに従い（268条1項）、慣習がないときは、当事者の請求により、裁判所が「工作物又ハ竹木ノ種類及ヒ状況其他地上権設定ノ当時ノ事情ヲ斟酌シテ」20年以上50年以下の範囲でその存続期間を定める（同条2項）。この期間は、裁判の時からではなく、地上権設定の時からと解されている。

(イ) 民法施行前に設定された地上権で存続期間の定めのないものについては、地上権者が民法施行前から建物または竹木を有するときは、地上権は建物の朽

---

1) 我妻Ⅱ・127頁、末川・327頁、舟橋・400頁など。

廃または竹木の伐採にいたるまで存続する（民施44条2項）。ただし，地上権者が建物に修繕または変更を加えたときは，地上権はもとの建物が朽廃すべかりし時に消滅する（同条3項）。その他の場合には，当事者の請求によって，裁判所が268条2項の標準に従って設定の時から20年以上，民法施行の時から50年以下の範囲内で存続期間を定める（同条1項）。

2.6 地上権の効力

(1) 地上権者の土地使用権

地上権者は，設定行為によって決められた目的の範囲内で，土地を使用する権利を有する。地主は，地上権者に対して土地の使用を妨げてはならないという消極的な義務を負うけれども，賃貸人と異なり，特約のないかぎり，土地を使用に適する状態におくという積極的な義務を負うものではない。地下または空間を地上権の目的とする場合にも，設定行為をもって地上権の行使のために，土地の使用に制限を加えることができる（269条ノ2第1項後段）。また，右の地上権が，土地の使用収益をなす権利を有する第三者またはその権利を目的とする権利を有するすべての者の承諾を得て設定された場合には，これらの者は地上権者の権利の行使を妨げてはならない義務を負う（同条第2項後段）。

地上権は，土地を使用する権利であるから，相隣地間の利用の調節をはかる相隣関係の規定（209条ないし238条）は，当然に地上権者間，または地上権者と土地所有者との間に準用される（267条本文）。ただし，境界線上に設けられた界標・囲障・牆壁および溝渠の共有推定の規定（229条）は，地上権設定後にだした工事についてのみ準用される（267条但書）。

地上権は土地を使用する権利であるから，当然に土地を占有すべき権利を含む。地上権の内容の実現が妨げられたときは，物権的請求権が発生する。侵害の態様に応じて，返還請求権・妨害排除請求権・妨害予防請求権の3種のものがあることは，所有権にもとづく物権的請求権と同様である。

(2) 地上権の対抗力

地上権は，不動産に関する物権であるから，登記がなければこれを第三者に対抗することができない。土地所有者は登記申請に協力すべき義務があるから，任意に協力しないときには，地上権者は登記請求権を行使して判決を得，その判決にもとづき単独で登記をすることができる（不登27条参照）。なお，269条

ノ2第1項後段の規定による土地の使用の制限は，これを登記することにより（不登111条2項），第三者にも対抗することができる。

　旧「建物保護ニ関スル法律」によれば，建物の所有を目的とする地上権については，地上権そのものの登記がなくても，地上権者がその土地上に登記した建物を有するときは，地上権をもって第三者に対抗することができる（同1条）。登記は建物の保存登記でも，移転登記でもよいし，借地権者が自己を所有者と記載した表示の登記でもよい（最判昭50・2・13民集29巻2号83頁）。さらに，登記ある建物を有する者が地上権の設定を受けた場合でもよい。また，地上建物の登記名義が借地権者であった被相続人名義のままで，相続人が相続による移転登記をしていなくても，相続人は第三者に借地権を対抗することができる（大判昭15・7・11新聞4604号9頁）。しかし，借地権者が自分の長男や妻名義で地上建物の保存登記をした場合は，借地権者は，自己の建物の所有権さえ第三者に対抗できないものであるから，借地権を第三者に対抗することはできない（最大判昭41・4・27民集20巻4号870頁，最判昭47・6・22民集26巻5号1051頁）。

　上述のように，地上権に登記がなく，建物についての登記があることによって対抗力が認められる場合に，その建物が滅失すると地上権は対抗力を失うから，地上権者が建物を再築する前にその土地について権利を取得した第三者に対しては，地上権を対抗できないことになる。大正12年の関東大震災の際にこの欠陥が顕著に現われたので，借地借家臨時処理法（大正12年法16号）によって，大震災による建物の滅失の場合には，地上権者は，一定の日以後にその土地について権利を取得した第三者に対しては，登記した建物がなくても地上権をもって対抗することができるものとした（同法7条）。この趣旨は，第2次大戦後の罹災都市借地借家臨時処理法によって承継された（同法10条）。

　(3)　地上権の処分

　(ｱ)　地上権者は，地上権を他人に譲渡し，または担保に供することができる。地上権の上に，抵当権を設定しうることについては，明文がある（369条2項）。譲渡については，永小作権のような明文がないけれども（272条），物権の一種として当然に譲渡性があると解されている。土地所有者と地上権者との間で，地上権の譲渡または担保を禁止する特約をすれば，その特約は有効であるが，

これを登記する方法がないから（不登21条・121条，民272条但書参照），当事者間に債権的効力を有するにとどまり，第三者に対抗することができない。

　(ｲ)　地上権者が所有する工作物または竹木を譲渡した場合には，反対の意思表示があるか，または工作物・竹木が材木値段で取引されたように，契約から反対の趣旨が認められないかぎり，原則として地上権もまた移転するものと解される。そう解することによって，はじめて地上物の経済的利用が確保されるからである。地上権者は，土地を他人に転貸することができる。永小作権のような特別の規定（272条）はないけれども，物権の一種として土地を使用するのであるから，当然に賃貸権を含むものと解されている。

(4)　地代支払義務

　地上権者は，通常地主に対し地代を支払うべき義務を負う。この義務は，あたかも地上権と結合した義務となっており，地上権の譲受人は当然にこの義務を承継し，土地の譲受人は当然にこの権利を取得する。ただし，地代について登記のないときは，地主は地上権の譲受人にこれを対抗することができない。地代の支払方法は，一時払・定期払など種々である。地代の額は，原則として，当事者間の契約によって定まる。なお，借地借家法は，地代の変更につき，事情変更の原則と適用して，一度協定された地代がその後の公租公課の増減とか地価の騰貴または下落のため不相当なものになったとき，地主の方から相当な値上げを，また借地人の方からは相当な値下げを，請求できるものと定めている（借地借家11条）。

　定期に地代を支払うべきときは，永小作権の規定が準用され，天災その他の不可抗力によって収益を得ない場合にも，地代の減額請求をすることはできない（266条1項・274条）。これについては，次章に述べる。また，地代の滞納があっても，引き続き2年以上に及ばないと地主の方から地上権を消滅させることはできない（266条・276条）。これは，地上権にとって重要な規定である。引き続き2年以上というのは，継続2年間にわたり地代の支払を怠ることである。なお，地代については，賃貸借に関する規定が準用される（266条2項）。

3 永小作権

(1) 永小作権の意義・性質

永小作権とは小作料（土地使用料の対価）を支払って，耕作または牧畜をなすため，他人の土地を使用することをいう（270条）。しかし，一般に「小作」といわれている関係は，今日では，その多くは賃貸借契約（601条以下）によるものであり，「永小作権」によることはきわめて稀である。

(2) 永小作権の取得・存続期間

(ア) 永小作権は，譲渡，相続，取得時効により取得することもあるが，その多くは設定契約による（農地法3条の許可を必要とする場合がある）。

(イ) その存続期間は，設定行為（契約）で定める場合は，20年以上50年以下であり，もし50年より長期の永小作権を設定した場合は，その期間は50年に短縮される（278条1項）。期間を更新することができるが，更新時より50年を超えることはできない（同条2項）。設定行為（契約）で存続期間を定めなかった場合は別段の慣習がある場合を除き，30年（278条3項）である。

(3) 永小作権の効力

(ア) 土地使用権　永小作権者は耕作または牧畜のためにその土地の使用権を持つのが，本体的効力である。ただし，永小作権者の土地使用には，永久の損害を生ずるような使用はできない（271条）。

(イ) 小作料支払義務　永小作権は地上権と異なり，小作料を支払う義務がある（270条）。小作料は設定契約で定めるが，その額は必ず金銭で定めなければならない（農地22条）。永小作人は，たとい冷害等，不可抗力で収益をあげることができなかった場合でも，小作料の減免請求権はない（274条）。永小作人が引き続き3年以上全く収益をあげず，または5年以上小作料より少ない収益しかあげられなかったときは，その権利を放棄できるだけである（275条，永小作権の放棄）。しかし，永小作人にとりきわめて過酷な規定である。実情は地主において，永小作料の減額を認めてきたと思われる。今日では，農地法24条が小作料の減額請求を認めていることから，これが適用される限り274条の適用される余地は少ない。

(ウ) 永小作権の処分と賃貸　永小作人は，その権利を他人に譲渡し，その

権利を存続期間内において目的の範囲内で賃貸できる（272条）。また，永小作権を抵当権の目的とすることもできる。ただし，設定行為により譲渡や賃貸を制限することができ（同条但書），この特約を登記しておくと第三者に対抗できる（不登121条）。

農地法により，都道府県の知事の許可を必要とする。

(エ) 収去権・買取権　永小作人は，権利消滅の場合に土地を原状に復して地上物を取り去ることができる。ただし，土地の所有者が時価を提供して買い取る旨を通知した場合には，正当な理由がある場合を除き，これを拒否できない（279条）。

(オ) 賃貸借規定の準用　永小作人の義務は永小作に関する規定の他，賃貸借規定が準用される（273条）。

以上の(ア)～(オ)について，これと異なる慣習がある場合はそれに従う（277条）。

(4) 永小作権の消滅

永小作権は，物権に共通の消滅原因による消滅以外に，以下の場合に消滅する。

(ア) 放棄　不可抗力により3年以上まったく収益のない場合と，不可抗力（不作・冷害等）により5年以上小作料より収益が少なかった場合には，その権利を無補償で放棄する（275条）ことができる。

(イ) 消滅請求　永小作権者の破産（276条），2年以上の小作料の滞納（271条），土地に永久の損害を生ずべき変更を加えた場合（277条）には，地主は，消滅請求をなしうる。

4　地役権

(1) 地役権の意義と特徴

地役権とは，たとえば，他人の土地を通行したり，その土地から引水したり，その土地へ排水したり，その土地へ日照・眺望のために工作物を建てない等，A地のためにB地を利用する権利である。すなわち，一定の土地の利用価値を高めるために，他人の土地を利用する（作為，不作為の両者を含む）物権をいう（280条）。

|　A地　|　B地　|

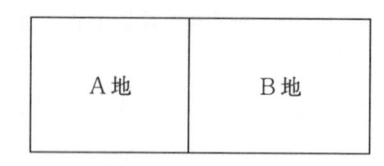

利用する側の土地（自己の土地）を要役地，利用される側の土地（他人の土地）を承役地と呼んでいる。

こうした目的は地上権によっても賃借権によっても達しうる。しかし，地役権は，特定の利用者（所有者）のためだけではなく，所有権に従属した権利として，あたかも自己の所有権の内容が拡張したかのような効果を生ずる点，ならびに，賃借権と異なり，目的地の利用を独占化するのではなく，2つの土地の利用を調整し共同利用できる点に特徴がある。所有権の相隣関係と近似した作用を持つ。

(2) 地役権の性質

地役権の性質は以下のとおりである。

(ア) 地役権は，これにより要役地の利用価値を高める（「自己の土地の便益に供する」）ものである。特定の人の便益のために他人の物を利用する（AがB地で植物採集や，魚釣，狩猟をするような権利）人役権は設定できない。

(イ) 地役権は要役地所有権の内容ではなく，独立の権利だが，要役地の従たる権利である。要役地が処分されると，地役権も伴って移転する。他の権利（抵当権）が設定されると，地役権もその目的となる。

(ウ) 要役地や承役地が共有であった場合，その土地が分割や一部譲渡されると，地役権はどうなるか。もし，一部の者にのみ地役権が消滅したり，取得されたりすることは，要役地の便益のためにある地役権制度の趣旨に反する。そこで共有されているのが要役地である場合，土地の共有者の1人はその持分につき，その土地のためにある地役権を消滅させることができない（287条1項）。また，分割または，一部譲渡された要役地・承役地の場合にも，地役権は分割されず，その各部について存続する（282条2項）。地役権の不可分性とよぶ。

(エ) 承役地は一筆の土地の一部でもよいが，要役地は一筆の土地でなければならない。なお，両地が隣接していることは必要でない。

(オ) 地役権は，要役地の所有権が移転すると，これとともに移転し，地役権

は要役地に附随し存在することから，要役地から分離して譲渡できない（281条——附従性，随伴性）。

(3) 地役権の存続期間

地役権の存続期間については，民法では，特別の定めはない。永久との定めも不可能である（判例）が，登記事項でないため，第三者に主張できない。

(4) 地役権の効力

地役権者の権利は，承役地およびその上の工作物を使用する権利をもつことである。承役地所有者の義務は，地役権行使の認容，一定の利用をしないという不作為義務を負うことになる。なお特約（必要な設備をする）があれば，その義務を負う。

(5) 地役権の時効取得

地役権は，地上権，永小作権，賃借権等と異なり，その行使の有無が明確でないことから，「継続且表現」すなわち，地役権の内容表現が外部から認識される外形的事実を伴いその内容が間断なく実現するものに限定し，時効取得を認めている。

継続地役権とは，通路を開設する通行地役権などをいい，表現地役権とは地上の溝渠による排水地役権などをいう。

要役地の共有者の一人が地役権を時効取得すると全員が取得するが，共有者の一部に消滅時効が完成しても他の共有者に影響しない。

(6) 地役権の消滅

民法は，地役権の消滅原因のうち，とくに，承役地の時効取得による場合と地役権の消滅時効とについて定めている。

(ｱ) 承役地の第三者による時効取得（289条）。

(ｲ) 地役権が消滅する場合は不継続地役権は最後の行使の時より，継続地役権は，行使を妨げる事実の発生時から，20年で消滅時効が完成する（289条・291条）。

【展開講義 25】 地役権の時効取得について

地役権が，一般に地役権設定契約によって取得されることは，いうまでもない。この契約の当事者は，それぞれ要役地所有者と承役地所有者とであるのが，ふつ

うであろう。土地の所有権者でなく，利用権をもつにすぎない者が，その利用を一層効果的にするため，地役権を設定できるか。地上権のような物権を有する者については，可能と解されている。

近時，登記された賃借権を有する者についても肯定するのが多数説である。民法によれば，設定契約によるほか，地役権は，継続かつ表現のものに限り，時効によって取得できる旨が定められている（283条）。継続のものとは，土地の利用が時間的に継続して行われる場合であり，また表現のものとは，土地の利用が外形的事実によって容易に認識できる状態にある場合であって，たとえば通路を開設して通行に利用する場合などは，その適例である。ただ，隣地所有者が単に隣人としての好意から通行を黙認してきたのに，時間の経過によって地役権の時効取得を認めるのは，隣地所有者に対して気の毒ともいえる。そこで，多くの人が好意に便乗して通行したため自然に道路ができたような場合を排除する趣旨で，通路の開設が要役地所有者自身によってなされた場合に限る，とするのが判例・通説である（最判昭33・2・14民集12巻2号268頁）。しかし，反対説も有力になっている（末川，舟橋）。

5　入　会　権

(1)　入会権の意義と性質

入会権とは一定地域の住民が，一定の山林原野で，雑草・薪炭用の雑木を採取するなど，共同して使用・収益する慣習上の権利である。その目的は，雑草・枯葉・落葉・雑木等の採取を目的とする。

民法は，共有の性質を有するもの（263条，共有入会権）と，共有の性質を有さないもの（264条，地役入会権）とを分けて定めている。

(2)　入会権の法的構成・態様

(ア)　共有の性質を有する入会権と地役権の性質を有する入会権とがある（263条・294条）。その実質は，自分達の村落の山に入会権をもっているのか，他の部落所有の山に入会権をもっているのかという区別である。

後者の場合に，国の山林・原野に成立することがあるか。判例は肯定する（最判昭48・3・13民集27巻2号271頁）。

入会権は，かつては農民の生活に大きなウェイトを占めていたが，現在は解体の方向を辿っている。
　(イ)　今日における入会の主な形態
　(a)　部落が直接植林などをして，代金を各世帯主に分けるもの（とめ山と呼んでいる）。
　(b)　他人と契約を結んで，たとえば，入会の山を観光地として利用させ，その報酬を受けるもの。
　(c)　土地を分割して入会権者に与え，その部分は何に利用してでもよいというもの（割り地あるいは割り山と呼ぶ），である。
　(3)　入会権の性質
　入会権は，登記がなくても他人に主張することができ，入会権の全体的な管理あるいは処分権は，入会団体に属する。ただ，入会権による収益権は個々の入会権者に属する。入会地が国有地に編入された場合，入会権は消滅するのかどうかが問題となるが，前述したように最高裁判所は消滅しないという新判例を出した。
　(4)　入会権の効力
　入会権者は，入会地において共同収益をすることができる。
　(ア)　入会権の内容・範囲・方法は全て慣習・住民の規約によって定まる。
　(イ)　登記なくして第三者に入会権を主張できる。
　(ウ)　入会権侵害に対しては，団体および入会権者が，違反の停止と損害賠償（不法行為）を請求できる。

第5章 占 有 権

1 占有権の社会的意義と性質・機能

◆ 導入対話 ◆

学生：先生，ある人から，泥棒が盗っていったのを，たとえ盗まれた人が見つけても勝手に取り戻せないと聞いたのですが，本当ですか。

教師：結論からいうと，そのとおりなんだ。泥棒が盗ったのにおかしいなと思うかもしれないけれども，もしだよ，君がマンションを借りているとしよう。家主さんからその部屋の明渡について正当な事由があったとして，君に明渡を求めたところ，明渡を拒まれたので，暴力団をやとって実力で明け渡させることができるとしたらどうだろうか。

　　たぶん，君は，「そんな無茶なことはするな」というだろう。では，そうしたことがいえるのはなぜだろうか。実は，それは，君に占有権があるからなんだ。このように，占有権は社会の秩序維持をはかるため，事実上の支配があれば，それにもとづいて生ずる権利なんだ。

学生：あそうですか。泥棒にも「三分の理」があるということなんですね。

教師：？？？？？，それは意味が違うよ。まあ，法律が占有を保護する理由をよく把握してほしいね。

学生：そうしたら，この「占有権」があるというためには，事実上の支配をしていればいいのですか。

教師：たとえば，神社のさい銭箱に，お参りにきた人によって投げ入れられた金銭があることを神社の代表者もしくは管理人が知らない場合でも，その小銭について，神社の占有があるといえるだろうか。

学生：たしか……占有が成立するには，民法は，「自己のためにする意思」を要求していました。

教師：そのとおり物に対する事実的支配である「所持」以外に自己のためにする意思という主観的要件を必要としているんだ。しかし，今日，占有制度の目的

を考え，自己のためにする意思という要件は，ゆるやかに解するのがよいとされているんだよ。したがって，他人の利益のための所持であっても，場合によっては，占有権が認められるよ。だから，ゆめゆめ，さい銭泥はしてはならない。

1.1 占有権の社会的意義

はじめに，つぎのような例を考えてみよう。家屋の貸主Aが自分が所有している家をBに賃貸してきたが，Aにその家の明渡につき正当な事由があり，期間が満了したのでBに明渡を求めたところ，Bがこの家の明渡を拒んだ。もし，Aが自己の実力をもってこれを明け渡させることができるとしたらどうであろうか。たしかにAに明渡請求の正当な事由が本当にあるのかないのかは裁判になってみないとわからないこともある。しかし，それよりもっと問題であるのは，こうした権利者の自力による救済[1]を認めた場合，社会秩序を混乱させることになりはしないだろうかということである。

そこで，民法はある物をわれわれが現実に支配している場合，それが，はたして本当の権利状態に一致しているか否かは問わず，ともかくも事実上支配しているという状態（これを占有しているという）にもとづいて，占有権が発生するとしている。

法律が占有を保護するのはある物を占有しているという，いわば現在の状態（現状）を一応，保護し，もって社会秩序の維持をはかろうとするにある。そこで，占有している者に真に占有を正当づける権限があろうと，なかろうとそのことは一応，別にして，ともかくも事実上支配しているのだからその状態を保護し，たとい権利者からであろうとも，力づく，腕づくによってはその占有を侵されないようにしようというところに占有権の眼目がある。

1.2 占有権の機能

そこで，この占有権の機能を図示すると以下のようなものといえよう。

---

[1] 導入対話による民法講義（総則）36頁。

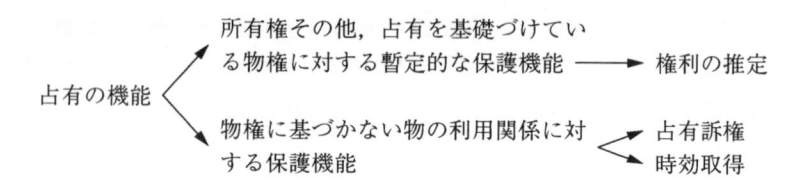

```
                ┌─ 所有権その他，占有を基礎づけてい
                │  る物権に対する暫定的な保護機能 ──→ 権利の推定
占有の機能 ──┤
                │  物権に基づかない物の利用関係に対 ┌─ 占有訴権
                └─ する保護機能                      └─ 時効取得
```

1.3 占有権の効力と制度の歴史

　以上のことを，少し難しくいうと，民法は，物に対する事実的支配を「占有」としてとらえ，これを法律要件（＝権利変動の原因）として「占有権」という法律効果を与えている。これは，所有権その他の物権は物を全面的にあるいは一面的（利用のみ等）に支配することができるという観念的な可能性を内容とする権利（あるべき状態を内容とする権利）であるのに対し，占有権は現にあるがままの事実上の支配をそのまま権利として保護するものである。したがって，占有権は，事実上の支配に始まり，事実上の支配を失うことで消滅する[1]。

　民法が占有について認める法律上の効果は，権利を推定し（188条），即時取得（192条以下），占有訴権（197条以下），善意の占有者の果実取得権・費用償還請求権（189条以下・196条）などを認めるなど多岐にわたる。では，占有という事実的支配についてこうした種々の法律上の効果が与えられているのであろうか。

　通説は，以上のようなさまざまな法律上の効果があることから，統一的な説明をせずに，各種の法律効果に応じて個別的にその根拠を説明しようとしている。

　そもそも，現行法の占有制度は，2つの流れがある[2]。すなわち，ローマ法のポッセシオ（Possessio）制度と，ゲルマン法のゲヴェーレ（Gewere）制度である[3]。ローマ法のポッセシオ制度は，真実の権利関係とは別に，占有それ

---
1)　そうしたことから，占有権は他の物権と異なり，支配しうる権利とはいえないところから，占有権の物権性を否定する見解もある（舟橋・277頁以下）。この見解によれば，民法が占有権の効力として認めている種々の法律効果は，それぞれ一定の根拠にもとづき，占有という事実それ自体に与えられたものだとして法律構成をすれば充分であるとされる。
2)　我妻・307頁以下，末川・180頁以下，舟橋・275頁以下など参照。
3)　各制度の詳細は，川島・所有権法の理論137頁以下，柚木＝高木・322頁以下参照。

自身を保護した制度であり，事実的支配の状態があるときは，それを保護するとするものである。その理由は，占有が真実の権利関係によって裏づけられていると否とを問わず事実状態を侵害することを禁じないと，社会の平和，秩序を維持することができないからであるという。現行法の占有訴権はこれを受け継いだものである。なお，善意占有者の果実取得権や費用償還請求権も，本権と切り離して占有者に一定の法律上の利益を与えるものであるとの理由から，このポッセッシオの流れをくむものとして理解できる。これに対して，ゲルマン法のゲヴェーレ制度は，本権の象徴であり，物に対する事実的支配を本権（本当の権利）の外形と考え，事実的支配のあるところには，通常，本権が存在するのであるから，本権を保護する方法として，事実的支配を保護するという点に，その存在理由が認められる。この流れをくむものとして，わが国では，権利の推定（188条）と即時取得（192条→第2章4．2）とをあげることができる。

2　占有権の成立

たとえば，神社のさい銭箱に，お参りにきた人によって投げ入れられた金銭があることを神社の代表者もしくは管理人が知らない場合でもその小銭について神社の占有があるといえるか。

占有というのは「自己ノ為ニスル意思」で「物ヲ所持」することである（180条）。

自己のためにする意思は，いわば主観的要素であり，物の所持とは，客観的要素である。このように，民法上の占有といえるためにはこの両要素が必要だとするのはローマ法以来の沿革によるものである。スイス民法などでは占有には所持のみあれば足り，別に意思を必要としないとされている。

わが民法における占有制度の作用は社会の平和と秩序の維持にある。したがって，民法の解釈にあたっても意思的要素をなるべくゆるやかに解し，占有の社会的な作用を達成せしめるべきであろう。もし，意思的要素の存在を厳格に解し，その立証をしなければ占有ありといえないとすれば，社会の秩序維持というこの制度のねらいは充分に達せられないおそれが大きいからである。

(1) 所　　持

　物が社会観念上その人の事実的支配下にあるという客観的な関係をいう。所持の有無は社会観念により決まる。手に持つとか，身につけるという物理的関係から，留守宅にある物，鍵を持っている金庫のような観念的な場合でも所持がある。さらに，他人を介しても成立する（代理占有）。

(2)　占有意思（自己ノ為メニスル意思）

　物の所持による事実上の利益を自己の帰属させようとする意思である。この事実上の利益とは非常に広い概念であり，盗人のような者にもこの意思が認められる。例をあげると，所有者としての所持，賃借権者として，質権者としての所持，倉庫営業者，受寄者，破産管財人，遺失物拾得者も，たとえ直接の利益を本人に帰する意思がある場合でも，自己の責任において物を所持する以上，所持を継続するにつき利益があると見られ，「自己ノ為メニスル意思」がある。「自己ノ為メニスル意思」は，賃借人の場合のように，他人のためにする意思と併存できる。ただし，意思無能力者は，どのような意味でも占有意思はない。

　こうした，主観的要素は，制度の根拠（事実上の支配の保護）からして，疑問であり，なるべく緩やかに解し，所持あるところにはなるべく占有の成立を認めるべきであろう。

3　占有権の種類と態様

　占有の種類，態様のそれぞれを簡単にあげておこう。

　(ア)　自主占有と他主占有　　所有の意思をもってする占有が自主占有であり，そうでない占有が他主占有である。物の買主などは自主占有者であるし，賃借人などは他主占有者である。

　(イ)　単独占有と共同占有　　何人かの人が1箇の物を占有する場合が共同占有，1人が1箇の物を占有する場合が単独占有である。数人の遺産相続人は共同占有者である。

　(ウ)　善意の占有と悪意の占有　　自己に占有すべき権利がないのにそれがあると誤信している占有が善意の占有であり，占有すべき権利がないことを知っている占有が悪意の占有である。善意占有者は時効取得の場合などに悪意占有

者より保護される。

　(エ)　**過失ある占有と過失なき占有**　前述(c)の善意の占有は、占有すべき権利がないのにこれがあると誤信している占有であったが、この場合、占有者がそう誤信するについて過失がある占有が過失ある占有であり、過失がない場合が過失なき占有である。

　(オ)　**瑕疵ある占有と瑕疵なき占有**　悪意、強暴など完全な占有としての効力の発生を妨げる事情のある占有を瑕疵ある占有といい、そうでないものを瑕疵なき占有という。

　(カ)　**自己占有と代理占有**　181条は占有権は代理人によっても取得することができる旨規定している。代理占有というのは代理人が占有をし、本人がそれによって占有権を取得するという関係である。代理占有とはいうものの、ここにいう代理は諸君が民法総則で学習したはずの代理とは少しく異なる。いわゆる「代理」は意思表示の特別な制度として把握されていたが、ここにいう代理は物の事実的な支配関係をどのように見るかというにすぎない。

　代理占有の要件としてつぎの3つがあげられている。すなわち、①占有代理人がある物を所持すること、②その占有代理人が本人のためにする意思をもつこと、そして③占有代理関係があること（この関係のことを学者はもう少し具体的に「本人が外形上占有すべき権利を有し、所持者がこの権利にもとづいて物を所持するために、所持者が本人に対して物の返還義務を負う関係」といっている）がそれである。注意しなければならないのは代理占有と単なる占有補助者とは違うことである。事実上、物を所持している者が全部が全部、占有者であるとは限らない。もし、その者が、一般の社会観念上、単に他人の手足としてその物を所持するに、すぎないと認められるときは、その者は占有者ではなく、占有の補助者である。ある人が運転手を雇っている場合、自動車の占有は運転手にあるようにみえるが、実は運転手は単に雇主の手足として自動車を支配しているにすぎないのが通常であろう。このような場合、自動車の占有は雇主にあり、運転手は占有補助者にすぎない。

【展開講義　26】　相続は185条の新権原にあたるか

　相続人が所有の意思をもって占有を始めたときは、常に自主占有となるとし、

これを肯定する考え方がある（鈴木，舟橋説）その理由は，

① 相続人が現実の占有を取得したときには，一方において被相続人の占有を承継すると共に，他方で固有の占有を取得する（占有の二面性），

② 時効は現実の占有状態を保護する制度であるから，現実の固有の占有を重視すべきである，

③ 被相続人の占有の態様を確定しないで，相続人の占有の状態のみで自主占有確定を肯定できる，とする。

真の権利者が時効中断の措置をとれるよう，真の権利者が，所有の意思ある占有と認識しうべき状態にあることが必要となる。

同様に肯定するが，原則として自主占有にならず，相続人の占有の状態が従来と客観的に変化したときのみ自主占有への変更を認めるとするものである（我妻）。ただし，この考え方については，被相続人の他主占有が所有の意思のある態様を有していたときどうするかとの批判がある。

4 占有権の取得

◆ 導入対話 ◆

教師：占有権の取得原因について，知っていることを述べてほしいな。

学生：たしか，承継取得というのがありました。

教師：では，占有権を承継した者の地位はどのようなものですか。

学生：それは，前占有者の占有を承継するということと，……。

教師：それと……，もう1つはね，自分自身の占有をもつことだよ。こうした2つの面をもつことを注意してほしいね。

学生：はい，わかりました。

教師：では，占有の取得と反対に，占有の消滅はどのような原因から生じるだろうか。

学生：たしか，自己占有，代理占有で違っていたな。

教師：よく勉強しているね。そうだ，自己占有，代理占有のそれぞれについて消滅原因が異なるよ。ようく学習し，整理してほしいね。

4.1 占有権の原始取得

前主の占有を承継することなく，原始的に（前主の占有に関係なく）ある物の占有を始めた者はその物につき，占有権をもまた原始取得する。たとえば，道路にある遺失物を拾得した者，他人の物を盗んだ者，山奥の川で魚を釣った者は占有権を原始的に取得する。なお，他人によって取得された（占有代理人）か否かは全く関係なく，本人について占有権を原始取得する。

4.2 占有権の承継取得

占有権が譲渡できる権利である（181条・187条）。しかし，この場合に，占有権の基礎である占有も，承継的に取得されるであろうか。占有というのは事実上の支配であり，譲渡人と譲受人との間に同一性が認められるかぎり，肯定される。

(1) 占有権の譲渡

民法総則で法律に規定されている法律行為の大部分は当事者の意思の合致で成立し，さらに，物権の変動（⇒第2章参照）について，わが民法は意思主義を採る。では，占有権も占有権を譲渡するという当事者の意思表示の合致があれば譲受人に移転し，占有権を承継取得するのであろうか。ところで，占有権は前に述べたように（⇒2）占有という事実状態により発生する権利である。したがって，占有権を承継するには，やはり，現に占有物を受けとらなければならないのが原則である。たとえば，一般の社会観念上，Aのある物に対する支配がその同一性を保ちながら，Bに移った，と認められるなら，占有そのものの移転を認めてよい。占有の移転は，原則として当事者の移転についての合意と所持の現実的移転とによってなされる（現実の引渡）。しかし，前に述べたように（⇒第2章 4.1），民法は，簡易引渡（182条2項），占有改定（183条），指図による占有移転（184条）のように物の現実的移転がなくても，単に当事者の合意だけで占有を移転し得るものと定めている。

(2) 占有権の相続

占有権の相続による承継については，占有の成立要件としての，「自己のためにする意思」は，一般的，潜在的にあればよいから，被相続人の事実的支配は相続人がみずから所持ないし管理の開始の有無にかかわらず，相続の開始を知っているか否かにかかわらず，当然に相続人の事実的支配に移転する。した

がって，占有権も，他の財産権と同様に，相続により当然承継される。

4.3 占有権承継の効果

「占有者ノ承継人ハ其選択ニ従ヒ自己ノ占有ノミヲ主張シ又ハ自己ノ占有ニ前主ノ占有ヲ併セテ之ヲ主張スルコトヲ得」(187条)。占有の承継人は2つの面を持っている。その1つは自分自身の占有について新しくスタートすることり（支配主体の変更），他の1つは前占有者の占有を承継するものである（支配状態の同一性）。そこで，占有承継人はその選択するところに従って，自分の占有だけを主張することもできるし，また，自分の占有に前占有者の占有をもプラスして主張することも可能である（187条2項）。

「自己ノ占有ニ前主ノ占有ヲ併セテ」(187条)の規定にいう前主が数人あるときは，特定の前主以下の前主の占有を併せて主張することができ，また，一度すべての前主の占有を併せ主張したときでも，これを変更できることはもちろん，全く自己の占有だけを主張することもできる（大判大6・11・8民録23輯1772頁）。自己の直前の前主に限定されるのではなく，現占有に先だつすべての前主を指す。したがって，たとえばA，B，C，D，Eと順々に占有が移転してきている場合には，現占有者EはDの占有をあわせて主張することももちろんできるが，任意にたとえばB，C，Dの占有をあわせて主張することも許される。

なお，ここにいう「承継」には，特定承継に限らず包括承継にも適用され，相続のようなとき包括承継にも適用される（通説・最判昭37・5・18民集16巻5号1073頁）。

───────────────────────────────

【展開講義　27】　占有権は相続されるか

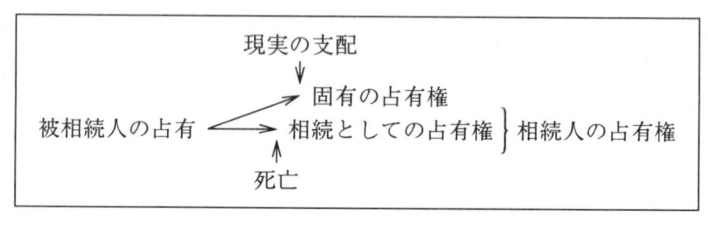

```
                     現実の支配
                    ┌──→ 固有の占有権
被相続人の占有 ──┤                        ┫ 相続人の占有権
                    └──→ 相続としての占有権
                     死亡
```

被相続人の占有が相続によって相続人へそのまま移転するであろうか。相続人が被相続人と生活を共同し，生前から遺産上の共同占有者であったか，あるいは

占有の機関であったというふうに，相続人が相続開始時に遺産の現実的支配をしていた場合は，被相続人死亡の時に相続人にも所持があったといえる。また，被相続人が第三者に占有させていた場合にも，本人である被相続人と第三者との間の法律関係が相続人に相続されるから相続人は占有をも取得する。

問題は，現実的な占有を始めていない場合，相続人に占有（権）が移転されるかである。

ドイツ法（ド民857条）ならびにスイス法（ス民560条）では，争いがあったため，それぞれ規定をおき相続を認めている。わが国の学説は，かつて，相続財産について第三者は相続人の権利を尊重してそれを侵害してはならないという法の要請から，相続人は相続財産上に事実上の支配を有するとか，相続は地位の承継であるとか，あるいは相続人には社会通念上遺産に対する占有が認められる，という見解から，占有（権）の相続性を肯定してきた。しかし，今日では，占有権が占有という事実にもとづいて生ずる権利であることから，占有の各種の効果を相続人に認める実益があるか否かという政策的な観点から，これを肯定する。すなわち，もし，相続によって相続人が被相続人の占有権を承継しないとすると，①従来，被相続人のもとで進行してきた取得時効は中断することになり，相続人の占有開始時から新たに時効期間が満了しなければならないことになる。また，②相続財産に対する侵害につき，占有訴権を行使しえない。③被相続人の占有下にあった工作物または動物が第三者を害した場合に，被害者が救済を受けえないことになる，等の不都合が生ずる。当然，占有の相続性を肯定することは，訴訟的には「所持」の立証を要せず，占有権の主張ができるという実益がある。

判例も，原則として，所持なき相続人の相続による占有取得を認める。①相続人が相続開始の事実を知らない場合でも，被相続人が死亡の時に占有していた物件の占有は法律上当然承継する（大判明39・4・16刑録12輯472頁）。②Aが隠居して家督をBに譲った後もなお土地を占有し耕作していたとの事案において，占有権が相続によつて相続人に移転するには，必ずしも相続人が物を所持することを要せず，占有権は相続によって相続人に移転するという（なお本判例では，相続を否定した。大判大4・12・28民録21輯2289頁）。③権原なしに土地を占有し耕作してきたAが死亡し相続が開始したときには，特別の事情がないかぎり，Aの右土地に対する（不法）占有は，当然，相続人Cらに相続されるから，右土地の所有者Bは，Cらに対して右土地の明渡を請求することができる（最判昭44・10・30民集23巻10号1881頁）とした。

通説・判例は，このように，占有（権）の相続を認める。しかし，相続人に相

続される占有は，被相続人の占有と同一性質のものであるとはかぎらない。被相続人が他主占有者として占有していたが，相続人は自らに所有権原があるとして占有しており，そしてそれが認められる場合には，相続人は「新権原ニ因リ」「所有ノ意思ヲ以テ」占有を始めた（185条参照）というべきであり，取得時効が成立する可能性があるとするものがある（最判昭46・11・30民集25巻8号1437頁）。

　このように，占有権の相続には，現実の支配の有無にかかわらず，相続人が相続を原因として取得する観念的な占有権と，相続人がその物の現実に支配することにより取得する本来の占有権の二面性をもっている点にその特殊性がある。

5　占有権の効力

◆───── 導入対話 ─────◆

教師：占有権の効力にはどんなものがあるか知っているかい。

学生：……確か，占有訴権という言葉を聞いた気がします。

教師：よく知っていたね。では，占有訴権が認められる根拠，内容，要件はどのようなものか知っているかい。

学生：たしか，占有訴権は自力救済を禁じて，事実状態を一応保護しようとするものですよね。そして，これには占有保持の訴え，占有保全の訴え，占有回収の訴えの三種があります。そして，占有回収の訴えは物の返還および損害賠償の請求を内容としますし，占有保持の訴えは妨害の停止および損害賠償の請求を内容とします。さらに，占有保全の訴えは妨害の予防および損害賠償の担保の請求を内容とします。

教師：その点については，占有訴権と本権の訴えとはなんらの関係がないことも忘れないでほしいね。では，それ以外の占有権の効力は。

学生：たしか，占有者は占有物の上に行使する権利を適法に有するものと推定されるし，善意の場合は果実の取得権があると聞いたことがあります。

教師：そのとおり。さらに，占有者と真実の権利者（回復請求者）との間の関係についてはどうかな。

学生：占有者と真実の権利者（回復請求者）の両者間に，ある法律関係があればその定めによるが，一般的には民法191条・196条により規整されていると聞きました。さらに，動産については即時取得の適用があり，動産の占有には公信

力が与えられていることも聞きました。

5.1 権利の推定・事実の推定
(1) 権利の推定

人々の物に対する占有は，通常，真の権利にもとづいてなされる。したがって，この確率（蓋然性）を基として，188条は「占有者カ占有物ノ上ニ行使スル権利ハ之ヲ適法ニ有スルモノト推定」する。所有者として占有する者は所有権者と推定され，占有者は一応，正当な権利者と認められるわけである。したがって，その占有者に正当な権利がないと争う者が権利者でないことについて自ら立証しなければならない。占有者は，訴訟上権利を自ら立証する責任を免れ有利に働くわけである。

本条による権利推定は，動産に限られ，登記によって公示される不動産物権には適用されるべきでないという。なぜならば，不動産のようによりすぐれた公示方法である登記によって一般に権利の存在を示すものは，むしろ，登記に推定力を与えるべきだからである。

「占有物ノ上ニ行使スル権利」には，占有物上の物権だけでなく，占有することを正当とする権利（賃借権・受寄者の権利）に及ぶ。「占有者」には，直接の占有者に限らず，占有代理人（間接占有者）による占有も含む。占有の推定力は，所有者から権利を取得したといって占有する者は，この所有者に対してその推定力を援用できない。第三者から所有権にもとづく返還請求を受けた場合にも同様である。

推定の効果は，反証なき限りという限定的なものであるから，この推定により，積極的に登記を申請したりできない。

(2) 事実の推定

占有の効果として，①所有の意思あること（＝自主占有であること・186条1項），②善意・平穏・公然であること（同条1項但書，なお，無過失は推定されない），ならびに，③前後同時に占有した証拠ある場合はその占有が継続したものと推定される（同条2項）。

$$A \longrightarrow B \longrightarrow A$$

5.2 善意占有者の果実取得権

(1) 善意の占有者はその占有する物から生ずる果実を取得する権利を有する（189条1項）。また悪意の占有者は現存する果実を返還し，かつ，すでに消費してしまった果実や過失によって毀損したり，収取を怠った果実の代価を償還する義務がある（190条）。「強暴又ハ隠秘ニ因ル」占有者は，悪意と同視される（190条2項）。

(2) ここにいう「善意」というのは，果実収取権を含む本権，たとえば，所有権，地上権，永小作権，賃借権等がないにもかかわらずあると誤信することである。民法が善意占有者に果実取得権を認めたのは，そうした場合に占有者は果実（⇒導入対話による民法講義（総則）94頁）を収取し，消費するのが常態であろうから，あとになって本権者から物の返還を求められた場合に，前に収取した果実をも全部返還しなければならないとしたのではあまりに気の毒だと考えたからである。

(3) 善意の判定時期は民法89条（⇒導入対話による民法講義（総則）125頁）による。

(4) 取得される果実は天然果実と法定果実を含み，物の利用をも含む。取得できるのは，消費もしくは処分した部分に限られる。

5.3 占有者と回復者との関係

(1) 占有者と占有物返還請求権者（回復者）との関係

占有物の返還請求をする者，すなわち回復者と占有者との間にたとえば賃貸借関係があれば，占有者が占有物にかかった費用の償還などはその賃貸借関係によって決められる。反対に，正当な法律関係がないか，外形上存在していても無効であったり，取り消されたりした場合には，不当利得（703条）とか不法行為（709条）の規定によって決済されることとなる。しかし，それだけでは充分でないので，民法は191条・196条で特別に規定したのである。

(2) 占有物の滅失・毀損に対する責任

```
                           ┌ 必要費（例：修繕費）の償還請求権
占有物の滅失・毀損に対する責任 ┤
                           └ 有益費（例：改良費）の償還請求権
```

占有者が善意であろうと悪意であろうと，また所有の意思の有無にかかわら

ず，占有物を返還に際して，必要費の償還請求を回復者にできる（196条1項）。

(ア) 必要費の償還請求権　必要費というのは物の原状を維持し滅失毀損防止のためやむを得ない費用で，保存費とか，修繕費・公租公課などである。ただし，右の必要費の中でも通常の必要費は占有者が前段の果実を取得していた場合には右の償還請求ができないものとされている（196条但書）。

(イ) 有益費の償還請求権　占有者は占有物の改良のために使った有益費につき，その価格が現存する場合に限って，回復者の選択に従い，使った費用かまたは増価額の償還を請求できる（196条3項本文）。

また，占有者でも所有の意思を有する善意の占有者（⇒第5章1．3）はその責に帰すべき理由で占有物を滅失または毀損したときでも現に利益を受ける限度で賠償すればよいものとされている。これに対し，悪意の占有者ならびに所有の意思のない善意の占有者は全部の損害を賠償すべき責任がある（191条但書）。

5.4 占有訴権

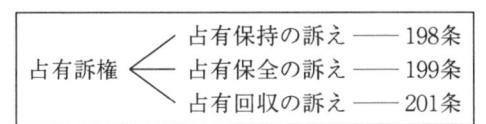

占有訴権 ← 占有保持の訴え —— 198条
　　　　　　占有保全の訴え —— 199条
　　　　　　占有回収の訴え —— 201条

(1) 占有訴権の意義

占有権があるがままの事実状態＝物の事実的な支配そのものを保護することを目的としていること，わが民法は原則として自力救済を禁止していることについては既に述べた。間違っている事実状態をいかに真の権利者であるとはいえ，力づくで（自力で）救済することができるとしたのでは社会の平和，秩序は混乱する。このことはまた，法治国家の当然の要請として，私人間の紛争はもっぱら裁判所その他の国家機関によってのみ解決しようとするものである。これから述べる占有訴権の本質は，自力救済を禁止して，現にある状態を一応保護してやろうというところにある。

占有訴権には占有保持の訴え，占有保全の訴え，占有回収の訴えの三種がある。つぎに，それぞれについて要点をあげておこう。

(ア) 占有保持の訴え　(a) 占有者が自己の占有を他に妨害されたとき，妨害の停止と損害賠償を請求できる（198条）。図2のように自分の家の庭に隣地

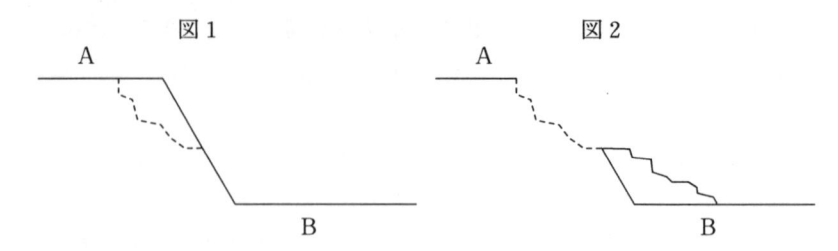

の石がきが崩れこんだような場合である。

(b) この場合，BがAに対し損害賠償を請求できるが，この損害賠償を請求するには相手方Aに故意・過失があったことを必要とするかが問題となる。通説・判例は占有訴権の内容に入っている損害賠償請求は物権的請求権ではなく，その実は不法行為なのであるから不法行為一般の原則の命ずるところにより故意・過失の存在を要するとしている。

(c) 占有保持の訴えは妨害のある間またはそのやんだ後1年内に起こさなければならない（201条1項）。だが，隣の人が増築を企て，その一部が境界線をはるかに越えているのに長く放置しておき，隣家の増築工事が完成してからもとりこわしの請求ができるのでは隣の人にもまた迷惑な話でもある。したがって，201条1項但書は工事着手の時より1年を経過し，または工事完成後にはこの訴えを起こすことができないとしたのである。ただし，妨害の停止は妨害の止んだ後には請求できないから，この1年というのは，損害賠償の請求についてのみである。

(ｲ) 占有保全の訴え　(a) 占有者が未だその占有を妨害されてはいないが，いまにも，その占有を妨害されるおそれがあるとき，妨害の予防または損害賠償の担保を請求することができる（199条）。図1のように，大雨により自分の家の庭に隣地の石がきがいまにもくずれ落ちてきそうになってしまったというような場合である。

(b) 損害賠償の担保は将来の損害発生に備えて，あらかじめ提供させておくものである。ただし，妨害の予防または損害賠償の担保のいずれか一方しか請求できない（199条但書）。目的が同じだからである。この訴えを提起できる期間は妨害の危険がある間である。しかし，工事によって損害を生ずるおそれがある場合には，占有保持の訴えと同様，工事着手のときから1年を経過し，ま

たは工事が完成したあとは訴えを起こすことができない（201条1項）。

　(ウ)　占有回収の訴え　(a)　占有者が占有を奪われてしまったときはその物の返還および損害の賠償を請求することができる（200条1項）。占有の侵奪というのは占有者がその意思にもとづかずに所持を奪われたことを指す。したがって，もし，占有者が詐欺にかかって詐取されたような場合は，瑕疵があるとはいえ，意思にもとづいたものであるから侵奪とはいえないし，また，はじめ，占有者の意思にもとづいて，いったん所持が移されたときは，後にいたってその所持が占有者の意思に反するようになっても，これも侵奪とはいえない。判例には，賃借人Aが賃貸借の目的物たる部屋を転貸し，転借人Bを占有代理人として間接占有する場合，転借人Bが賃借人A（転貸人）のためにする意思を失い，その入室を拒んだとしても，それだけではAの占有を奪ったことにはならない（最判昭34・1・8民集13巻1号17頁）とするものがある。したがって，このような場合はいずれも占有回収の訴えを起こすことはできない。また，占有を奪った者が，その占有の移転を正当に請求できる者であったとしても，ともかく，占有を奪ったのであれば，この者に対し，占有回収の訴えを起こすことはできる。たとえば，賃貸借期間が満了したのに，借主が返そうとしなかったので，暴力でその物を奪ってきたときも借主において占有回収の訴えを起こせるし，自転車を窃取し，第三者がその自転車を占有しているのを知った持主がその自転車を力づくで奪い返した場合においても奪われた者に占有回収の訴えが認められる。訴えの内容は「其物ノ返還及ヒ損害賠償」を求めることである。目的物が処分され，金に換えられていた場合はその換価金の返還を請求できるかという問題もあるが，判例はこれを肯定している。

　(b)　訴えの提起は侵奪があった時より1年以内であることが必要である（201条3項）。

【展開講義　28】　占有訴権と本権との関係

　202条1項は「占有ノ……」と規定する。たとえば，甲が甲所有物の占有を乙に侵奪されたときには，甲は物の所有者であるから，所有権にもとづく返還請求権を有することに疑いの余地はない。さらに，甲は「占有回収ノ訴」をも行使することができる。両方の訴えは「互ニ相妨クルコトナシ」だから，甲は，両方を

同時に行使してもよいし，別々に主張してもよい（一方の訴えの敗訴判決の既判力は，他方の訴えに影響を及ぼさない。202条2項参照）。このことは，更に，たとえば，Aが，Aの物を，泥棒その他占有をなす権原をもたない者Bから奪い返した場合に，BはAに対して「占有回収ノ訴」を提起することができること，そして，その場合，裁判所は，Aが物の所有者であるとの主張を理由に，Bの請求を拒否することができないことも，同条2項により明らかである（しかし，そうはいうものの，占有権は「仮の権利」にすぎず，最終的にものをいうのは所有権であるから，Aが，別に訴えを提起して，その物の所有者であることを認められれば，Aが勝ち，結局，Aは物をBから取り戻すことができることになる）。

では，上記の後者の例の場合に，Bの「占有回収ノ訴」（本訴）に対して，反訴として（民事訴訟法239条参照），甲が所有権にもとづいて妨害排除の請求をした場合にはどうなるか。まず，Bの訴えに従って，Bにその物をAから取り戻させ，そして，そのあとで，Aの請求に従って，Aが再びBのもとから物を取り戻すことを許容する，という方法が考えられる。しかし，それならばいっそのこと，本訴・反訴を共に認容して，現状（所有者たるAのもとに物がある状態）の維持をはかるべきであろう。昭和40年3月4日の最高裁判所の判決はかかる趣旨のものであるといえよう（「民法202条2項は，占有の訴において本権に関する理由に基づいて裁判することを禁ずるものであり，従って，占有の訴に対し防禦方法として本権の主張をなすことは許されないけれども，これに対し本権に基づく反訴を提起することは，同法条の禁ずるところではない」）。

6　占有権の消滅原因

占有権は，物の滅失により消滅する。ただし，混同，消滅時効などでは消滅しない。

その他，占有そのものの消滅により消滅する。

(1)　自己占有の消滅原因

(ア)　占有者意思の放棄することととは，単に自己のためにする意思がなくなることではなく，そのことを積極的に表示する。

(イ)　占有物の所持を失うこと（203本文）は，ただし，後者の場合に占有者が占有回収の訴え（200条）を提起すれば占有権は消滅しない（203条但書）。

(2) 代理占有の消滅原因
(ア) 本人が代理人を通じて占有するという意思を放棄することを積極的に表示したとき（204条1項），
(イ) 代理人が本人に対し爾後自己または第三者のために占有物を所持するという意思を表示したこと（204条2項），
(ウ) 代理人が占有物の所持を失ったこと，

のいずれかによって消滅する（204条1項）。しかし，代理人の代理権がたとい消滅したとしてもそれだけで直ちに代理占有が消滅するものではない（同条2項）。外形的な事実的支配関係が消滅してはじめて代理占有も消滅する。代理占有も事実的支配関係ということにもとづいている観念だからである。

7 準 占 有

(1) 意義と成立　占有権は物を所持することによって生じた権利であった。占有によって保護されるのも「物」の支配関係にとどまっていた。だが，世の中の事実的支配の保護，ひいては社会秩序の維持ということはなにも物の支配のみにとどまる必要はない。物の占有をともなわない事実的支配関係も，その外形を一応，保護することが社会の秩序維持のために必要なことである。これが**準占有**である。

(2) 準占有の客体　準占有の客体は財産権とされるが，行使することによって占有を成立させるような財産権（地上権や永小作権，所有権，賃借権，質権などはいずれもそうである）には準占有が成立する余地があり得ないこととなる。したがって，準占有の客体となる財産権は物の所持を内容としない財産権に限定される。債権のほか，物権の中の地役権，先取特権，抵当権，更には著作権，特許権，商標権などの無体財産権が準占有の客体となる権利である。

(3) 占有規定の準用　準占有については占有の規定が準用されている（205条）。したがって，その効力は占有の効力と同じである。ただ，問題となるのは即時取得の規定が準用されるか否かである。規定の上からいえば準用されるようにみえるけれども，即時取得は動産取引の安全を保護する特別の制度なのであるから判例・通説は準用されないとしている。

第 6 章　担保物権序論

1　担保物権の意義

──　◆　導入対話　◆　──

学生：先生，担保物権とはどんな権利なのですか。

教師：それについて詳しいことはこの章で説明しますが，一言でいえば，債権担保の働きをする物権を担保物権といいます。

学生：いままで勉強してきた物権とちがうのですか。

教師：いや，物権には変わりないんだよ。でもね，債権者にとって債務者の財産は強制執行の対象となり，債務者が弁済をしないときは，債権者はこの強制執行によって債務者の財産から満足を受けることができるんだ。しかし，この債務者の財産は債権者にとってそれほど当てにならないよね。明日のことは分からない。だから，債務者に複数の債権者がいて債務総額が債務者の財産の価額を超えているときには，強制執行が行われてもそれぞれの債権者は完全な弁済を受けることができなくなることになる。こうした場合に，たとえば抵当権といった担保物権を取得しておくと，その債権者は抵当権の目的物の売却代金から他の債権者に優先して弁済を受けることができ，それによって自己の債権について確実な満足を得ることができるんだ。担保物権は，こうした働きをする物権なんです。

学生：この担保物権には，どのようなものがあるんですか。

教師：民法典では，留置権・先取特権・質権・抵当権の4つが定められています。さらに，商法その他の特別法に定められているものがあります。さらに，取引実務において慣行的に利用され判例によって認められた譲渡担保や所有権留保といわれるものがあるんだ。

1.1　債権の掴取力の限界と債権担保手段の必要性

(1)　債権の掴取力

　たとえば，BがAに1,000万円のお金を貸していて，返済期日になってもAがBに借金を返さないとしよう。この場合，債権者Bは，どのような法的手段を用いて債務者Aから貸し付けたお金を取り立てることができるかを考えてみよう。まず最初に考えられるのは，Bが自己の貸金債権にもとづいてAの財産に強制執行をかけることである。通常，債権の効力の1つとして，債権にもとづいて債務者の財産に強制執行をかけることのできる力である**掴取力**が債権には認められている。したがって，たとえば債務者Aの財産（債権者の強制執行の対象となる債務者の財産を**責任財産**または**一般財産**というので，以下ではこの用語を用いる）の総額が3,000万円であれば，債権者Bはこの**掴取力**を利用して（執行）裁判所に強制執行の申立を行い，Aの責任財産を売却して得られた代金から1,000万円を受け取ることができる（〔例1〕参照）。もっとも，債務者の責任財産に強制執行をかけるためには，その前提として債権者に権利のあることを公的に認めた文書（これを債務名義という）が必要であるので（民執22条），単にBがAに対して1,000万円の貸金債権を持っているというだけでは強制執行の申立はできないことに注意する必要がある（詳しくは，債権総論や民事執行法の教科書などに譲る）。

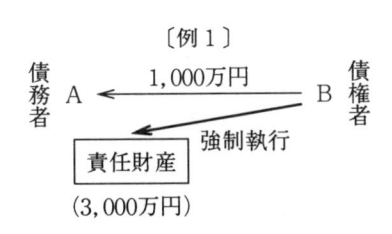

〔例1〕

債務者A ←1,000万円─ 債権者B
　↓強制執行
責任財産
(3,000万円)

(2)　掴取力の限界

　この債権の**掴取力**にはつぎのような限界がある。その1つは，債権の**掴取力**が働くまでに債務者の責任財産が減少してしまい，債権者が強制執行をかけても充分な満足を受けることができないという事態が生じることである。すなわち，債権の**掴取力**が実際に働くのは債務者が弁済期になっても債務を履行しな

いときであり，それ以前の段階では債務者は自己の責任財産を自由に処分することができる。そのため，債権者が**掴**取力にもとづいて債務者の責任財産に強制執行をかけようとしても，その時には責任財産が減少していて強制執行をかけても実効性がないということになる。このような責任財産の減少を防ぐための手だてとして，民法は，債権者代位権（423条）と債権者取消権（424条）という2つの制度を設けているが，債権者がこれらの権利を行使するためにはそれぞれ一定の要件が必要であり，責任財産の減少のすべての場合をこれによって防ぐことができるというわけではない。

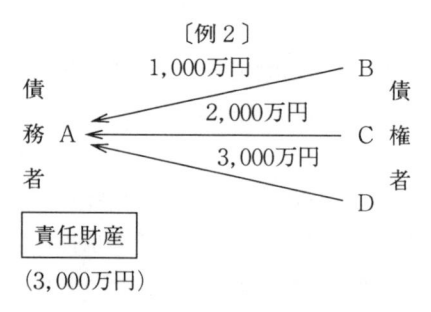

〔例2〕

債務者A ← 1,000万円 B
　　　　← 2,000万円 C　債権者
　　　　← 3,000万円 D

責任財産
（3,000万円）

掴取力の限界のその2は，債務者に複数の債権者がいてその総債権額が債務者の責任財産総額を上回っている場合である。たとえば，前例で債務者AにはB以外にC・Dという債権者がおり，Cは2,000万円の貸金債権，Dは3,000万円の売買代金債権をもっており，Aの責任財産の総額が3,000万円であるとしよう（〔例2〕参照）。この例のように，同一債務者に複数の債権者がいる場合，その債権の成立の前後を問わずすべての債権者は平等の立場に立ち，債務者の資力が債権すべてを満足させるのに不足するとき（債務者破産のとき）は，債権額に応じて按分比例で弁済を受けることになる。これを**債権者平等の原則**という。したがって，上の例では債務者Aの責任財産の総額は3,000万円であるので，Bは500万円（3,000万円×1/6），Cは1,000万円（3,000万円×1/3），Dは1,500万円（3,000万円×1/2）しか弁済を受けられないことになる。

(3) 債権担保手段の必要性

上に述べてきたように，債権成立の時には債務者の財産状態から債務者が債務を履行しなくても強制執行によって自己の債権は充分に弁済を受けることができると債権者が思っていても，その後に債務者の責任財産が減少したり多く

の他の債権者が存在するようになって、とても満足な弁済を受けることができないという結果になることがある。このようなことから、債務者の責任財産は債権者にとって確実に頼りになるというものではないのである。そこで、たとえば、1,000万円の金銭債権であれば債権者が確実に1,000万円得ることができるように、債権内容の実現を確保するための法的手段が必要になってくる。このような債権内容の実現を確保することを**債権の担保**といい、そのための法的手段を一般的に**債権担保手段**という。

1.2 人的担保と物的担保

債権担保手段には、人的担保と呼ばれるものと物的担保と呼ばれるものの2種類がある。

(1) 人 的 担 保

人的担保とは、債務者本人が弁済しない場合に備えてあらかじめ特定の第三者による弁済を確保しておく制度である。その典型的なものが保証（446条以下）である。たとえば、〔例1〕において債権者BのためにEが債務者Aの保証人になっており、Eの保証がいわゆる普通の保証であるとすると、Aが弁済しないときには、BはまずAの責任財産に強制執行をかけ、それだけでは完全な満足を受けられなかったときには保証人Eに請求し、Eが弁済しないときにはEの責任財産に強制執行をかけることができる（452条・453条参照）〔例3〕

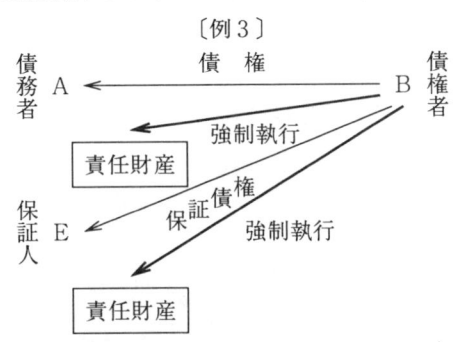

〔例3〕

参照）。このように保証人が立てられている場合には、債権者は債務者の責任財産だけでなく、保証人の責任財産にも強制執行をかけることができるので、強制執行の対象が広がりそれだけ債権の満足を受けやすくなる。このほか、連帯債務（432条以下）なども、債権者が強制執行できる財産の範囲を広げるとい

う意味で債権担保の機能を果たしており，この人的担保に含まれる（これらの保証や連帯債務などは，講学上「多数当事者の債権関係」として債権総論で取り扱われるのが通常であるので，詳細はそれに譲る）。しかし，人的担保においても，債務者以外の者の責任財産が債務の弁済の拠りどころとなっている点では，**摑取力**の限界に伴う不安定性や不確実性のあることは否定できない。そのため，人的担保は物的担保の補充的手段として利用されたり，消費金融などの少額の金融の担保手段として用いられたりしている。もっとも，近時では，中小企業が金融機関から借入れを行う際になされる信用保証協会による保証（機関保証）などが増大している。

(2) 物 的 担 保

物的担保とは，債務者または第三者（物上保証人）に属する財産（不動産・動産・権利など）を債権の満足を確保するために債権者に提供し，債権者にその財産からの優先弁済を保障する制度である。その代表的なものとして，抵当権を挙げることができる（369条以下）。たとえば，〔例2〕において債務者Aの総財産の中に時価1,500万円の土地が含まれていて，債権者Bは1,000万円の貸金債権の担保として，この土地に抵当権の設定を受けていたとすると，約束の期限にAが借りたお金を返済しなければ，Bはこの抵当権にもとづいてAの土地を差し押さえて売却にかけることができる。この売却によって，債権者（抵当権者）Bは，Aの所有地の売却代金から他の債権者CとDに優先して自己の債権の弁済を受けることができる。したがって，仮にAの所有地が1,000万円で売却されたとすると，Bの債権はその売却代金によって全額弁済を受けて消

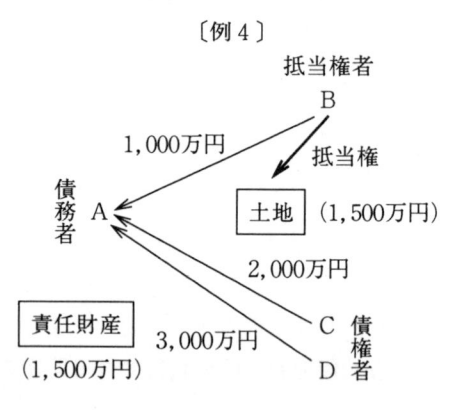

〔例4〕

```
                          抵当権者
                             B
              1,000万円    ↓ 抵当権
    債務       ←────────
    者  A  ←              土地 (1,500万円)
              2,000万円
   責任財産   ←────────  C   債
              3,000万円       権
   (1,500万円)                 者
                         D
```

減し，他の債権者CとDは土地以外のAの責任財産から債権額の按分比例によって弁済を受けることになる（Cについては1,500万円×2/5＝600万円の弁済，Dについては1,500万円×3/5＝900万円の弁済を受けるにとどまる）（〔例4〕参照）。以上のような例から明らかなように，物的担保を利用する債権者は，その目的物である財産の経済的価値（〔例4〕では，売却により得られる代金）によって自己の債権の実現を確保することができる。この物的担保は前述の人的担保よりも債権担保の手段として機能的に優れているために，実際の金融取引界では物的担保の利用が主流を占めている。そして，この物的担保が**担保物権**と称されている[1]。

2 担保物権の種類

2.1 民法上の担保物権

(1) 民法上の担保物権の分類

民法は，「第二編 物権」において留置権・先取特権・質権・抵当権という4つの種類の担保物権を規定しており，これらの担保物権を**典型担保**という。そして，これら4種類の担保物権は，法定担保物権と約定担保物権とに分けることができる。**法定担保物権**とは，法律が特に保護しようとする債権のために，当事者間の契約によらないで法律上当然に生じる担保物権をいい，留置権と先取特権がこれに当たる。これに対し，**約定担保物権**は，当事者間の設定契約によって生じる担保物権であり，質権と抵当権がこれに該当する。

以上の担保物権の詳細は，本書の第7章から第9章までにおいて述べているので，ここでは，それらがどのような権利であるかについてその概略だけを触れるにとどめておきたい。

(2) 留 置 権

他人の物を占有している者が，その物に関して生じた債権をもっている場合

---

[1] 物的担保と担保物権の関係については，担保物権という言葉を民法と特別法上の担保手段に限定し，物的担保という言葉を後述の非典型担保をも含めた広い意味で用いることもあれば，物的担保と担保物権を同義で用いる場合もある。本書では，後者の立場で物的担保と担保物権という言葉を用いる。

に，その債権の弁済を受けるまでその物を留置できる権利であり（295条以下），物を留置することによって債務者に弁済を間接的に強制するものである。

(3) 先 取 特 権

法律の定める特定の債権をもっている者が，その債務者の財産から他の債権者に優先して法律上当然に弁済を受けることのできる権利をいう（303条以下）。その種類にはさまざまなものがあるが，債務者の総財産を対象とする一般の先取特権，債務者の特定動産を対象とする動産の先取特権，債務者の特定不動産を対象とする不動産の先取特権に大別される。

(4) 質 権

債権者がその債権の担保のために債務者または第三者から受け取った物を留置し，間接的に債務者に弁済を強制するとともに，弁済が行われないときは，その物を売却にかけてその代金から優先弁済を受けることのできる権利である（342条以下）。この質権には，動産を対象とする動産質，不動産を対象とする不動産質，債権その他の財産権を対象とする権利質の3種類がある。

(5) 抵 当 権

債権の弁済期までは目的不動産の使用・収益をその所有者（債務者または第三者）に委ねておくが，期日に弁済がなされないときは，債権者がその不動産を売却にかけてその代金から優先的に弁済を受けることのできる権利である（369条以下）。地上権と永小作権も抵当権の対象になることができる（369条2項）。さらに，昭和46年の民法一部改正によって，増減変動する一定範囲の不特定の債権を一定金額の範囲内で担保する根抵当権が民法の規定の中に追加されるにいたっている（398条ノ2以下）。

2.2 特別法上の担保物権

特別法によって定められている主な担保物権には，つぎのものがある。

(1) 留 置 権

商法では，商事留置権（商51条・521条・557条・562条・589条など）が定められており，成立要件や効力に関して民法の留置権と異なっている。

(2) 先 取 特 権

国や公共団体の租税その他徴収金の先取特権（税徴8条，地税14条），立木地代の先取特権（立木特権），借地地代の先取特権（借地借家12条），農業経営資

金貸付の先取特権（農動産4条），海難救助者の先取特権（商810条），船舶の先取特権（商842条）などがある。

(3) 質　　　権

商事質権（商515条），質屋営業法による質権，公益質屋法による質権などがある。商事質権と質屋営業法による質権は，流質契約が許される点で（商515条，質屋19条1項），民法の質権と異なる（349条参照）。

(4) 抵　当　権

抵当権については，今日までに金融取引の発達による要求に応じた多数の特別法が制定され，その結果抵当制度の著しい発展がみられる。その概略を述べれば，つぎのとおりである。

(ア) 財団抵当・企業担保権　　企業に対する資金の貸付を容易にするために，明治38年の工場抵当法以来，企業を構成する各種の財産をひとまとめにして「財団」とし，それを抵当権の目的とする**財団抵当**が認められている。これには，上記の工場抵当法のほかに，鉱業抵当法，鉄道抵当法，軌道ノ抵当ニ関スル法律，漁業財団抵当法，道路交通事業抵当法，観光施設財団抵当法などによるさまざまな財団抵当がある。さらに，昭和33年の企業担保法による**企業担保権**がある。

(イ) 動産抵当　　民法上の抵当権は不動産と地上権・永小作権を対象とするものであり，動産には抵当権を設定することができない。そこで，動産の抵当化の必要性から，比較的経済的価値が高く，しかも登記・登録による権利の公示の途が開かれている一定の動産についてのみ，抵当権を設定することが特別法によって認められている。この**動産抵当**の対象となることができるものとして，船舶（商848条），農業用動産（農動産12条），自動車（自抵2条・3条），航空機（航抵3条），建設機械（建抵3条・5条）がある。しかし，すべての動産が抵当権の対象になることはできないので，実際には譲渡担保が動産抵当の役割を果たしている。

(ウ) 抵当権の証券化　　抵当権を証券化して流通性を与えることを目的とする制度として，抵当証券法による抵当証券や担保附社債信託法による抵当権附社債などがある。

2.3 慣行上の担保物権
(1) 非典型担保
　金融取引の世界で慣行的に用いられ，学説・判例によってその有効性が承認された担保物権として，仮登記担保，譲渡担保，所有権留保などがある。これらは，民法その他の法律に規定されていない物的担保の手段であることから，**非典型担保**と呼ばれる。もっとも，仮登記担保については，昭和53年に仮登記担保契約に関する法律（仮登記担保法）という特別法が制定されたので，もはや非典型担保とはいえないが，その沿革の上から本書では非典型担保に入れて取り扱う。なお，非典型担保は当事者間の契約で生じるので，いずれも約定担保物権である。

　これらの非典型担保の詳細は，本書の第10章で述べているので，以下ではその概略を触れるにとどめておきたい。

(2) 譲渡担保
　譲渡担保とは，債権担保のために債務者または第三者が自己の有する財産権（主として所有権）を債権者に移転し，債務の弁済があれば移転した財産権は返還してもらえるが，債務の弁済がなければ確定的に財産権は債権者に帰属してしまうという方法を採るものをいう。取引慣行上の担保手段として広く利用され，判例も早くからこれを有効のものとしてきた。譲渡担保の認められる対象には制限がなく，不動産・動産・権利のいずれもその対象になることができるが，近年では動産や権利（とくに債権）の集合体が問題になっている（集合動産の譲渡担保と集合債権の譲渡担保）。

(3) 買戻・再売買の予約
　買戻と**再売買の予約**は，いずれも債務者が債務の担保のために自己の所有物をいったん債権者に売却し，後に金の都合ができたときにそれを取り戻すという方法をとるものである。ただ，債権者に売却した物を取り戻すために，買戻は売買の解除という構成をとるのに対し（579条），再売買の予約は二度目の売買の予約という構成をとる点で，両者に違いがある。しかし，両者とも広義の譲渡担保に属し，**売渡担保**と呼ばれることがある。

(4) 仮登記担保
　仮登記担保は，債務の担保のために自己または第三者の不動産を担保に提供

するが，期限までに債務者が弁済しないときはその不動産を譲渡して弁済に代える（代物弁済）ということを予約するという方法をとり，その予約から生じる債権者の権利を仮登記によって保全するものである。かつては判例によって処理されていたが，昭和53年の仮登記担保法によって規制されるようになったことは前述のとおりである。

(5) 所有権留保

所有権留保は，商品の割賦販売において，賦払代金債権の担保のために，売主が買主より代金の完済を受けるまでその商品の所有権を自己に留保しておくという方法をとるものである。割賦販売法においては，一定の指定商品の割賦販売についてこの所有権留保が認められている（割賦7条）。しかし，これ以外の商品の割賦販売についても，代金債権の担保のために所有権留保が広く利用されている（たとえば，自動車の割賦販売）。

以上に述べてきた担保物権の種類を図で示せば，以下のとおりである。

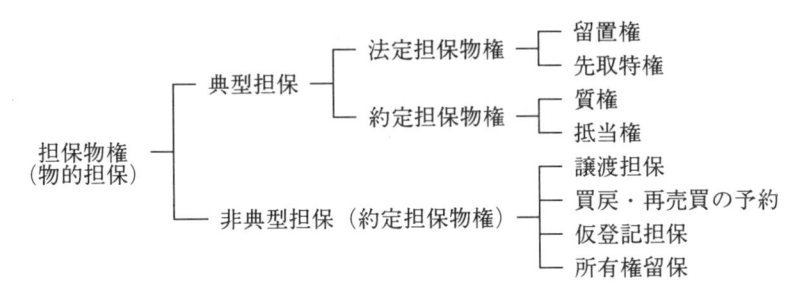

```
担保物権 ┬ 典型担保 ┬ 法定担保物権 ┬ 留置権
(物的担保)│          │              └ 先取特権
         │          └ 約定担保物権 ┬ 質権
         │                          └ 抵当権
         └ 非典型担保（約定担保物権）┬ 譲渡担保
                                     ├ 買戻・再売買の予約
                                     ├ 仮登記担保
                                     └ 所有権留保
```

3　担保物権の性質と効力

3.1　担保物権の性質

民法上の担保物権が共通に備えている性質（通有性）として，以下で述べる付従性・随伴性・不可分性・物上代位性の4つがあるとされている。もっとも，担保物権の中には，それらすべてを備えていないものがある。しかも，非典型担保については個別的に検討する必要があるので，ここでは，民法上の担保物権に限定して説明することにしたい。

(1) 付　従　性

担保物権の性質

	付従性	随伴性	不可分性	物上代位性
留置権	○	○	○	×
先取特権	○	○	○	○
質権	△	○	○	○
抵当権	△	△	○	○

　担保物権は，一般に特定の債権を担保するために設定されるものであるから，その債権が発生しなければ担保物権も発生しないし，債権が弁済などによって消滅すれば担保物権も消滅する。このように，担保されるべき債権（被担保債権）がなければ担保物権だけが存在することはないという性質を，**担保物権の付従性**という。この付従性は，法定担保物権についてはその性質上完全に認められるが，約定担保物権については，金融取引上の必要性から大幅に緩和されており，将来生ずべき債権のために質権や抵当権が有効に成立することが認められている。また，増減変動する不特定の債権を担保する根抵当権では，成立や消滅における付従性がなく，根抵当権を実行する時に特定の被担保債権がなければならないという実行における付従性が存在するだけである。

(2) 随伴性

　被担保債権が譲渡などによって第三者に移転すれば，担保物権もこれに伴って第三者に移転する。この性質も付従性の一側面であるが，とくにこれを**担保物権の随伴性**という。担保物権は一般に随伴性を備えているが，根抵当権は原則として随伴しない（398条ノ7）。

(3) 不可分性

　担保物権は，被担保債権の全部の弁済があるまで目的物全体の上に効力を及ぼす。この性質を**担保物権の不可分性**という。その結果，一方では，一部弁済などによって債権が縮減しても，担保物権は残存する債権のために目的物全体の上に存在するし，他方では，建物の一部崩壊などによって目的物が縮減しても，担保物権は目的物の残存する部分でもって債権全部を担保する。民法は，留置権についてこの不可分性を規定し（296条），他の担保物権についてはこれを準用している（305条・350条・372条）。

(4) 物上代位性

担保物権は，その目的物の売却・賃貸・滅失または毀損によって債務者（目的物の所有者）が受けるべき金銭その他の物，または目的物の上に設定した物権の対価に対しても，その効力が及ぶ。この性質を**担保物権の物上代位性**という。民法は，先取特権についてこの物上代位性を規定し（304条），質権と抵当権にこれを準用している（350条・372条）。これらの先取特権・質権・抵当権は，いずれもつぎに述べる優先弁済的効力を有していることから，この物上代位性が認められている（ただし，一般の先取特権を除く）。そのため，優先弁済的効力をもたない留置権には、物上代位性が否定されている。

3.2 担保物権の効力

ここで取り上げる担保物権の効力とは，債権担保としての効果をあげるために担保物権に与えられている効力をいう。これ以外の各種の担保物権に固有の効力については，それぞれの箇所で説明される。

(1) 制限物権型担保物権の効力

制限物権としての担保物権，すなわち民法上の担保物権が債権担保の機能を果たすために有している効力は，それぞれの種類に応じてさまざまであるが，つぎのようなものがある。

(ア) 留置的効力　債務の弁済がなされるまで担保権者が目的物を留置することができる効力を**留置的効力**という。これによって，間接的に債務の弁済を促すわけである。制限物権型の担保物権の中で，留置権にはもっぱらこの留置的効力しか認められていない（295条）。また，質権は，(ウ)で述べる優先弁済的効力のほかにこの留置的効力を備えている（347条）。

(イ) 収益的効力　担保権者が目的物を収益し，これを債務の弁済に充てることができる効力を**収益的効力**という。原則として不動産質にこの効力が認められる（356条）。

(ウ) 優先弁済的効力　債務の弁済がなされないときに，担保権者が目的物を売却にかけて，その代金から優先的に弁済を受けることができる効力を**優先弁済的効力**という。先取特権・質権・抵当権についてこの効力が認められており（303条・342条・369条），この効力にもとづいていずれも目的物の換価権と優先弁済権を有している。そして，担保物権としての本質的機能は，この優先

弁済的効力にある。

制限物権型担保物権の効力

	留置的効力	収益的効力	優先弁済的効力
留　置　権	○	×	×
先　取　特　権	×	×	○
質　　　権	○	（不動産質○）	○
抵　当　権	×	×	○

(2) 権利移転型担保物権の効力

(ア) 権利移転型担保物権　債権の担保のために債権者が債務者または第三者の財産権を取得し，債権が弁済された場合に財産権を復帰させるという形式をとる担保物権を**権利移転（取得）型担保物権**という。前述の非典型担保がこれに該当する（**2.3**を参照）。すなわち，譲渡担保や買戻・再売買の予約は，債権担保のためにあらかじめ財産権を債権者に移転させておくものである。また，債権が弁済されないときに初めて財産権を債権者に移転させる仮登記担保も，この型の担保物権に属する。さらに，代金の完済まで所有権の移転を留保する所有権留保も，担保のために権利移転を利用するという点で，広い意味での権利移転型担保物権に含まれる。

(イ) 権利移転型担保物権の効力　この権利移転型担保物権にあっては，債権の弁済がないときには債権者による財産権の取得が行われ，それによって弁済に代えることになる。これがこの型の担保物権の本来的効力であるが，今日では，とりわけ仮登記担保や譲渡担保などについては，**債権者の清算義務**が認められるにいたっている（仮登記担保3条参照）。すなわち，債権者は取得した目的物の価額と被担保債権額との差額を元の所有者に返還しなければならない。したがって，制限物権型であれ権利移転型であれ，債権者は被担保債権額の限度内でしか満足を得られないという点では，両者ともに同じである。なお，この権利移転型に属する買戻は，前述の収益的効力をも備えているものとされている（579条参照）。

第7章 抵当権

1 序説

──◆ 導入対話 ◆──

教師：先生，これから抵当権を勉強するんですけれども，そもそも抵当権とはどのような権利なのですか。

教師：そうだね。君がたとえばお金を他人から借りた時，貸した人にとって返してもらえるという，安心できるというためにはどうしたらいいと思う。

学生：えーと，それには借りた人から万が一の時に備えて，何か価値ある財産をとっておくことだと思います。

教師：そうだね。でも，借りた人の財産を貸した人が，たとえ貸した金銭を返してもらうまでとはいえ，その物を奪ってしまうと，借りた人は使えなくなるだろう。

学生：そりゃそうですね。そうだ，もしそれが住居だったら家を出ていかなければならなくなりますよね。

教師：では，そうしたことを避けるには，どうすればいいんだろう……。

1.1 抵当権の意義

抵当権は，債務者または第三者が占有を移さないで債務の担保に提供した目的物から，抵当権者が他の債権者に優先して弁済を受けることのできる担保物権である（369条1項）。抵当権は，当事者間の契約によって生じる約定担保物権であり，債務者または第三者の物の上に成立する点では質権と同様であるが，目的物の引渡を受けず，留置的効力をもたない点で質権と異なる（342条参照）。このように抵当権は目的物に対する占有を伴わない**非占有担保**であるために，登記や登録が抵当権の公示方法とされている。そのため，登記や登録によって

権利関係を公示できないものは，抵当権の客体とすることができない。わが民法が抵当権の客体を不動産・地上権・永小作権に限定し（396条参照），特別法によって抵当権が認められる場合も，登記や登録による権利関係の公示が可能なもの（立木・工場財団・航空機・自動車など）に限られているのは，この理由にもとづいている。

1.2 抵当権の法的性質

(1) 抵当権の価値権性

抵当権は，目的物の占有や利用を設定者の下にとどめたまま（非占有担保），債務の弁済がなされない場合に，目的物を換価してその代金から優先的に弁済を受ける権利であること（優先弁済的効力）から，抵当権の本質は，目的物の有する交換価値（担保価値）だけを支配する**価値権**であるといわれる。しかし，近年では，価値権という法概念は特殊ドイツ法的な概念であるとして，わが国の抵当権の本質を価値権と解することに対して批判が出されている（【展開講義 29】参照）。

(2) 担保物権の通有性

抵当権は，担保物権の一種であるから，担保物権の通有性としての付従性，随伴性，不可分性（296条・372条），物上代位性（304条・372条）を有している。しかし，抵当権では付従性の緩和が見られ（本章2.2参照），とくに根抵当権においては，実行における付従性しかなく，また随伴性が否定されていることに注意する必要がある（本章6.3参照）。

【展開講義 29】 いわゆる近代的抵当権論とは何か

(1) 近代的抵当権論の内容

わが国における抵当制度に関する有力な理論として，**近代的抵当権論**といわれるものがある。これは，資本主義経済の発展により，抵当権は単に債権の回収を確保することを目的とする保全抵当から，抵当不動産の交換価値を把握してこれを金融取引市場に流通させ，投資家の金銭投資の媒介をつとめる投資抵当へと展開するととらえ，このような近代的抵当権としての投資抵当の本質を価値権と解する理論をいう。この価値権とは，物質権または実体権に対する概念であり，後者は目的物の使用価値の取得を目的として目的物の実体を支配する権利（所有権

や用益物権）であるのに対して，前者の価値権は，前述したように，目的物の実体を支配せずにその交換価値の取得だけを目的とする権利である。そして，この近代的抵当権としての投資抵当は，抵当不動産の交換価値を把握して金融取引市場で流通するために，①公示の原則，②特定の原則，③順位確定の原則，④独立の原則，⑤流通性確保の原則という5つの法的原則を備えているとされる。①公示の原則とは，抵当権の存在と内容は登記によって公示されねばならないという原則であり，②特定の原則とは，抵当権は特定・現存する物の上にのみ成立するという原則であり，③順位確定の原則とは，抵当権の順位は登記の前後によって決定されるとともに，先順位抵当権が消滅しても後順位抵当権の順位が昇進することはないという原則である。さらに，④独立の原則は，抵当権が目的不動産の交換価値を把握して，これを金融取引の客体とするための制度として，独自の地位を確保するための原則であり，内容的には，抵当権の付従性の制限または否定，滌除制度の否定などから成り立っている。最後に，⑤流通性確保の原則とは，抵当権を媒介として投資された金銭をいつでも自由に回収するために，抵当権の安全・迅速な流通を可能にするための原則であり，この原則には，公信の原則の採用，抵当権の証券化が含まれる。

(2) 近代的抵当権論の批判

以上のような近代的抵当権論は，具体的にはドイツ民法における抵当権を近代的抵当権の典型的なものととらえている。したがって，ドイツにおける抵当権の展開過程を参考にして，「保全抵当から投資抵当へ」という図式を打ち出したものである。しかし，ドイツにおいて抵当権が投資抵当に結実したのは，19世紀の40年代に産業革命を経て成長してきた工業へ株式や社債などを媒介として流入していった金銭を，近代的な経営のために資金を必要としていた農場経営へ抵当権を媒介として振り向けることにあった。したがって，資本主義経済の発展によって抵当権が保全抵当から投資抵当へと展開するという近代的抵当権論の図式は，ドイツ，とりわけプロイセンにおける農業の資本主義化にともなって形成されてきたものであり，資本主義経済における抵当権の発展について必ずしも普遍的に当てはまるものではないといえよう。そして，抵当権の本質を価値権と解する考え方も，沿革史的にみれば，まさに固有の発展を遂げたドイツの抵当制度に由来するものであり，抵当権の価値権性が普遍的なものであるかどうかも疑問とせざるをえない。さらに，近代的抵当権の原則として上述の5つのものがあげられているが，投資抵当としての性質からは最後の流通性確保の原則が最も重要なものといえよう。というのは，投資抵当は不動産への金銭投資を媒介するものであり，

投資された金銭が長期にわたって固定されるのを防ぐために，抵当権に流通性を与えて抵当権を通して投資された金銭を自由に回収できる途を開いておかねばならないからである。しかし，投資された金銭の回収を抵当権の流通性によって図ることは困難であり，抵当貸付を専門的に行う不動産金融機関が自己の資本力によって裏打ちされた証券を発行し，その証券の流通によって投資金銭の回収を図るのが適切であるといえる。この場合には抵当権の流通性が問題にならない以上，不動産金融機関の取得する抵当権は，投資抵当である必要はなく，保全抵当で十分であるといえる。そうであるとすると，抵当権を不動産の交換価値だけを支配する価値権ととらえることによってはじめてその流通性が確保されるとする近代的抵当権の考え方には，何ら論拠がないことになろう[1]。

1.3　抵当権の経済的作用

　土地や建物などの不動産を担保物にとって金銭を貸し付ける場合，金銭債権の担保のために利用できる担保物権として不動産質と抵当権が存在する。しかし，今日では，融資を行う銀行などの金融機関が不動産を質にとることは通常考えられない。というのは，**占有担保**である不動産質にあっては，質権者は，原則として質物である不動産の占有を取得して使用・収益を行うとともに（356条），不動産の管理費用などを負担することになり（357条），不動産質は，債権者にとってすこぶる利用しにくい担保物権であるからである。また，質権設定者にとっても，目的物の使用・収益が奪われることから企業施設（工場・建物・土地など）を質物とすることができず，必然的に日常生活の必需品が質物になり，その結果質権は主として消費生活のための金融を媒介する手段にとどまることになる。これに対し，抵当権には，その**非占有担保**という性質から，不動産質と比べてつぎのような利点がある。まず，抵当権者にとっては，①目的物の維持・管理の煩わしさから解放され，また，②抵当権設定者に目的物を使用・収益させて，その利益から債務の弁済を受けることができるという利点がある。つぎに，抵当権設定者にとっても，①目的物を従来どおり使用・収益しながら，それを担保物に提供して必要な金銭を借りることができ，また，②

---

1) 詳細は，松井・抵当制度の基礎理論を参照。

一度抵当権を設定しても目的物にまだ余剰の担保価値が見込まれる場合には，さらに抵当権を設定して金銭を借りることができるという利点がある。もっとも，質権も同一物の上に複数成立することは可能であるが（355条参照），質権者の占有取得を必要とするために実際にはまれである。不動産質と比較して抵当権にはこのような利点があるために，不動産を担保にとる場合にはもっぱら抵当権が利用されることになる。そして，抵当権においては企業施設も担保物とすることができるために，今日では，抵当権は**企業金融**の媒介手段として重要な役割を果たしている。

2　抵当権の設定

◆　**導入対話**　◆

学生：抵当権を設定するには，どうすればいいのですか。
教師：まず，抵当権は契約によって成立します。
学生：抵当権は，契約のほかに登記をしないと成立しないのですか。
教師：たしか君はすでに，物権の変動は意思表示によって効力を生ずることは学んだよね。念のため，もう一度説明するよ。わが国の民法では，その177条に定められているように，登記は物権変動の対抗要件だから，抵当権の設定についても登記は第三者に対する対抗要件ということになるわけです。ですから，登記をしなくても，契約の当事者間では抵当権は有効に成立します。ただ，未登記で対抗力を欠くために，登記を備えた抵当権に比べて効力が弱いといえるんですがね。
学生：では抵当権を設定しておけば，債権者は絶対に安心なのですね。
教師：たしかに一応は安心だけど，抵当権者は1人に限られないんだ。したがって，その担保される範囲が限られるということなんだ。

2.1　抵当権設定契約と登記
(1)　抵当権設定契約

抵当権は，当事者間の契約によってのみ設定される。この抵当権設定のための契約を**抵当権設定契約**という。この契約は，諾成・無方式の契約であり，当

事者間の合意（意思表示）のみによって効力を生じる（176条）。抵当権設定契約の当事者は，抵当権者と抵当権設定者である。抵当権者は被担保債権の債権者に限られるが，抵当権設定者は債務者または第三者である。この第三者は**物上保証人**と呼ばれ，自らは債務を負わないが，債務者のために自己の財産に抵当権を設定し，いわゆる**債務なき責任**を負う者をいう。そして，物上保証人が抵当権の実行を免れるために債務者に代わって債務を弁済したり，抵当権の実行によって自己の財産の所有権を失った場合には，自己の出捐によって債務者の債務を消滅させたことになるので，保証債務に関する規定（459条〜464条）に従って債務者に求償できる（372条・351条）。なお，抵当権の設定は処分行為であるので，設定者には抵当目的物を処分する権限（所有権など）があることが必要である。

(2) 抵当権の登記

(ア) 対抗要件　抵当権の設定は，登記を対抗要件とする（177条）。したがって，抵当不動産の譲受人・用益権者（地上権者・永小作権者・賃借人など）・差押債権者などの第三者に抵当権を対抗するためには，**抵当権設定の登記**が必要である。さらに，抵当権の順位は登記の前後によって決定され（373条1項），同一不動産の上に存在する複数の抵当権は，それぞれその順位に従って競売における売却代金から配当を受けることになる。なお，わが民法では，先順位の抵当権が被担保債権の弁済などによって消滅すると，後順位抵当権の順位が昇進する。これを**順位昇進の原則**という。

(イ) 未登記抵当権の効力　登記は抵当権設定の対抗要件であるので，登記がなくても当事者間では設定契約によって抵当権は有効に成立する。この場合，未登記のままで抵当権を実行することができるかが問題となる。これについては，民事執行法によれば，抵当権の実行としての競売開始決定の要件として，抵当権の存在を証する確定判決・公正証書・登記簿の各謄本のいずれかの提出を要求しているので（民執181条），未登記抵当権であってもその実行はできることになる。しかし，登記を備えていない以上優先弁済権を第三者に対抗することができないので，他の債権者が競売手続に参加してきたときには，抵当権者は優先弁済を受けることができず，一般債権者として配当を受けるにすぎない。

(ウ) 登記の内容　抵当権設定の登記は，抵当権の存在だけでなく，抵当権によって優先弁済を受ける範囲をも公示しなければならない。そのため，登記事項として，債権額のほかに，登記原因に利息，債務不履行による損害賠償，債権に付した条件，370条但書または抵当証券発行の定めがあるときは，これを記載しなければならない（不登117条1項）。

【展開講義　30】　無効な登記の流用は認められるか

(1) 問題の所在

これは，弁済などによって抵当権が消滅し，無効となった登記を他の抵当権のために流用できるかという問題である。たとえば，AがBのために設定した甲抵当権が被担保債権α（債権額100万円）の弁済により消滅した後に，再びAがBから100万円を借り受けて（被担保債権β）乙抵当権を設定した場合に，AB間の合意によって甲抵当権の登記を乙抵当権に流用したとすると，この登記は乙抵当権の登記として効力を有するかという問題である。この場合，甲抵当権が消滅しその登記が無効となった以上は，同じ内容とはいえ別の乙抵当権のために甲抵当権の登記を利用することは認められるべきでないし，また，**登記の流用**を認めれば後順位抵当権者や抵当不動産の取得者などの第三者Cの利益（後順位抵当権者にとっては順位昇進の利益，抵当不動産の取得者にとっては抵当権の負担を免れるという利益）が害されるといえる。しかし，他方では，登記が現在の権利状態と一致しており，第三者Cの利益を害さない場合であれば，登記の流用を認めてもよいと解される余地もある。

(2) 判例・多数説の立場

この問題につき，流用登記の有効性を全面的に肯定する説（全面的肯定説）や，反対に有効性を全面的に否定する説（全面的否定説）もあるが，現在の判例・多数説は，第三者の利益を害しない限り流用登記の有効性を認める立場に立ち，つぎのように場合を分けて考えている（制限的有効説）[1]。

(ア) 第三者Cが登場しない場合　第三者Cが登場せず，登記の流用を合意した当事者AB間でのみ流用登記が問題となる場合には，流用登記の有効性は認められる。この場合，無効として流用登記が抹消されても，また同一の乙抵当権の設定登記が繰り返されることになるからである。

---

1) 新注民(9)23頁以下（高木），近江・担保124頁以下など。

(ｲ) 甲抵当権の消滅前に後順位抵当権者や抵当不動産の取得者などの第三者Cが存在する場合　この場合には，後順位抵当権者の順位昇進の利益や取得者の抵当権消滅の利益を奪うべきではないので，流用登記の有効性は否定される。なお，判例は，第三者Cが後順位抵当権者であった場合，Cの抵当権は順位を昇進して第1順位になり，乙抵当権は第2順位になるとする（大判昭8・11・7民集12巻2691頁）。

(ｳ) 甲抵当権の消滅後で登記の流用前に第三者Cが出現した場合　この場合も，甲抵当権の登記が流用されればCの利益（後順位抵当権の順位昇進の利益や抵当権の負担のない不動産の取得という利益）が害されるので，流用登記の効力は否定される。

(ｴ) 登記の流用後に第三者Cが出現した場合　この場合について，学説は，Cは乙抵当権の存在を前提として抵当権や所有権を取得しているので，Cの利益が害されることはなく，流用登記は有効であるとする。その結果，Cが抵当権を取得したときは，それは2番抵当権になり，抵当不動産を取得したときは，Cは乙抵当権の負担の付いた所有権を取得する。これに対し，判例は，大審院では，Cが抵当不動産の第三取得者である場合について，流用登記を無効としながらも，Cは乙抵当権の存在を前提として不動産を買い受けたのであり，乙抵当権の登記の欠缺を主張する正当の利益を有しないとして，登記流用後の抵当権者と第三者はいわゆる対抗関係に立ち，この第三者が177条の「第三者」に該当するかどうかで両者の優劣を判断するような考え方を示していた（大判昭11・1・14民集15巻89頁）。しかし，最高裁では，仮登記担保の仮登記流用後にCが同一不動産を代物弁済によって取得した場合について，仮登記移転の付記登記が現実の権利関係に符合するかぎり，付記登記後にその不動産上に利害関係を取得したCは，特別の事情のないかぎり，付記登記の無効を主張するにつき正当な利益を有しないとして，端的に流用登記の有効・無効を問題とし，登記流用後に出現した第三者に対しては流用登記が有効であることを明言している（最判昭49・12・24民集28巻10号2117頁）。

(3) 制限的有効説の問題点

以上のような制限的有効説に対しては，いくつかの問題点が指摘されている[1]。たとえば，流用登記の効力が認められた場合，第三者に対する対抗力がいつから生じるかということが問題となる。本来第三者に対する対抗力は，登記がなされ

---

1) 笠井「登記の流用」新不動産登記法講座第2巻251頁以下。

た日，つまり登記申請書の受付の日から生じる。しかし，冒頭に述べた例のような場合には，当事者ＡＢ間の登記流用の合意によって流用の効力が生じ，この合意の時に対抗力が生じる。つまり，登記面にはまったく現れない当事者の流用の合意の時点を問題にしなければならず，登記の公示機能に不確定な要素が持ち込まれることになる。また，登記流用前に抵当権者Ｃが登場し，流用後に抵当権者Ｄが登場した場合のように，流用登記が無効となる第三者と有効となる第三者とが併存する場合には，ＢＣＤの抵当権の順位がどうなるかという問題がある。ＢはＣには対抗できないがＤには対抗できるとして，順位はＣＢＤになると解することもできるが，実体法上の順位に合わせて登記を変更する手続も未解決のままである。しかも，相対的な対抗力を認めると複雑な権利関係が生じる可能性がある。したがって，この場合には登記の流用は絶対的無効となり，Ｂは無登記抵当権を有すると解すべきであろう。このような制限的有効説の問題点を考慮すると，本来無効であった登記について，制限的にではあれその流用を肯定する実益は疑わしく，この無効登記の流用については全面的否定説をとるべきであると考える。

2.2 被担保債権

(1) 被担保債権の種類

(ｱ) 抵当権によって担保される債権は通常金銭債権であるが，それ以外の債権も被担保債権になりうる。金銭債権以外の債権も，債務不履行が生じると損害賠償債権（金銭債権）に転化し，それが抵当権によって担保されることになるからである[1]。ただし，この場合は，登記の申請に際して債権の評価額を申請書に記載しなければならない（不登120条）。

(ｲ) １個の債権の一部について抵当権を設定することもできる（**一部抵当**）。他方，数個の債権について１個の抵当権を設定する場合，その債権が同一債権者のものであれば，債務者が異なるときでも可能であるが，数人の債権者のものであるときは否定されてきた。後者についてとくに問題となったのは，複数の銀行が協定して１人の債務者に融資を行う協調融資の場合である。この協調融資では，各銀行の分担部分について個別的に金銭消費貸借契約が締結されるので，１個の抵当権を設定できないとされており[1]，実際にはそれぞれ別個独

---

1) 内田・民法Ⅲ357頁，我妻・コンメ担保114頁。

立の抵当権を同一の順位で設定する方法がとられている。しかし，学説では，この場合についても1個の抵当権の設定を認めるべきであるとするものがある[2]。これを肯定するときは，抵当権は各抵当権者の準共有になる。

(2) 将来の債権

抵当権には付従性があるため，被担保債権が有効に存在しないと抵当権も有効に成立できない。しかし，判例・学説では，この付従性を緩和して将来発生する債権のためにあらかじめ抵当権を設定することが一定の範囲で認められている。すなわち，①要物契約である金銭消費貸借契約（587条参照）について，金銭交付のない段階で設定された抵当権が有効とされ（大判明38・12・6民録11輯1653頁）（もっとも，この場合は，諾成的消費貸借契約を認めることによって解決できる），また，②保証人の将来取得する求償権（条件付債権）の担保のためにあらかじめ抵当権を設定することができる。なお，この求償権が現存の貸金債権として登記された場合には，事実と登記との間に不一致があるが，当事者に真実その設定した抵当権を登記する意思がある以上，かかる登記は有効とされる（最判昭33・5・9民集12巻7号989頁）。

3　抵当権の効力

◆ 導入対話 ◆

教師：抵当権によって担保される債権の範囲については374条に定めがありますが，それによればどのようなものが担保されますか。

学生：うーん。たしか，元本債権は当然に担保されると思うのですが，それ以外のものとしては，利息などだったと思います。

教師：そうですね。では，それらは全てが担保されますか。

学生：たしか，債権では元本・利息および債務不履行によって生じた損害賠償も担保されたはずです，……。あっそれから，利息や損害賠償などについては満期となった最後の2年分しか担保されません。

教師：抵当権は非占有担保だから，目的物が設定者の手元に置かれ，しかも目的

---

1) 新注民(9)17頁（高木）。
2) 我妻・講義Ⅲ246頁，川井・担保22頁，同・概論2 364頁，槙・142頁，高木・104頁以下，近江・担保120頁など。

物に一般債権者が権利を主張してきたり、後順位抵当権者がいて、抵当目的物について他の債権者が利害関係をもつことが少なくないんです。そのために、抵当権によって優先弁済を受けられる債権の範囲を限定して、一般債権者や後順位抵当権者にも目的物の売却代金からの配当が行き渡るようにしているのです。
教師：ではなぜ2年分に限定したのかね。
学生：……。

3.1 抵当権の効力の及ぶ範囲
(1) 被担保債権の範囲

(ア) 元本　抵当権によって元本全額が担保されるが、その債権額を登記しておかないと、一般債権者・後順位抵当権者・第三取得者などの第三者に対して優先弁済権を主張できない。元本全額について抵当権が設定されるのが通常であろうが、元本の一部について抵当権を設定することも可能である（**一部抵当**）。たとえば、1,000万円の貸金債権のうちの800万円について抵当権を設定する場合である。この場合に、登記された債権額の弁済で抵当権が消滅するかどうかが問題となる。後順位抵当権者や第三取得者などの第三者に対しては登記された金額についてしか抵当権を対抗できないので、これらの第三者が登記された金額を弁済すれば、抵当権は消滅する。これに対し、債務者や物上保証人は、債務全額を負担しているので、登記された金額を弁済しても抵当権は消滅しない[1]。

(イ) 利息・定期金・遅延損害金　(a) 利息　(i) 債権者債務者間に**利息**支払の約束があるときは、その利率を登記しなければならない（不登117条1項）。しかし、この登記があっても、抵当権によって優先弁済を受けられる範囲は、「満期となりたる最後の2年分」に限られる（374条1項本文）。利息を最後の2年分に限定したのは、後順位抵当権者や一般債権者への配当を確保するためである。たとえば、AがBに対する貸金債権（1,000万円、利息年1割）の担保として、B所有の不動産（時価2,000万円）に1番抵当権を取得し、そ

---

[1] 近江・担保146頁。

の後Bがこの不動産を担保にCから500万円を借り受ける場合，Aは元本1,000万円と2年分の利息200万円の合計1,200万円についてだけ優先弁済権をもつので，抵当不動産の残余価値はまだ800万円もあり，Cは安心して2番抵当権をつけて融資することができる。しかも，Cは，Aの抵当権登記の記載から元本額と利率を知ることができる。この場合に，最後の2年分という制限がなく，しかもBが6年分の利息支払を延滞していたとしたら，Aが優先弁済を受ける額は合計1,600万円となり，Cは500万円を回収できなくなる。このように，延滞利息全額について優先弁済を認めると，後順位抵当権者が配当を受けられなくなるおそれがあるので，最後の2年分という制限が設けられているのである。

　(ii)　この最後の2年分という制限は，後順位抵当権者や一般債権者などの他の債権者に対する関係で設けられたものであるので，これらの債権者が存在しない場合には，抵当権者は，最後の2年分という制限を受けないで延滞利息全額について優先弁済を受けられる。ただ，**第三取得者**との関係でも最後の2年分という制限が働くのかどうかについては，説が分かれている。第三取得者は抵当権設定者の地位を承継する者とみられ，設定者と同視できるとして，他の債権者がいないときには，抵当権者は最後の2年分という制限を受けないと解するのが判例（大判大4・9・15民録21輯1469頁）・通説である[1]。しかし，第三取得者は，目的不動産の残余価値の取得を期待して取得するのであるから，後順位抵当権者と同様に扱うべきであるとして，抵当権者はこの制限を受けると解する説もある[2]。

　(iii)　「満期となりたる最後の2年分」の意味についても争いがある。通説は，利息の弁済期とは関係なく，抵当権の実行による配当期日からさかのぼって2年分と解する[3]。これに対し，「満期となりたる」とは弁済期の到来したという意味であり，弁済期の到来した利息のうちの最後の2年分と解する説も有力

---

1)　我妻・講義Ⅲ249頁，柚木＝高木・277頁，川井・担保40頁，内田・民法Ⅲ358頁など。なお，高木・141頁は，第三取得者は抵当権者との関係では177条の第三者であるが，374条の2年分の制限に関しては設定者と同様に扱うとする。そして，近江・担保147頁は，通説とこの高木説のどちらをも支持する。
2)　鈴木・193頁，道垣内・125頁。
3)　我妻・講義Ⅲ250頁，道垣内・125頁以下など。なお，川井・担保40頁，同・概論(2)382頁は，配当表作成時を起算日とする。

である[1]。たとえば，利息の弁済期が毎年12月31日で平成10年10月1日に抵当権が実行された場合，前者の通説では，配当期日からさかのぼって2年分の利息が配当されるが，後者の有力説では，平成8年と9年の2年分の利息が配当され，平成10年の9カ月分の利息は含まれない。ただし，最後の2年分以前の延滞利息についても，弁済期後に特別の登記をすれば，登記の時から優先弁済権が生じる（374条1項但書）。この特別の登記は，権利変更登記（不登56条・57条）によってなされる。

(b) **利息以外の定期金**　地代・家賃・終身定期金（689条）・定期扶助料など継続して一定の時期に給付される**定期金**についても，利息と同様の制限がある（374条1項）。

(c) **遅延損害金**　金銭債務の不履行の場合の損害賠償金を**遅延損害金**（**遅延利息**）というが，その利率は，特約（損害賠償額の予定）がなければ元本の約定利率と同一であり（419条1項但書），その場合は利息と同じ扱いになる。特約がある場合には，その利率を「債務の不履行によりて生じたる損害の賠償に関する定め」（不登117条1項）として登記しておけば，その利率で優先弁済を受けることができる。しかし，この特約による遅延損害金についても，最後の2年分についてのみ優先弁済が認められるにすぎない（374条2項本文）。さらに，利息その他の定期金と併せて2年分に限定される（同項但書）。たとえば，元本債権が1,000万円，利息年1割，遅延損害金年2割で，弁済期後1年が経過した時点で元本のほか2年分の利息と遅延損害金が未払の場合，元本1,000万円，利息100万円，遅延利息200万円の合計1,300万円について，抵当権によって優先弁済が受けられる。

(2) 目的物の範囲

────◆　導入対話　◆────

学生：先生，うちの父が，借金をするについて，自宅に抵当権を設定したのですけど……。

教師：それでどうしたの。

学生：それから後に，私の勉強部屋を建て増ししたんです。またその際，今までの家屋の窓枠を，アルミサッシに替えたんです。もし，抵当権が実行されるよ

---

1) 柚木＝高木・280頁，星野・244頁。

うなことがあったとき，私の勉強部屋も実行の対象となるんですか。
教師：そんなに勉強しないのに，部屋を建ててもらったって！　それはさておき，問題は，抵当権設定のときになかった部屋や，新しい窓枠にも抵当権の効力が及ぶかと言うことだね。君はどう考える。
学生：え〜と。抵当権を付けたときになかったんだから……，当然及ばないと思いますよ。でなけりゃ，おかしいですよね。
教師：さあ，そういいきれるかな。たとえば，民法総則の物のところで勉強したんだけれど……。従物は主物の処分にしたがうと定めていますよ。
学生：あっ！そうだ。また，確か，不動産の所有者はその不動産の従としてこれに付合したる物の所有権を取得すという規定もあったな……。

(ア)　付加物　(a) 付加物の範囲　抵当権の効力の及ぶ目的物の範囲について，370条本文は，抵当不動産のほかに，それに付加して一体をなした物（**付加一体物**または**付加物**）にも抵当権の効力が及ぶとする。この付加物については，抵当不動産への付加の時期を問わず抵当権の効力が及ぶ。すなわち，抵当権設定前に付加された物だけでなく，抵当権設定後に付加された物にも抵当権の効力が及ぶ。しかし，問題となるのは付加物の範囲についてである。民法では，物と物（抵当権の効力の及ぶ目的物の範囲という観点からは**不動産と動産**）との結合関係を示す概念として，この付加物（「不動産に附加して之と一体を成したる物」）のほかに，87条の従物（「物の常用に供するため……之に附属せしめたる」物）と242条の**付合物**（「不動産の従として之に附合したる物」）があり，これらと付加物との関係，いいかえれば付加物には従物と付合物が含まれるかどうかが問題となる。もっとも，付合制度は，たとえば土地に種をまいたり苗を植え付けたり，建物の床を張り替えたりした場合のように，ある物（甲）と結合した他の物（乙）について独立の所有権を認めることが社会経済上不都合であることにかんがみて，従として付合した物（乙）の所有権を主たる物（甲）の所有権に吸収させるものであるから，この主たる物（ここでは不動産）に設定された抵当権の効力が原則として付合物に及ぶことは疑いがなく，付合物が付加物に含まれることについては異論がない[1]。問題は，主物たる不動産に付属させられても独立の所有権を失わず，主物に吸収されない

従物が付加物に含まれるかどうかである（【展開講義 31】参照）。

(b) 付加物または付合物の具体例　判例を素材にして付加物または付合物の具体例を挙げると，①土地については，抵当権設定者が植栽した立木法の適用を受けない立木（大判大14・10・26民集4巻517頁），庭木および取り外しの困難な庭石（最判昭44・3・28民集23巻3号699頁）などがある。これに対し，地上建物や立木法の適用を受ける立木は，独立の不動産とされるので，土地の付加物または付合物ではない（370条本文，立木2条）。つぎに，②建物については，雨戸や入口の戸扉など建物の内外を遮断する建具類（大判昭5・12・18民集9巻1147頁），主たる建物の付属建物として同一の登記用紙に登記されている増築建物（大決昭9・3・8民集13巻241頁），ビルのエレベーターや配電盤（大阪地判昭47・12・21判時713号100頁）などがある。

(c) 抵当権の効力が及ばない場合　つぎの場合には，例外として抵当権の効力が及ばない。まず，①抵当権設定契約において，付加物に抵当権の効力が及ばない旨の特約を当事者が結んだ場合である（370条但書）。この特約は登記をしないと（不登117条1項），第三者に対抗できない。また，②債務者が他の債権者を害することを知りながら抵当不動産に物を付加させ，抵当権者もこのことを知っている（悪意）場合である（370条但書）。たとえば，債務者である抵当権設定者Bが，他の所有地にある高価な庭木と庭石をあてにしている他の債権者Cを害するために，これらの庭木と庭石を抵当地に付加させ，抵当権者Aもこれを知っているような場合である。このような場合には，Cは424条によってBの付加行為を取り消すことができるので，これらの庭木と庭石にはAの抵当権の効力は及ばない。物の付加行為は事実行為であり法律行為ではないので，本来424条が適用されないために，370条但書がとくに設けられたわけである。さらに，③第三者が権原にもとづいて設定者の抵当不動産に自己の物を付属させた場合には，その物は第三者の所有にとどまるので（242条但書），抵当権の効力はそれには及ばない。たとえば，賃借人や地上権者が抵当地に樹木を植栽した場合である。ただし，賃借人や地上権者の有する賃借権や地上権は，抵当権者に対抗できるものでなければならない。

---

1) 品川「従物・附合物・附加物・集合物」演民105頁。

【展開講義 31】 付加物には従物が含まれるか

(1) 問題の所在

従物は，主物に付属させられても物としての独立性を失わない。そのため，従物が付加物に含まれるかどうかが問題とされている。その原因は，わが民法において，一方ではドイツ民法にならって主物・従物の区別が設けられたが，他方では付加物を規定する370条は，従物と付合物の区別を知らないフランス民法の流れをくむ旧民法債権担保編200条を承継したものであることにある[1]。このようなドイツ民法とフランス民法との混合的な継受から生じる矛盾が付加物と従物との関係について解釈論上の問題を発生させているのである。

(2) 判例の立場

(ア) 抵当権設定時の従物　　古くは，抵当権は不動産にだけ設定され，動産には設定できないことを理由に，抵当権の効力は従物には及ばないとされた（大判明39・5・23民録12輯880頁）。しかし，これはその後変更され，従物は主物の処分に従うという87条2項を根拠に，抵当権設定時の従物に抵当権の効力が及ぶことが肯定された（大連判大8・3・15民録25輯437頁）。そして，最高裁も，抵当権設定当時宅地に存在した石灯籠および取り外しのできる庭石を従物として抵当権の効力が及ぶとし（前掲最判昭44・3・28），また，借地上のガソリンスタンドの店舗用建物に抵当権が設定された当時から存在していた地下タンク・ノンスペース型計量器・洗車機などの設備を従物として抵当権の効力が及ぶことを肯定している（最判平2・4・19判時1354号80頁）。

(イ) 抵当権設定後の従物　　抵当権設定後に抵当不動産に付属させられた従物に抵当権の効力が及ぶかどうかについての判例理論は，それほど明確ではない。前述の大正8年連合部判決は，抵当権設定時の従物について抵当権の効力が及ぶとして，抵当権設定後の従物については否定する態度を間接的に示していた。しかし，その後の判例は，抵当権設定後の従物にも抵当権の効力を及ぼしている。すなわち，大審院は，抵当権設定後に増築された茶の間を従物とし，抵当権は目的不動産の付加物だけでなく，従物にも及ぶことは当院の判例であるとして，茶の間に抵当権の効力が及ぶとした（大決大10・7・8民録27輯1313頁）。さらに，大審院は，抵当権設定後に付属させられた畳建具について，設定後の畳建具に抵当権の効力が及ばない旨の特約の効果として，抵当権の効力がこれらには及ばな

---

[1] 詳細は，我妻「抵当権と従物の関係について」民法研究Ⅳ33頁以下，新注民(9)34頁以下（山崎）参照。

いことを認め，特約がなければ設定後の従物にも抵当権の効力が及ぶことを前提にしている（大判昭9・7・2民集13巻1489頁）。これらの判例について，前者では，建物の一部になっている茶の間を従物としたこと，および抵当権設定後の従物にも抵当権の効力が及ぶとするのが当院の判例であるとしたことに誤りがあり，後者では，理論的には設定後の従物に抵当権が及ぶことを前提としているが，否定判決の理論構成の中から肯定的な判例理論を抽出することは妥当でないとして，抵当権設定後の従物に抵当権の効力が及ぶとするのが判例であるととらえることに疑問を呈する説がある[1]。しかし，その理由づけには上述のような難点があるにしても，判例としては，抵当権設定後の従物にも抵当権の効力が及ぶという立場をとっていると理解できよう[2]。

(3) 学説の立場

抵当権は，その設定から実行にいたるまでの間に，ある程度の期間が経過するので，その間に設定時の従物が新しい物と交換されることは十分に考えられる。そうすると，抵当権の効力は設定時の従物には及ぶが，設定後の従物には及ばないとするのは，付属物を含めた不動産全体を被担保債権額の範囲内で把握しようとする抵当権の要請に反し，また当事者の通常の期待にもそぐわないであろう。そこで，現在の学説は，抵当不動産に従物が付属した時期を問わず，常に抵当権の効力が従物に及ぶとすることについては一致している。しかし，その理由づけについては説が分かれており，①370条の「附加して之と一体を成したる」とは，経済的一体性を意味するとして，付加物には付合物のほかに従物も含まれるとする説[3]と，②付加物は取引観念上不動産の一部となった物をいうので，独立の動産たる従物は付加物には含まれないが，87条2項の「処分」は抵当権の設定から実行までの過程を意味するとして，設定後の従物にも抵当権の効力が及ぶとする説[4]とがある。そして，今日では，370条を根拠にして，いいかえれば付加物には従物も含まれるとして，抵当権の効力が従物に及ぶことを認めるのが通説である[5]。①説と②説のいずれをとっても結論には差異がなく，両説は説明の違いにすぎないといえよう。しかし，87条2項は主物処分者の意思解釈の規定であるのに対し，370条は処分者である抵当権設定者の意思ではなく抵当権強化の要請か

---

1) 高木・118頁。
2) 川井・担保50頁，同・概論(2)390頁。
3) 我妻・講義Ⅲ（旧版）154頁。
4) 柚木＝高木・248頁，255頁。
5) 我妻・講義Ⅲ259頁，270頁，川井・担保50頁，鈴木・196頁，道垣内・113頁以下，内田・民法Ⅲ361頁，品川・前掲論文108頁など。

らその効力を抵当不動産の付属物にも及ぼそうとするものであるから，370条を根拠にするのが妥当といえよう[1]。なお，今日では，抵当不動産に比べて従物がはるかに高額な場合（たとえば，前掲最判平2・4・19の事案では，ガソリンスタンドの店舗は価額50万円であったのに対し，従物である地下タンクは価額234万円であった）にも，かかる従物に抵当権の効力が及ぶとすべきかどうかが問題とされており，学説の中には，抵当権設定後の巨額な従物については抵当権の効力を否定すべきであるとするものがある[2]。

(4) 従物についての対抗要件

従物に抵当権の効力が及ぶことにつき対抗要件を必要とするかについては，主物たる不動産の抵当権設定登記をもって370条により従物についても対抗力を生じる（前掲最判昭44・3・28）。したがって，主物に抵当権設定登記がなされれば，従物に抵当権の効力が及んでいることについても当然に対抗できる。

//

(イ) 抵当不動産からの分離物　(a) 問題の所在　抵当権の効力の及んでいた付加物が抵当不動産から分離した場合，たとえば，抵当権の設定された山林から樹木が伐採されて搬出されたり，抵当権の設定された劇場から高価な舞台照明器具が持ち出されたりした場合に，これらの分離物に抵当権の効力が及ぶか問題となる。これには，2つの異なる問題が含まれている。①1つは，抵当権者は分離物に追及して，これについて抵当権を実行できるかという問題であり，②他の1つは，抵当権者は抵当権の侵害を理由に，分離行為や分離物搬出の禁止などを請求できるかという問題である。後者は，抵当権にもとづく物権的請求権の問題であるので，「抵当権の侵害に対する効力」のところで述べる（本章3．2参照）。

(b) 学説の立場　付加物が抵当不動産から分離すれば抵当権の効力が及ばなくなると解しない点では，学説は一致している。しかし，分離物がどのような状態になれば抵当権の効力が及ばなくなるのかについては，説が分かれている。①通説は，分離物が抵当不動産上にある間は，抵当権設定登記により抵当権の効力が分離物に及んでいることが公示され，分離物に対する抵当権の追及

---

1) 斎藤「抵当権の及ぶ範囲」百選Ⅰ179頁。
2) 林「抵当権の効力」新版民法演習2 184頁以下，田中「土地の抵当権の効力の及ぶ範囲」金融担保法講座Ⅰ177頁など。

力を第三者に対抗できるが，そこから搬出されると第三者に対抗できなくなるとする[1]。これに対し，②分離物が搬出されれば，取引観念上抵当不動産と一体的関係にあるという付加物の要件が満たされなくなるので，抵当権の効力が及ばなくなるという説[2]，③分離物が設定者の所有に属する限り抵当権の効力は及ぶが，第三者が即時取得すれば抵当権の効力が及ばなくなるとする説[3]，④抵当権の物上代位の規定（304条・372条）によって，差押を要件として抵当権の効力が分離物に及ぶとする説[4]などの有力説がある。①説と②説との違いは，分離物が搬出された場合には抵当権を対抗できないかそれとも抵当権自体が消滅するかにある。しかし，後に述べるように，一定の場合には搬出された分離物に対する抵当権にもとづく物権的請求権を認めるべきことを考慮すると，抵当権が消滅する②説は妥当とはいえない[5]。③説は，分離物が第三者に譲渡された場合でも，分離物が抵当権の目的物であったことにつき悪意である第三者までも保護する必要がないとするものである。この説は，その根拠として工場抵当法5条を挙げる。しかし，工場抵当権では，抵当権の効力の及ぶ工場の機械・器具などの物件（供用物件）を目録に記載し，その目録を登記簿の一部とみなし（工抵3条・35条），それを前提に第三者が供用物件を善意取得した場合にのみ抵当権の追及効が消滅するとしている（工抵5条）。したがって，その理論を普通の抵当権に持ち込むのは妥当ではない[6]。最後の④説も，分離物を抵当不動産に代わる価値物といえるかどうか疑問であり，この点で問題がある（抵当権の物上代位については，後述(3)参照）。したがって，①の通説を支持したい。

(c) 優先弁済の実現の方法　分離物につき抵当権者が優先弁済を受ける方法については，①抵当権にもとづき分離物を動産競売の方法（民執190条）で競売するという説[7]と，②抵当不動産と一括して不動産競売の方法（民執181条）

---

1) 我妻・講義Ⅲ268頁，鈴木・197頁以下，槇・155頁以下，近江・担保137頁。
2) 川井・担保53頁，同・概論(2)393頁，道垣内・114頁。
3) 星野・252頁，高木・127頁。
4) 柚木＝高木・268頁。
5) 近江・担保137頁。
6) 我妻・講義Ⅲ269頁。
7) 我妻・講義Ⅲ269頁（旧競売法について），星野・251頁以下，槇・155頁。

で競売するという説[1]とがある。しかし、①の動産競売の方法によるとするのは無理であろう[2]。

(ウ) 借地権　借地上の建物に抵当権が設定された場合、抵当権の効力は借地権にも及び、抵当権が実行されると**借地権**は建物買受人に移転する（最判昭40・5・4民集19巻4号811頁）。借地権は、抵当建物（所有権）の**従たる権利**であるとされるからである。しかし、借地権が土地賃借権であるときは、建物買受人は、賃借権の譲渡について賃貸人の承諾（612条）またはこれに代わる裁判所の許可（借地9条ノ3、借地借家20条）を得なければならない。そのため、実務では、借地上の建物に抵当権を設定する場合には、あらかじめ設定者から賃貸人の借地権譲渡の承諾書を採るのが慣例である。なお、抵当権設定者である借地人が借地権を放棄したり、地主との間で借地契約を合意解除しても、それらの行為は信義に反するものであるので、借地権の消滅を抵当権者に対抗できない（398条の類推適用）（大判大11・11・24民集1巻738頁（借地権の放棄）、大判大14・7・18新聞2463号14頁（借地契約の合意解除））。

(エ) 果実　(a) 天然果実　抵当不動産から生じる**天然果実**には抵当権の効力が及ばない（371条1項本文）。その理由は、以前では、天然果実は不動産の付加物であり、本来370条によって抵当権の効力が及ぶべきであるが、抵当権は目的不動産の使用・収益を設定者に委ねるものであるから、370条の例外として371条は天然果実に抵当権の効力が及ばないことにしたということに求められていた[3]。しかし、その後の学説ではもっぱら、目的不動産の使用・収益を設定者に委ねる抵当権の効力が天然果実に及ぶなら、設定者の収益権を害することになることに求められている[4]。設定者は、この371条1項本文により、抵当権の設定後も目的不動産から生じる天然果実を収取できる。しかし、抵当権者が抵当権の実行に着手したとみるべき時点以降では、天然果実にも抵当権の効力が及び、設定者は果実を収取できなくなる（同項但書）。すなわち、①第1に、抵当不動産の差押がなされた時以降である。この差押には、抵当権

---

1) 高木・127頁は、分離物を抵当権による返還請求権で抵当不動産上に戻したうえで一括競売をする方法が妥当する。
2) 近江・担保137頁、内田・民法Ⅲ362頁。
3) 柚木＝高木・260頁など。
4) 我妻・講義Ⅲ274頁、鈴木・199頁、高木・123頁、近江・担保138頁など。

の実行としての差押え（民執188条による民執45条・46条の準用）だけでなく，一般債権者による強制競売のための差押（民執45条・46条）も含まれる[1]。②第2は，目的物につき所有権，地上権または永小作権を取得した第三者（滌除(てきじょ)権者）が381条の抵当権実行の通知を受けた時以降である。もっとも，この通知後1年以内に抵当不動産の差押がなされた場合に限られる（371条2項）。

　(b)　**法定果実**　　371条は，天然果実と**法定果実**の区別をしないで，単に「果実」に対する抵当権の効力を否定している。しかし，371条の「果実」に抵当不動産の賃料などの法定果実が含まれるかどうかについては，議論が分かれている。議論が分かれる原因は，①第1には，天然果実と異なり，法定果実は抵当不動産の付加物とはいえないから，371条が適用されないのではないかということ，②第2には，372条により抵当権にも準用される304条の物上代位によって，賃料などの法定果実に抵当権の効力が及ぶと考えられることである。この問題について，判例は，前者の①を理由にして，法定果実に371条を適用することを否定している（大判大2・6・21民録19輯481頁（小作料），大判大6・1・27民録23輯97頁（家賃））。また，学説でも，法定果実について371条の適用を否定するのが従来の通説である[2]。そして，この371条の「果実」に法定果実を含めない説は，物上代位によって法定果実に抵当権の効力が及ぶとする。最高裁も，抵当不動産の賃料に対する抵当権の物上代位を肯定するにいたっている（最判平元・10・27民集43巻9号1070頁など）（これについては，抵当権の物上代位のところで述べる）[3]。これに対し，近時の多数説は，抵当権設定者に目的不動産の使用・収益が委ねられる以上，天然果実だけでなく法定果実にも抵当権の効力が及ぶのは抵当権の性質に反するとして，371条の法定果実への適用を認めるとともに，物上代位によることを否定する[4]。したがって，この多数説によれば，天然果実と同様に，抵当権実行の着手の時から抵当権の効力

---

1)　柚木＝高木・260頁，槇・156頁，道垣内・116頁，基コ物権226頁（林＝安永）。
2)　我妻・講義Ⅲ275頁，柚木＝高木・262頁，基コ物権226頁（林＝安永），川井・概論(2)397頁（改説）など。
3)　立法者も，判例・通説と同様に，371条の「果実」には法定果実は含まれず，物上代位によって抵当権の効力を法定果実に及ぼすべきと考えていた（角「民法370条・371条（抵当権の効力の及ぶ目的物）」民法典の百年Ⅰ618頁以下）。
4)　鈴木・200頁，近江・担保140頁，槇・157頁，道垣内・117頁，119頁など。

が法定果実に及ぶことになる（371条1項但書）。しかし，民事執行法では，この371条1項但書にもとづき抵当権者が法定果実から優先弁済を受ける手続が定められていないから，抵当権者は，民事執行法193条1項後段の定める物上代位の手続に従って優先弁済を受けることになる[1]。そうすると，両説の具体的な違いはそれほど大きくなく，法定果実に抵当権の効力を及ぼすためには目的不動産に対する抵当権の実行が必要かどうかという点にあろう。

(3) 抵当権の物上代位

◆ 導入対話 ◆

教師：A君。もし，抵当権が設定されている建物が，隣家からの類焼で燃えてしまったら，その場合，抵当権はどうなるのだろうか。

学生：詳しくは分かりませんが，抵当権の目的物が消滅したんですから，抵当権も消滅するのではないのですか。物権の消滅原因として目的物の滅失がありますから。

教師：では，その建物に火災保険が掛けられていて，保険金がおりることになった場合はどうかな。

学生：う〜ん。でも，保険金は，保険料を払っていたから出たんでしょう。そしたら，それは，普通は，保険料を払っていたその建物の所有者のものになるわけだし……。

教師：では，その建物を他人に貸していた場合に，貸主が受け取れる賃料はどうだろうか。

学生：そうそう。たしか，担保物権の共通の性質として，担保目的物が形を変えたとき，それにも及ぶとか及ばないとか……。なんて言ったっけな……。

(ア) 物上代位とは何か　(a) 物上代位の意義　先取特権の物上代位に関する規定である304条は抵当権に準用され（372条），抵当権にも物上代位が認められている。したがって，抵当不動産の売却，賃貸，滅失または毀損によって，あるいは抵当不動産に設定された物権の対価として，**抵当不動産の所有者**が受けるべき金銭その他の物（売却代金・賃料・損害賠償金・保険金など（以

---

1) 鈴木・206頁，槇・157頁，道垣内・117頁，角・前掲論文643頁。

下では「代位物」という))にも，抵当権の効力が及び，抵当権者はこれらの代位物から優先弁済を受けることができる。これを**抵当権の物上代位**という。なお，304条では「債務者が受けるべき……」となっているが，これは先取特権では債務者所有の財産が目的物となるからであり，抵当権では物上保証人や第三取得者などの債務者以外の者の不動産も問題となるので，「抵当不動産の所有者」と解されている。

(b) 物上代位の本質　(i) なぜ抵当権に物上代位が認められるのか，いいかえれば物上代位という制度の本質は何かということについては，基本的には2つの考え方に分かれている。1つは，物上代位は抵当権の価値権という本質から当然に認められる制度であるという説である（**価値権説**）。すなわち，この説は，抵当権は目的物の交換価値（担保価値）を把握する価値権であるから，目的物の交換価値が現実化したときには，この現実化した価値（代位物）に抵当権の効力が当然に及ぶことになるとして，このような抵当権の価値権性から認められた制度が物上代位であるとする。そして，この価値権説が従来からの通説的見解となっている[1]。他の1つは，物上代位は抵当権者の保護のために法律によって特別に認められた特権的効力であるとする説である（**特権説**）。たとえば，抵当権も物権の1つであるから，目的物が第三者の不法行為によって滅失すれば抵当権も消滅するのが原則である。しかしそれでは，目的物の所有者は抵当権の負担を免れたうえに不法行為者に対する損害賠償請求権を取得するという利益を得るのに対し，抵当権者は抵当権を失うという損失を受けることになる。そこで，抵当権者を保護するために，特別に損害賠償請求権に抵当権の効力が及ぶことを認めたのが物上代位制度であるとする。このような特権説の考え方は，戦前の大審院判例の採るところであり（大連判大12・4・7民集2巻209頁），また学説でも近時の多数説になりつつある[2]。

(ii) 価値権説の説明が当てはまるのは抵当不動産の売却および滅失・毀損の場合であり，賃貸の場合には当てはまらない。また，特権説についても，その説明がよく当てはまるのは抵当不動産の滅失・毀損の場合である。したがって，いずれの説を採っても物上代位の本質を一元的に説明することは困難といえる。

---

1) 我妻・講義Ⅲ276頁，柚木＝高木・10頁など。
2) 鈴木・200頁，近江・担保44頁以下など。道垣内・117頁以下も同旨。

しかし，価値権説については，抵当権の本質を価値権とするのはドイツ法に固有のものであって普遍的なものとはいえないことからすれば，妥当といえないであろう。そこでさしあたりは，特権説の立場を前提として，物上代位は，抵当権設定者と抵当権者間の公平を図るという法政策的な観点から，法律によって特別に認められた制度であると解しておきたい[1]。

(イ) 物上代位の対象（代位物） (a) 372条によって準用される304条によれば，代位物は，①目的不動産の売却代金，②目的不動産の賃料・用益物権の対価，③目的不動産の滅失・毀損による損害賠償金や火災保険金などである。しかし，先取特権と抵当権とでは性質や効力に違いがあるために，これらすべての物が抵当権においても代位物になるのかどうか問題となる。なお，304条では代位物は「金銭その他の物」となっているが，「債権」が代位物であると解されている（たとえば，目的不動産の賃貸の場合であれば賃料債権が代位物になる）。

(b) 売却代金　抵当不動産の売却代金が代位物になるかどうかについて争いがある。というのは，①抵当権は登記を備えておれば第三取得者に対抗でき，抵当不動産が売却されても目的不動産について抵当権を実行できること，②抵当権者が売却代金から優先弁済を受けるには，**代価弁済の制度**（377条）を利用できることから，売却代金への物上代位を認める必要がないと考えられるからである。そこで，近時の多数説は，304条が売却代金を代位物にしたのは，動産先取特権には追及効がなく，目的動産が売却されると先取特権が消滅すること（333条参照）を念頭に置いたからであるとして，抵当権については売却代金への物上代位を否定する[2]。しかし，通説は売却代金への物上代位を肯定する。もっとも，物上代位権が行使されれば，売却代金額が抵当債務額に満たなくても抵当権は消滅すると解している[3]。

(c) 賃料・用益物権の対価　(i) 抵当不動産の賃料やそれに設定された用益物権の対価（地上権であれば地代，永小作権であれば小作料）が代位物になるかどうかについても，学説は基本的にはこれを否定する説と肯定する説とに

---

1) 内田・民法Ⅲ366頁は，物上代位は「公平」な結論を導き出すための制度であるとする。
2) 鈴木・205頁，高木・121頁，近江・担保141頁，道垣内・119頁，内田・民法Ⅲ371頁など。
3) 我妻・講義Ⅲ293頁。同旨，柚木＝高木・263頁。

分かれている。近時の多数説である否定説は、抵当権は目的物の使用・収益を設定者に委ねるものであり、賃料や用益物権の対価は抵当目的物からの収益である以上、これらに抵当権の効力が及ぶのは抵当権の本質に反することを理由に、賃料や用益物権の対価について物上代位を否定し、371条によって抵当権実行の後に抵当権の効力が及ぶとする[1]。これに対し、従来の通説は、賃料や用益物権の対価について371条の適用を否定し、物上代位を無条件に肯定する[2]。①賃料や用益物権の対価は抵当不動産の交換価値のなし崩し的実現であり、②目的物を売却（競売）しないで賃料や用益物権の対価から優先弁済を受けることが抵当権者にとっても望ましい、③物上代位による優先弁済の限度で抵当債務も減少するので債務者にとっても不利ではないなどが、その理由である。さらに、近時では、無条件に物上代位を肯定するのではなく、債務者に信用危機が生じた後に賃料への物上代位を肯定したり[3]、抵当権設定登記後の賃貸借から生じた賃料について物上代位を肯定するなど[4]、一定の条件の下で物上代位を認める折衷説も有力に主張されている。

(ii) 判例は、通説と同様に、賃料への物上代位を無条件に肯定する（前掲最判平元・10・27）。この平成元年判決は、建物の先順位抵当権者が抵当権を実行したので建物賃借人が供託した賃料の還付請求権について、後順位抵当権者が物上代位権を行使できるかどうかが争われたものである。そして、まず前提として、①372条によって先取特権に関する304条が抵当権にも準用されていること、②抵当権は目的物の使用・収益を伴わない担保権であるが、これは先取特権も同じであること、③第三者による使用の対価について抵当権の行使を認めても、設定者による目的物の使用を妨げたことにはならないことから、目的物の賃料に対する物上代位を否定すべき理由はないとして、賃料への物上代位を肯定したうえで、賃料が供託された場合には、その**供託金還付請求権**は賃料債権に準ずるものであるからこれについて物上代位権を行使できるとした。そし

---

1) 鈴木・206頁、近江・担保141頁など。
2) 我妻・講義Ⅲ281頁以下、柚木＝高木・266頁、川井・概論(2)401頁（改説）、内田・民法Ⅲ373頁以下、鎌田「賃料債権に対する抵当権者の物上代位」金融法の課題と展望25頁以下など。
3) 槇「動産売買先取特権の効力とその実現(5)」金融法事情1174号18頁。
4) 伊藤眞「賃料債権に対する物上代位（下）」金融法務事情1252号12頁以下、高木・132頁（改説）。

て，目的不動産に対して抵当権が実行されている場合でも，実行の結果抵当権が消滅するまでは賃料債権またはこれに代わる供託金還付請求権に対する物上代位は可能であるとした。賃料への物上代位の問題について，これまでの判例は，大審院でははっきりしたものがなく，戦後の下級審では肯定例と否定例とに分かれていた[1]。この平成元年判決は，最高裁として初めてこの問題に決着をつけたものである。しかし，この判決に対しては，この事件のように後順位抵当権者の賃料への物上代位を無条件に肯定すると，先順位抵当権者に優先して弁済を受けることを認めることになるという疑問や，これを肯定すると，先順位抵当権者はより早く賃料の差押をすることになり，抵当権設定者はそれだけ賃料収益を確保することが困難になるという批判などが出されている。

(ⅲ) 以上のように，賃料や用益物権の対価に対する物上代位の可否については，現在では否定説・無条件肯定説・折衷説に分かれている。しかし，否定説については，その主たる論拠である，抵当権は非占有担保であり目的物の使用・収益を設定者に委ねるものであるということは，前述の平成元年判決が述べるように，先取特権についてもいえることであり，同じ非占有担保の先取特権について明文で賃料への物上代位が認められている以上，これを理由に物上代位を否定すべきことにはならない。また，目的物の使用・収益に抵当権者が干渉できないという議論は，抵当権を価値権と解する考え方に由来するが，このような理解が普遍的でないことはすでに述べたとおりである（【展開講義29】参照）。さらに，否定説では，賃料や用益物権の対価について371条が適用され，抵当権実行の着手の時からそれらに抵当権の効力が及ぶことになるが，その手続は民事執行法193条1項後段の物上代位の手続によるものとされている（本節(2)(エ)(b)参照）。そうすると，賃料などへの物上代位を肯定する立場と結果的にはほとんど違わないことになる。両者の違いはせいぜい，否定説では，債務不履行が生じても抵当権が実行されないと賃料などへ抵当権の効力が及ばないが，肯定説では，債務不履行が生じれば賃料などに対して物上代位が可能であるというくらいであろう。つぎに，一定の条件の下で物上代位を肯定する折衷説は，賃料などをめぐる抵当権者と設定者・一般債権者の利益状況を考慮

---

1) 詳細は，鎌田・前掲論文41頁以下参照。

に入れたものであり，傾聴に値する説であるが，403条や372条からそのような解釈論が採れるか疑問である[1]。したがって，371条の「果実」には賃料などの法定果実は含まれないという同条の立法趣旨をも考慮に入れて，通説・判例の採る無条件肯定説を支持したい。ただし，賃料や用益物権の対価を抵当不動産の交換価値のなし崩し的実現とする通説の考え方には賛成できない。これらは抵当不動産の利用の対価であり，その交換価値を代表するものではないからである。また，前述の平成元年判決に対する批判については，債務者が債務不履行になっている以上，それでもよいと考えられる[2]。

(d) 目的物の滅失・毀損により受くべき金銭その他の物　第三者が抵当不動産を滅失・毀損した場合に設定者が取得する不法行為にもとづく損害賠償請求権や，抵当建物の焼失によって設定者が取得する保険金請求権がこれに当たる。前者の損害賠償請求権が代位物になることについては，学説・判例（大判大5・6・28民録22輯1281頁，大判大6・1・22民録23輯14頁）とも異論がない。後者の保険金請求権については，物上代位を肯定するのが判例（前掲大連判大12・4・7民集2巻209頁）・通説である[3]。これに対し，学説の中には，保険金請求権は保険契約による保険料支払の対価として生じるものであり，抵当目的物の価値変形物または等価物ではないとして，保険金請求権への物上代位を否定するものがある[4]。しかし，この説は，物上代位制度を価値権説の立場からとらえている点で問題があるといえよう。目的物の設定者が保険契約を結んで保険料を支払わなければ保険金請求権は生じないが，抵当権者と設定者の公平を図るという政策的配慮から保険金請求権への物上代位を肯定すべきである。もっとも，通常は抵当権者は保険金請求権について質権の設定を受けるので，保険金請求権への物上代位が問題となることは少ない。ただ，第三者が保険金請求権に質権の設定を受けた場合には，この質権と抵当権の物上代位との優劣が問題となり，議論が分かれている（【展開講義 33】参照）。

(e) 特別法による補償金・清算金　土地収用法104条や土地改良法123条な

---

1) 近江・担保140頁。
2) 内田・民法Ⅲ373頁以下。
3) 我妻・講義Ⅲ283頁，高木・131頁，近江・担保142頁など。
4) 注民(9)60頁（柚木＝西沢），白羽「抵当権の物上代位」演民560頁など。

どは，抵当地の収容・買収に際して設定者に交付される補償金・清算金などについて，抵当権者の物上代位権を認めている。

【展開講義 32】 代位物の払渡または引渡前の差押にはどのような意義があるか

(1) 物上代位権の行使要件としての差押

抵当権者が物上代位権を行使して代位物から優先弁済を受けるためには，代位物の払渡または引渡の前に差押をすることが必要である（304条1項但書）。この差押について，つぎのような問題がある。①第1は，なぜ代位物の払渡または引渡前に差押をしなければならないのか，いいかえれば払渡または引渡前の差押の意義はなにかという問題である。②第2は，これとの関係で，差押は抵当権者自身が行う必要があるのか，あるいは他の債権者が差押をすればよいのかという問題である。③第3は，いつまでに差押をしなければならないかという差押の時期の問題である。たとえば，代位物である賃料債権が第三者に譲渡されたり，他の債権者によって差し押さえられて転付命令が得られたりした場合でも，賃料が譲受人や差押債権者に現実に支払われるまでは，抵当権者はその賃料債権を差し押さえて物上代位権を行使できるかという問題である。以下では，①と②の問題はこれまで関連づけられて議論されてきたのでこれらを一緒に述べた後に，③の問題について触れることにしたい。

(2) 差押の意義

差押の意義についてはさまざまな見解の対立があるが，従来は基本的には特定性維持説と優先権保全説とに分かれていた。しかし，最近では第三債務者保護説という新しい考え方が有力になりつつある。

(ｱ) 特定性維持説　物上代位という性質は抵当権の価値権という本質から当然に認められるものであるとする価値権説では，差押の意義は，代位物が払渡または引渡によって抵当債務者の一般財産に混入することを防ぎ，代位物の特定性を維持することにあるとする（**特定性維持説**）[1]。ただ，代位物に対する抵当権者自身の差押が必要かどうかについては，見解が分かれており，①他の債権者（後順位抵当権者や一般債権者など）の差押があればそれによって特定性が維持されるので，抵当権者自身が改めて差し押さえる必要はないとする説と[2]，②他

---

1) 我妻・講義Ⅲ288頁，柚木＝高木・270頁以下，川井・担保59頁，同・概論(2)404頁など。
2) 柚木＝高木・272頁。

の債権者が代位物を差し押さえた場合でも，抵当権者自身の差押が必要とする説とがある[1]。しかし，民事執行法に物上代位権行使の手続規定が置かれ（民執193条2項），それによって準用される同法165条が，配当要求の終期までに差押・仮差押の執行または配当要求をしなければ債権者は配当を受けられないとしている以上，物上代位権を行使する抵当権者もこの終期までに差押または配当要求をしなければならないことになる。したがって，他の債権者の差押でもよいとする①説は，現在では成り立たないといえよう[2]。

(ｲ) 優先権保全説　つぎに，物上代位は法律によって特別に認められた抵当権の効力であるとする特権説の立場からは，差押は代位物に対する抵当権者の優先権を保全するためのものであり，したがって，抵当権者自らが差し押さえることが必要であるとする（**優先権保全説**）。これは戦前の大審院判例が採る考え方であり（前掲大連判大12・4・7，大決昭5・9・23民集9巻918頁），とくに昭和5年大審院決定は，代位物である債権には物上代位権の公示方法がないので，第三者保護のために債権への物上代位を差押によって明確にしたのであり，差押は第三者に対する物上代位権保全の要件であるとして，優先権保全の意味を明らかにしている。しかし，戦後の最高裁ではこの考え方は維持されておらず，とくに最近ではつぎに述べる第三債務者保護説を採る判例が現れている。また，この特権説に近い立場を採る学説の中には，差押を物上代位権の公示方法と解し，抵当権者自らの差押が必要であるとするものがある[3]。すなわち，物上代位による抵当権者の優先権も一般原則に従って公示されるべきであり，債権に公示方法がない以上，抵当権者自身が差し押さえることによって自己の優先的な地位を公示すべきであるとする。この説は，前掲昭和5年大審院決定の考え方をさらに一歩進めたものといえよう。

(ｳ) 第三債務者保護説　最後に，最近有力になりつつある説として，**第三債務者保護説**と呼ばれるものがある。この説は，304条の沿革，とくにそのもととなったボアソナード民法草案1138条から旧民法債権担保編133条にかけての起草者の見解を根拠に[4]，差押の意義は，物上代位によって抵当権の効力が代位物に

---

1) 我妻・講義Ⅲ290頁，川井・概論(2)404頁。
2) 吉野「物上代位における差押えの意義」争点Ⅰ160頁以下，新注民(9)171頁（小杉）。
3) 道垣内・120頁，内田・民法Ⅲ369頁。なお，内田・同頁は，この説を優先権保全説のヴァリエーションという。
4) 304条の沿革と成立史については，谷口「物上代位と差押」民法学3　108頁以下，吉野・前掲論文161頁以下，清原・物上代位の法理12頁以下，生熊「民法304条・372条（先取特権・抵当権の物上代位）」民法典の百年Ⅰ537頁以下参照。

当然に及ぶことを前提として，二重払の危険から第三債務者を保護することにあり，抵当権者が代位物に対する抵当権の効力を第三債務者に主張するために，抵当権者自身の差押が必要であるとする。ただ，物上代位の本質については，抵当権者保護という政策から法律が特別に認めたものであるが，それを認めることが抵当権の価値権的性質にも合致するとして，物上代位制度を特権説と価値権説の双方から根拠づけている[1]。そして，最近では，最高裁でもこの第三債務者保護説に立つ判例が相次いで出されるにいたっている（最判平10・1・30民集52巻1号1頁，最判平10・2・10判時1628号9頁）。いずれも，代位物である将来の賃料債権が第三者に譲渡された後に抵当権者が物上代位権を行使した事件である。そして，両判決は，物上代位によって抵当権の効力が代位物たる債権に及ぶから，第三債務者が抵当権設定者に弁済しても債権消滅の効果を抵当権者に対抗できず，二重弁済を強いられる危険から第三債務者を保護する趣旨で差押が要求されていると解し，このような差押の趣旨から，代位物たる将来債権が譲渡され対抗要件（467条参照）が具備された後でも，抵当権者は自ら目的債権を差し押さえて物上代位権を行使できるとした。なお，これらの判決が物上代位の本質について特権説の立場を採っているかどうかは明らかでない。

(3) 差押の時期

(ｱ) 物上代位権の行使要件としての差押は，304条によれば代位物の「払渡又は引渡」の前に行うべきものとされている。そして，この「払渡又は引渡」には物上代位の目的債権の譲渡や差押が含まれるかどうかが問題となっている。これについて，従来の判例は，目的債権が抵当債務者から第三者に譲渡されてその対抗要件が備えられた場合や，抵当債務者の一般債権者がそれを差し押さえて転付命令（民執159条参照）を得た場合には，もはや抵当権者は目的債権を差し押さえて物上代位権を行使することができないが（前掲大連判大12・4・7，前掲大決昭5・9・23など），一般債権者が単に差押命令を得たにとどまる場合には，物上代位権の行使は妨げられないとしていた（最判昭59・2・2民集38巻3号431頁，最判昭60・7・19民集39巻5号1326頁（いずれも動産売買先取特権にもとづく転売代金債権への物上代位の事案））。したがって，これまでの判例によれば，304条の「払渡又は引渡」には目的債権が譲渡されて対抗要件が具備された場合やこれにつき**差押命令・転付命令**が得られた場合も含まれることになる。多くの学説も，このような判例の考え方を支持している[2]。

---

1) 清原・前掲書27頁以下。同旨，鎌田「物上代位と差押」展開民Ⅰ272頁，276頁。
2) 川井・概論(2)404頁，高木・135頁，鎌田・展開民Ⅰ274頁など。

3 抵当権の効力

(ｲ) しかし，差押の意義につき特定性維持説を採る学説の中には，目的債権が譲渡されたり差し押さえられて転付命令が得られた後であっても，債権が譲受人や差押債権者に弁済される前であれば，抵当権者は目的債権を差し押さえて物上代位権を行使できるとするものがある[1]。そして，最近の第三債務者保護説も，これと同様の考えを採っており[2]，また，この立場に立つ最高裁が，目的債権が譲渡され対抗要件が備えられた後でも抵当権者は物上代位による差押ができるとしたことは前述のとおりである（前掲最判平10・1・30，前掲最判平10・2・10）。したがって，これらの考え方によれば，304条の「払渡又は引渡」は，文字どおり「現実の弁済」だけを意味することになる。

【展開講義　33】　保険金請求権への物上代位と保険金請求権上の質権のいずれが優先するか

建物に抵当権を設定する場合，抵当権者は設定者に火災保険を掛けさせて，その保険金請求権（将来債権）の上に質権を設定させることが一般に行われている。そうすると，抵当権者は，物上代位によらなくても，質権者として保険金請求権の上に優先権をもつことになる（債権質）。問題は，抵当権者ではなくて第三者が質権の設定を受けた場合である。たとえば，建物所有者AがBのために抵当権を設定し，他方では，建物の火災保険金請求権につきCのために質権を設定した場合には，Bの物上代位権とCの質権のいずれが優先するか問題となる。このBの抵当権の物上代位とCの質権の優劣の問題についてはさまざまな見解があるが[3]，大別すれば，①Bの抵当権登記の時とCの質権の対抗要件具備の時の前後によって優劣が決まるとする説[4]と，②Bの物上代位による差押の時とCの質権の対抗要件具備の時の前後によって優劣が決まるとする説[5]に分けられる。①説は，差押は代位物を特定するものであり（特定性維持説），抵当権の登記が物上代位権の公示方法であると解するからである。これに対し，②説は，差押を物上代位による優先権保全の要件（優先権保全説），とくに差押を物上代位権の公示方法ととらえているからである。

---

1) 我妻・講義Ⅲ290頁。
2) 清原・前掲書31頁以下。
3) 詳細は，白羽「抵当権の物上代位」演民561頁以下，川井・概論(2)404頁以下参照。
4) 鹿児島地判昭32・1・25下民集8巻1号114頁，柚木＝高木・274頁など。
5) 福岡高宮崎支判昭32・8・30下民集8巻8号1619頁（前掲鹿児島地判の控訴審），福岡地小倉支判昭55・9・11下民集31巻9＝12号890頁，近江・担保143頁，道垣内・120頁など。

(ウ) 物上代位権行使の方法　物上代位権行使の手続については，民事執行法193条に規定があり，債権執行の規定が準用される。それによると，抵当権者が物上代位権を行使する方法は，つぎの2つの場合に分けられる。

(a) 抵当権者自身が差し押さえる場合　抵当権者が抵当権の存在を証する文書を提出したときに限り，物上代位権の行使が開始され（民執193条1項後段），債権執行の手続によって行われる（同条2項）。そして，抵当権者は抵当権の順位に応じて優先弁済を受ける。

(b) 他の債権者が差し押さえた場合　他の一般債権者または後順位抵当権者が代位物を差し押さえた場合には，この者のために債権執行の手続（民執143条以下）が開始される。そこで，この手続の中で抵当権者が配当を受けるためには，配当要求の終期までに差押または配当要求をしなければならない（民執165条）。

3.2 抵当権の侵害に対する効力

◆ 導入対話 ◆

学生：実は，父が，他人にお金を貸すについて，その人の山林に抵当権を設定したのですけれど，その後，その山林の持ち主が，山林を刈り取って，運び出そうとしているんだそうです。そうした場合，何か，父がとりうる手段はありますか。たしか，抵当権は，非占有担保だから，抵当権の実行までは，何もいえないとも聞いたような気もするんですが。

教師：ふ〜ん。たいへんだね。たしかに，抵当権は非占有担保だから，基本的には，実行時までは，いわゆるアンタッチャブルなんだ。けどね，それでは，抵当権をいざ実行しようとしたときに役に立たないことになる恐れがあるよね。

学生：そうです。でないと，山林は，山の土地が担保の主な目的ではないんだし，結局，山林に価値があるんでしょう。では，そうした場合に，なにか，父はできるんですか？　たとえば，他に，担保をよこせとか。

教師：そこから先は，基本講義を読んでほしいね。

(1) 抵当権侵害に対する物権的請求権

(ア) 抵当権侵害の意味　(a) 抵当権も物権の一種であるから，抵当権が侵害されると，抵当権保護のために物権的請求権が発生する。しかし，この場合

に問題となるのは，そもそも**抵当権の侵害**とはなにを意味するのかということである。というのは，抵当権は目的物を換価して優先弁済を受ける権利であるから，目的物が毀損されても被担保債権を弁済できる十分な価値が残っておれば侵害はないといえるからである。そこで，通説は，抵当権が実行された場合に目的物の価値が減少して被担保債権の十分な満足が得られなくなることが予想されるときには抵当権の侵害に当たるとする[1]。この考え方によれば，目的物が毀損されてもそれがただちに抵当権の侵害になるわけではなく，目的物の価値が被担保債権を満足できない程度に減少すると予測される場合にのみ抵当権の侵害があることになる。したがって，通説においては，抵当権侵害の判断基準は，目的物の価値（価額）が被担保債権額を下回ることであり，価値の減少があっても被担保債権額以上の価値が確保されていれば，抵当権の侵害にはならないことになる。

(b) しかし，このような通説に対しては，抵当権実行の前では目的物の価値が債権額を下回るか否かは予測が困難であり，また競売時の事情によって売却価額は大きく変わるので，通説のような判断基準は現実的妥当性を欠くという批判がなされている[2]。そして，この批判説の中には，価値の減少によって目的物の価値が被担保債権額を下回ることを必要とせず，目的物の価値の減少の可能性があれば抵当権の侵害になるとするものがある[3]。

(イ) 付加物・従物の分離・搬出　(a) 妨害排除請求権・妨害予防請求権

たとえば，抵当山林から樹木が伐採されたり，抵当に入れられた劇場から高価な舞台照明器具が分離された場合，これらの伐採樹木や照明器具が抵当山林や抵当建物から搬出されると，もはやこれらに対する抵当権の追及力を第三者に対抗できなくなり（3.1(2)(イ)参照），抵当目的物の価値が減少する可能性を生じる。このような抵当権侵害の可能性を除去するために，**抵当権にもとづく妨害排除請求・妨害予防請求**として，抵当権者は抵当山林や抵当建物からの樹木や照明器具の分離・搬出の禁止を請求できる。この場合，分離・搬出の行為が所有者（抵当権設定者）と第三者のいずれによるかを問わず，また行為者の

---

[1] 我妻・講義Ⅲ383頁，川井・担保120頁。
[2] 近江・担保162頁，高木・146頁。
[3] 高木・145頁以下。

故意・過失を必要としない。ただし，所有者は抵当目的物を使用・収益できるので，事業の一環として樹木を伐採・搬出するように，目的物の正当な利用によって分離・搬出する場合には，抵当権の侵害にはならない。判例は，当初，抵当権が実行され抵当山林が差し押さえられた後に樹木が伐採・搬出された場合に，差押の効力として樹木の伐採・搬出行為の禁止を請求できるとしていた（大判大5・5・31民録22輯1083頁）。しかし，その後態度を改め，差押前の樹木の伐採・搬出についても抵当権の効力としてその禁止を請求できるとした（大判昭7・4・20新聞3407号15頁）。

(b) 返還請求権　　前例の分離された樹木や舞台照明器具が抵当山林や抵当建物から搬出された場合，抵当権者はその返還を請求できるかどうかが問題となる。分離物に対する抵当権の実行は抵当不動産と一括して競売する必要があり，また搬出されて第三者に取得されると分離物に対する抵当権の効力を対抗できなくなるので（**3.1**(2)(イ)参照），**返還請求権**を認めるべきである[1]。もっとも，抵当権には目的物を占有すべき権能がないので，抵当権者への返還請求ではなく，元の所在場所への返還請求が認められる。最高裁では，工場抵当法2条により工場の建物とともに抵当権の目的とされた動産が工場外に搬出された場合に，抵当権者は搬出された動産をもとの備付工場に戻すことを請求できるとしたものがある（最判昭57・3・12民集36巻3号349頁）。普通の抵当権でも，同様に解すべきであろう。

(ウ) 抵当不動産の不法占有　　(a) 第三者が抵当不動産を不法に占有している場合に，抵当権者が抵当権にもとづく妨害排除請求として第三者の占有の排除を請求できるかどうかが問題となる。この問題は，とくに抵当権者を害する**詐害的短期賃貸借**が解除された場合について議論されている。すなわち，602条の定める短期賃貸借は，抵当権の設定登記後に設定された場合でも抵当権者に対抗できるが（395条本文），それが抵当権者を害する詐害的なものであるときは，抵当権者は賃貸借の解除を裁判所に請求できるとされている（同条但書）（詳細は，**3.4**(2)参照）。そして，解除されると賃借人は不法占有者となるので，抵当権者が抵当権にもとづいて妨害排除を請求できるか問題となる。

---

1)　同旨，我妻・講義Ⅲ385頁，高木・145頁など。

(b) この問題について，判例は，①抵当権が非占有担保である以上，抵当権者は抵当不動産の占有関係に干渉できる余地がなく，第三者が不法に占有しているというだけでは抵当権の侵害とはいえないこと，②競落後には民事執行法83条の引渡命令によって不法占有者は排除されるので，抵当不動産の担保価値の保存が図られていることを理由に，**不法占有者に対する抵当権にもとづく妨害排除請求**を否定する（最判平3・3・22民集45巻3号268頁）。しかし，多くの学説は，①不法占有者の存在は現実に競売価格を引き下げる要因となっていること，②民事執行法83条の引渡命令は，競売において買受人が生じた後の処理であり，それ以前の段階では役に立たないことなどを理由に，抵当権にもとづく妨害排除請求を肯定する[1]。そして，このような学説の批判を受けて，その後最高裁は平成3年判決を一部変更し，所有者に対する抵当権者の「抵当不動産維持保存請求権」（抵当不動産の侵害状態を是正し抵当不動産を適切に維持保存するよう求める請求権）の保全のために，抵当権者は，「民法423条の法意に従い，所有者の不法占有者に対する妨害排除請求権を代位行使できる」として，不法占有者に対する抵当権者からの明渡請求を肯定するにいたっている（最大判平11・11・24民集53巻8号1899頁。事案は詐害的短期賃貸借の解除によってではなく，もともと無権原の不法占有者に対する抵当権者からの明渡請求が問題となったもの）。

(2) 抵当権侵害に対する損害賠償請求

(ア) 債務者による加害　抵当権の侵害によって損害が生じた場合には，不法行為による損害賠償請求（709条）が問題となる。しかし，債務者（設定者）自身が抵当目的物を滅失・毀損した場合には，**期限の利益**を喪失し（137条2号），抵当権者は被担保債権全額を請求できるので，抵当権者に損害賠償請求を認める意味がない。

(イ) 第三者による加害　第三者が抵当目的物を滅失・毀損した場合には，目的物の所有者のみが不法行為者に対して損害賠償請求権を取得し，抵当権者はそれに物上代位できるにとどまると解するのが多数説である[2]。物上代位は，第三者の不法行為による担保物の滅失・毀損の場合に備えた抵当権者の保護制

---

1) 近江・担保166頁，高木・148頁，内田・民法Ⅲ396頁以下など。
2) 高木・151頁，近江・担保168頁，道垣内・146頁，内田・民法Ⅲ400頁など。

度であるからである。したがって，第三者による加害の場合にも，抵当権者に損害賠償請求権を認める必要性は乏しい。

(3) 期限の利益喪失と増担保の特約

(ｱ) 債務者の抵当権侵害の場合　債務者（設定者）の行為によって抵当目的物が毀滅・減少したときは，債務者の故意・過失を問わず，期限の利益が喪失され（137条2号），抵当権者は残存抵当物についてただちに抵当権を実行できる。この場合に，担保物を補充する**増担保の特約**があれば，債務者が相当の期間内に新しい担保物を提供しないときに（137条3号），はじめて期限の利益が喪失される。もっとも，増担保の特約がなくても，債務者が自発的に担保物を補充すれば，期限の利益は喪失されない[1]。

(ｲ) 第三者の抵当権侵害の場合　第三者の行為によって抵当目的物が毀滅・減少しても，当然には期限の利益は喪失されない。しかし，増担保の特約があるときは，債務者の担保提供義務の不履行によって期限の利益が喪失される（137条3号）。

3.3　抵当権の優先弁済的効力

◆　導入対話　◆

教師：抵当権者が弁済を受けられなかったとき，抵当権者にはどういう権利があるのだろうか。

学生：抵当権者は，被担保債権の弁済を受けない場合，抵当不動産から優先弁済を受けることができます。これが抵当権の最も中心的な効力です。

教師：それでは，抵当権者が抵当不動産から優先弁済を受ける方法には，どのようなものがあるのですか。

学生：たしか……。抵当権者が抵当権にもとづいて目的不動産を競売に付し，その売却代金から順位に応じて弁済を受けるんじゃないですか。

教師：このほかにも優先弁済を受ける方法はありますか。

学生：うーん。民法には規定はないのですが，たしか目的物を抵当権者が取得してもいいとか……。

---

1) 高木・153頁。

(1) 抵当権の実行

(ア) 序説　抵当権者が優先弁済を受ける第1の方法は，抵当権者の申立にもとづいて執行裁判所が抵当不動産を競売にかけ，抵当権者がその売却代金から順位に応じて配当を受けることである（**抵当権の実行**）。この抵当権の実行方法は，民事執行法が定める不動産競売手続による。そして，民事執行法は，抵当権の実行としての不動産競売手続については，若干の特則（民執181条以下）を置いたほかは，強制執行の総則規定の一部（民執38条・41条・42条）と不動産強制競売の規定の大部分（民執44条・45条〜92条。ただし同81条を除く）を準用している（民執188条・194条）。

(イ) 抵当権実行の要件　(a) 抵当権の存在　抵当権を実行するためには，まず抵当権が存在しなければならない。抵当権が存在しないのに不動産競売の開始決定がなされた場合には，債務者または不動産の所有者は，抵当権の不存在または消滅を理由として執行異議の申立ができる（民執182条）。また，抵当権不存在確認の訴えを提起し，抵当権の不存在を証する確定判決を得れば，その謄本を提出して競売手続を停止させることができる（民執183条1項1号）。そして，抵当権の実行を行うためには，抵当権の存在を証する文書が執行裁判所に提出されねばならない（民執181条1項）。この抵当権の存在を証する文書とは，①抵当権の存在を証する確定判決もしくは家事審判またはこれらと同一の効力を有するものの謄本，②抵当権の存在を証する公証人が作成した公正証書の謄本，③抵当権の登記（仮登記を除く）のされている登記簿の謄本のいずれかである（さらに，民執181条3項参照）。

(b) 弁済期の到来　被担保債権の弁済期が到来していないと，抵当権を実行できない。弁済期の到来前に競売の申立がなされ，競売の開始決定が行われても，手続上の瑕疵として執行異議（民執11条）が認められる[1]。ただし，開始決定の取消前に弁済期が到来すれば，瑕疵は治癒されるし，また弁済期到来前に競売手続が完了し，買受人が代金を納付して抵当不動産を取得すれば，もはや異議申立はできない（民執184条の類推適用）[2]。

(c) 第三取得者への抵当権実行の通知　抵当権を実行するには，抵当不動

---

1) 高木・158頁，近江・担保152頁。
2) 高木・158頁，近江・担保152頁以下。

産について所有権・地上権・永小作権を取得した**第三取得者**（滌除権者）にあらかじめ抵当権の実行を通知しなければならない（381条）。これらの第三取得者は抵当権を滌除する権利を有しており（378条），抵当権実行の前に滌除権行使の機会を与えるためである（滌除については，3.5(2)参照）。そして，抵当権者は，第三取得者がこの通知を受けた時から1カ月内に債務の弁済または滌除の通知を受けない場合に，抵当不動産の競売申立ができる（382条2項・387条）。通知は登記簿記載の第三取得者の住所にあててすればよいが，通知が到達しない場合は，通常到達すべき時から1カ月経過すると競売の申立ができる（大決昭6・12・11民集10巻1219頁）。通知をしないで競売の申立をした場合には，違法な申立として却下されるべきであるが，競売手続が完了して買受人が所有権を取得すると，第三取得者はその効力を否定できないとするのが判例（大判昭4・1・23民集8巻23頁）・通説である。

　(ウ)　競売手続　　以上の要件を満たすと，抵当権者は抵当不動産について競売の申立をすることができる。この競売手続は，つぎの順序で行われる（競売手続の詳細は，民事執行法の教科書・体系書に譲り，ここでは概略を述べるにとどめる）。

　(a)　競売の申立と競売開始決定　　(i)　競売の申立　　抵当権の実行としての不動産競売の申立は，目的物所在地を管轄する地方裁判所（執行裁判所）になされる（民執2条・188条・44条）。

　(ii)　競売開始決定　　競売の申立がなされると，執行裁判所は競売開始決定をなし，債権者のために目的不動産を差し押さえる旨を宣言する（民執188条・45条1項）。この開始決定は，所有者に（所有者と債務者が異なるときは債務者にも）送達される（民執188条・45条2項）。そして，競売開始決定がなされると，差押の登記が行われる（民執188条・48条）。差押の効力は，競売開始決定の送達または差押登記のいずれか早い時に生じる（民執188条・46条1項）。差押によって所有者は目的物の処分権を失うが，使用・収益権は失わない（民執188条・46条2項）。ただし，371条1項但書により，果実については抵当権の効力が及ぶようになり，抵当権者は果実から優先弁済を受けることができる（3.1(2)(エ)参照）。

　(b)　目的物の換価　　つぎに，目的不動産の換価が行われる。その手続は，

以下のとおりである。①執行裁判所により配当要求の終期が決定され，この終期が公告されるとともに，一定の債権者に対する債権届出の催告がなされる（民執188条・49条）。②執行裁判所によって最低売却価額が決定され（民執188条・60条），執行裁判所の定める方法によって目的不動産の売却がなされる（民執188条・64条）。③買受人が登場し，売却許可決定がなされると（民執188条・69条），買受人は執行裁判所に代金を納付し（民執188条・78条），目的不動産の所有権は買受人に移転する（民執188条・79条・82条）。なお，第三取得者は買受人になれるが（390条），債務者は買受人にはなれない（民執188条・68条）。

【展開講義　34】　抵当不動産上の担保権や用益権は競売による売却によってどうなるか

抵当不動産上にある担保権や用益物権・賃借権などの用益権には，売却によって消滅するもの（**消滅主義**）と買受人に引き受けられるもの（**引受主義**）とがある。

(1) 消滅主義がとられる担保権

先取特権，抵当権および使用・収益をしない定めのある不動産質（359条参照）については，消滅主義がとられる（民執188条・59条1項）。また，使用・収益をする不動産質でも，それに優先する先順位抵当権が消滅する場合は，消滅する（民執188条・59条2項）。仮登記担保権も同様に消滅する（仮登記担保16条1項）。これらの担保権者は，その順位に応じて売却代金から配当を受ける（民執188条・87条1項，仮登記担保13条）。

(2) 引受主義がとられる担保権

留置権および最優先順位の使用・収益をする不動産質は，売却によって消滅しない。これらの権利は，買受人が被担保債権を弁済しない場合には，存続する（民執188条・59条4項）。なお，仮登記担保権者は，清算金支払後に競売の申立がなされた場合には，目的不動産の所有権取得を抵当権者に対抗できる（仮登記担保15条2項）。

(3) 用　益　権

地上権・永小作権・賃借権などの用益権については，売却によって消滅する抵当権に対抗できないものは，売却によって消滅する（民執188条・59条2項）。したがって，最優先順位の用益権と短期賃貸借（395条）だけが買受人に引き受けられて存続する（短期賃貸借については，**3．4**(2)参照）。

(c) 売却代金の配当　(i) 最後に，目的物の売却代金が債権者に配当される。配当を受ける債権者は，①実行手続をとった抵当権者のほかに，②抵当権者の執行に重ねて差押をした債権者，③配当要求の終期までに配当要求をした他の債権者，④差押の登記前に登記され，売却により消滅する先取特権，不動産質または抵当権を有する者である（民執188条・87条1項）。配当は，まず手続費用に，ついで第三取得者が有する費用償還請求権（391条）に対して行われ，それに遅れて各債権者に，それぞれの順位に従って行われる。

(ii) 抵当権者は一般債権者に優先するが，他の担保権と抵当権との優劣関係はつぎのとおりである。①他の抵当権との優劣関係は，登記の前後によって決まる順位による（373条1項）。②一般の先取特権との優劣関係は登記の前後により，不動産保存・工事の先取特権は，登記があれば常に抵当権に優先し（339条），不動産売買の先取特権との優劣関係は，登記の前後で決まる（341条・373条1項）。③不動産質との優劣関係も，登記の前後による（361条・373条1項)[1]。

(iii) この配当手続をもって抵当権実行手続は終了し，抵当権は消滅する。抵当権者が当該手続で債権全額を回収できなかったときは，残額は無担保債権として存続する。

(2) 他の債権者による競売

抵当権の目的となっている不動産について，一般債権者が差し押さえて強制競売手続を開始したり，他の担保権者が担保権の実行としての競売手続を開始したりすることができる。この場合，抵当権は売却によって消滅するので（消滅主義）（民執188条・59条1項），抵当権者は，その順位に応じて売却代金から配当を受けられる（民執188条・87条1項4号）。もっとも，抵当権者は二重の競売申立をできるが，その競売開始決定がなされた場合には，先行する一般債権

---

[1] たとえば，債務者A所有の不動産について，Bが留置権（債権額100万円）を有し，現在これを占有し，Cが第1順位抵当権（債権額1,000万円），Dが第2順位抵当権（債権額2,000万円），Eが不動産工事の先取特権（債権額500万円）を有する。Dが抵当権の実行を行い，その手続に無担保債権者F（債権額500万円）・G（債権額1,500万円）が配当要求をした。Hが当該不動産を4,500万円で買い受けたとしよう。この場合，Hが執行裁判所に納付した売却代金は，Eに500万円，Cに1,000万円，Dに2,000万円配当され，残りの1,000万円につき，FとGが債権額に比例して250万円と750万円の配当を受ける。BはHから100万円の弁済を受けない限り，Hに当該不動産を引き渡す必要がない（以上の例は，道垣内・161頁による）。

者や他の担保権者のなした競売手続内で順位に応じた配当を受けることになる（民執188条・47条・87条1項1号）。

(3) 一般債権者としての競売権

(ア) 抵当権者は同時に債権者であるから，一般債権者の資格で債務者の一般財産に対して強制競売手続をとることもできる。しかし，抵当権者が目的不動産に対して優先弁済権をもちながら，債務者の一般財産に対して強制競売手続をとることを認めるのは，他の一般債権者との関係で公平を欠くことになる。そこで，民法は，抵当権者が債務者の一般財産に対して強制競売手続をとることについて，一定の制限を設けている。

(イ) まず，抵当権者は，抵当権を実行して弁済を受けられなかった債権額についてのみ，債務者の一般財産に対して強制競売手続をとることができる（394条1項）。抵当権者が抵当権を実行しないで先に一般財産について強制競売手続をとったときは，一般債権者は異議を述べることができるが，債務者からは異議を述べられない（大判大15・10・26民集5巻741頁）。つぎに，抵当権の実行前に一般債権者が債務者の一般財産に対して強制競売手続をとった場合には，抵当権者も債権全額について配当を受けられる（同条2項本文）。ただし，一般債権者は，抵当権者に配当すべき金額の供託を請求できる（同項但書）。この場合，抵当権者は，抵当権を実行して弁済を受けられなかった額について，一般債権者と平等の立場で供託金から弁済を受ける。

(4) 抵当直流

債務の弁済がない場合に抵当権者に目的不動産の所有権を取得させて債務の弁済にあてる旨の弁済期前の特約を，**抵当直流**（じきながれ）の契約という。このような契約は，質権については禁止されているが（349条），抵当権については禁止規定がなく，有効と解するのが通説・判例（大判明41・3・20民録14輯313頁）である[1]。ただ，抵当不動産の価額が被担保債権額を大きく上回る場合には，暴利行為として抵当直流の効力が問題となる。しかし，仮登記担保や譲渡担保の場合と同様に，抵当権者に差額の清算義務を課すことによって対応すべきであろう[2]。

---

1) 近江・担保159頁は反対。
2) 高木・169頁，内田・民法Ⅲ414頁など。

3.4 抵当権と用益権

◆ 導入対話 ◆

学生：先生。抵当権が付いている不動産を売ったり，人に貸したりすることはできるんですか。

教師：A君。前に，抵当権の担保物権としての性質を勉強したよね。どうだった。

学生：たしか……非占有担保だとか……また，抵当権実行までは，抵当権設定者に使用収益処分の権利を認めているとか。

教師：そうだね，そうしたら……。

学生：そしたら……売ったり，貸したりできるわけですね。でも，売った場合，買った人はどうなるのですか。

教師：どうなるのですかとは？

学生：つまり，もしですよ。抵当権が実行されるようなことでもあれば……，権利を失うことになりかねないですよ。反対に，抵当権設定前に貸していた場合は，抵当権者はそのことを知っていて抵当権を設定するのですからいいですが，その後に貸した場合，当然，抵当権実行のときにややこしいことになりませんか。

教師：いいところに目を付けているね。

学生：それは，ほめているんですか？ 滅多にほめない先生にしてはおかしいな。

教師：いいや，そのとおりに受け取ってもらっていいんだよ。

学生：また，抵当権を実行された場合に，買主や賃借人に何らかの権利があるんですか？

教師：では，さあ。基本講義をよんで……。

(1) 法定地上権

(ア) 法定地上権の意義　(a) わが国では土地と建物が別個の不動産とされているために，土地と地上建物の双方を所有する者は，どちらか一方に抵当権を設定することができる。この場合に，その抵当権が実行されて土地と建物の所有者が強制的に分かれると，建物を土地上に存続させるための法的根拠がなくなることになる。そこで，民法388条は，抵当権の実行によって土地と地上建物の所有者が別人になる場合には，建物の存続のために法律上当然に地上権が設定されるものとした。これを**法定地上権**という。この法定地上権は，土地

と建物を別個独立の不動産としたわが国の特有の制度である。そして，法定地上権が認められる根拠として，①土地上に建物が存在する場合，抵当権設定者と抵当権者ともに抵当権の実行後も建物が存続するものと考え，これを前提として抵当目的物の担保価値を評価していること（両当事者の予測または予期），②抵当権が実行されて土地の利用ができなくなり，建物を取り壊すことになれば社会経済的に損失となるので，公益面から建物の存続を図るべきであること（地上建物の保護という公益）があげられる。したがって，抵当権の設定にあたって当事者間で法定地上権を排除する特約が結ばれても，388条が強行規定であることを理由にこの特約を無効とするのが判例（大判明41・5・11民録14輯677頁）・通説[1]である。

(b) **自己借地権** 立法論として**自己借地権**を認めるべきであるとする考え方がある。これは，土地所有者が抵当権の設定前に自己の土地に借地権（地上権または賃借権）を設定できれば，土地上の建物に抵当権が設定された場合には，従たる権利である自己借地権に抵当権の効力が及び（**3.1**(2)(ウ)参照），建物の買受人は借地権付の建物を取得でき，土地に抵当権が設定された場合には，建物所有者は土地の買受人に対して自己借地権を主張できることになり，わざわざ法定地上権制度を設ける必要がなくなるというものである。しかし，このように自己の土地に自己のために借地権を設定することは，民法の混同の原則（179条・520条）によって認められないという法律構成上の問題点がある（第2章**6.2**参照）。なお，借地借家法15条によって自己借地権が定められたが，これは，土地所有者が所有地上に建てたマンションを借地権付マンションとして分譲する場合を想定して設けられた制度であり，法定地上権に代わりうるものではない。

(c) 土地と建物の所有者の強制的分離は，抵当権の実行以外の場合にも生じる。そこで，①強制執行の場合（民執81条），②租税滞納による公売処分の場合（税徴127条），③仮登記担保権の実行の場合（仮登記担保10条。ただし，法定借地権とされる。第10章3参照）について，それぞれ388条と同様の規定が用意されている。

---

[1] 我妻・講義Ⅲ366頁など。

(イ) 法定地上権の成立要件　(a) 388条によれば，法定地上権の成立要件は，①抵当権の設定当時土地上に建物が存在すること，②抵当権の設定当時土地と建物の所有者が同じであること，③土地と建物の一方に抵当権が設定されたこと，④土地と建物の所有者が競売によって異なるにいたったこと，の4つである。そして，判例・学説ともこの成立要件を緩やかに解釈して，法定地上権の成立を広く認める傾向にある。

(b) 抵当権設定当時土地上に建物が存在すること　(i) 地上建物の存在
　法定地上権が成立するためには，抵当権の設定当時建物が存在していなければならない。この要件についてとくに議論されているのは，建物が存在しない更地(さらち)に抵当権が設定された場合に，その後に設定者によって建てられた建物のために法定地上権が成立するかという問題である(【展開講義 35】参照)。

(ii) 建物の再築の場合　抵当権の設定時に建物が存在しておれば，その後に建物が滅失または取り壊されて再築された場合でも，再築建物のために法定地上権が成立する(大判昭10・8・10民集14巻1549頁，大判昭13・5・25民集17巻1100頁，最判昭52・10・11民集31巻6号785頁)。抵当権の設定当時建物が存在しており，抵当権者は法定地上権の成立を予測していたわけであるから，再築建物について法定地上権を成立させてもよいと考えられるからである。問題は，旧建物と新建物のいずれを基準として法定地上権の内容を決定するかである。というのは，借地法では建物が堅固か非堅固かで地上権の存続期間に差があったため(同法2条参照)，再築によって建物が非堅固から堅固に変わった場合には，法定地上権の内容についていずれを基準にするかは重要な問題であったからである(もっとも，借地借家法では堅固・非堅固の区別をなくして，最短存続期間を一律30年としたので(同法3条)，現在ではこの問題の重要性はそれほど大きくない)。この問題につき，判例は，抵当権者は抵当権設定時の旧建物を基準として法定地上権の成立を予測しているので，原則として旧建物を基準とすべきであるとする(前掲大判昭10・8・10)。しかし，抵当権設定当時，抵当権者が，近い将来旧建物(**非堅固建物**)が取り壊されて**堅固建物**が建築されることを予定して，土地の担保価値を算定したという事情がある場合には，例外的に新建物を基準にした法定地上権が成立するとする(前掲最判昭52・10・11)。この場合，新建物を基準としても抵当権者の予測に反しないからで

ある。さらに，建物の再築は，抵当権設定者自らではなく第三者が行った場合でもよい（前掲大判昭13・5・25（妻が再築し，設定者も居住しているケース））。ところが，近年では，土地と地上建物が共同抵当に取られ，建物が再築された場合については，原則として再築建物について法定地上権の成立を否定する判例が相次いで出されており，大きな議論を引き起こしている（【展開講義 36】参照）。

(iii) 建物の滅失の場合　建物が滅失して再築されない間に抵当権が実行された場合，法定地上権が成立するかどうかについては説が分かれている。これを肯定する説は，抵当権者は法定地上権の成立を予測して担保価値を評価していることを理由とする[1]。これに対し，法定地上権の成立を否定する説は，保護の対象である建物が存在しない以上法定地上権を認める必要がないとする[2]。

(c) 抵当権設定当時土地と建物の所有者が同じであること　(i) 抵当権の設定当時土地と地上建物が同一の所有者に属していたことが必要である。抵当権設定時土地と建物の所有者が別人である場合には，建物のために土地利用権が設定されているのが通常である。したがって，①建物に抵当権が設定されれば，抵当権の効力はこの約定の土地利用権に及び，建物の買受人はこれを取得する。また，②土地に抵当権が設定されて実行された場合には，建物所有者は，対抗要件を備えた土地利用権を有しておれば，これを土地の買受人に対抗できる（605条，建物保護1条，借地借家10条）。それゆえ，これらの場合には法定地上権の成立を問題にする必要がないといえる。抵当権の設定時には土地と地上建物は別人に帰属していたが，その後土地または建物が譲渡されて同一人に帰属するにいたった場合にも，これと同様に考えられる。すなわち，①建物に抵当権が設定された場合については，抵当権設定時に存在した約定の土地利用権に建物抵当権の効力が及び，混同の例外（179条1項但書の類推適用）としてこの土地利用権は消滅しないで存続し（最判昭44・2・14民集23巻2号357頁）[3]，②土地に抵当権が設定された場合にも，混同の例外として約定の土地利用権が

---

1) 我妻・講義Ⅲ354頁。
2) 高木・201頁，近江・担保187頁（改説），道垣内・174頁以下など。
3) 高木・186頁，道垣内・175頁。これに対し，我妻・講義Ⅲ357頁以下，近江・担保192頁以下は，法定地上権の成立を肯定する。

存続する。

(ii) １番抵当権設定時別人・２番抵当権設定時同一人の場合　１番抵当権設定時には土地と建物は別人に帰属していたが、２番抵当権設定時には土地または建物の譲渡によって同一人に帰属していた場合である。この場合には、１番抵当権設定時には法定地上権の成立要件を欠いていたが、２番抵当権設定時にはその成立要件が備わっているので、１番抵当権が実行されたときでも法定地上権が成立するか問題となる。１番抵当権者は、法定地上権が成立しないものとして、土地または建物の担保価値を評価しているので、法定地上権が発生すると解すると彼の予測に反することになる。したがって、１番抵当権設定時を基準として、法定地上権の成立が否定される[1]。判例は、①Aが土地に１番抵当権を設定した後に建物を取得し、その後土地に２番抵当権を設定したが、１番抵当権が実行された場合については、法定地上権の成立を否定した（最判平2・1・22民集44巻1号314頁）。これに対し、②Bが建物に１番抵当権を設定した後に土地を取得し、その後建物に２番抵当権を設定したが、１番抵当権が実行された場合には、法定地上権の成立を肯定した（大判昭14・7・26民集18巻772頁）。しかし、いずれの場合にも法定地上権の成立を否定し、約定の土地利用権が存続すると解すべきである（前述(i)参照）。

(iii) 抵当権設定時同一人・競売時別人の場合　抵当権設定時土地と建物は同一人の所有であったが、その後に土地または建物が第三者に譲渡されて所有者が異なるにいたった場合には、法定地上権が成立する。すなわち、①土地に抵当権が設定された後に土地または建物が譲渡された場合には、建物のために約定の土地利用権が設定されるが、抵当権設定後のものであり抵当権に対抗できないので、建物のために法定地上権を認める必要があり、また抵当権設定時には法定地上権の成立要件が具備しているので、その成立を認めても抵当権者の予測に反しない（大連判大12・12・14民集2巻676頁、大判昭8・10・27民集12巻2656頁、最判昭44・4・18判時556号43頁など）。②建物に抵当権が設定された後に土地または建物が譲渡された場合は、譲渡時に設定された土地利用権が存続するとも考えられるが、抵当権設定時においては抵当権者は法定地上権の成

---

[1] 高木・187頁、内田・民法Ⅲ383頁以下。

立を予測していたので，法定地上権の成立を認めるべきである（通説）。

　(iv)　土地または建物が共有の場合　　判例は，まず，①ＡＢ共有の土地上にＡ所有の建物があり，Ａの共有持分権に抵当権が設定された場合については，法定地上権の成立を否定する（最判昭29・12・23民集8巻12号2235頁）。さらに，②ＡＢ共有の土地上にＡＣ共有の建物があり，Ａの債務の担保のために土地のＡＢ双方の持分権に抵当権が設定された場合についても，法定地上権は成立しないとする（最判平6・12・20民集48巻8号1470頁）。これに対し，③Ａ所有の土地上にＡＢ共有の建物があり，Ａ所有の土地に抵当権が設定された場合については，法定地上権の成立を肯定する（最判昭46・12・21民集25巻9号1610頁）。

　(d)　土地と建物の一方に抵当権が設定されたこと　　388条は，土地と建物のいずれかに抵当権が設定されたときに法定地上権が成立すると規定する。しかし，土地と建物双方に抵当権が設定され（共同抵当），その実行によって土地と建物が別々に競落された場合や，土地と建物の一方だけについて抵当権が実行された場合にも，法定地上権が成立する（判例・学説。共同抵当については，本章5参照）。このような場合にも，建物存続のために法定地上権が必要であることには変わりがないからである。

　(e)　土地と建物の所有者が競売によって異なるにいたったこと　　ここでいう競売はかつて，抵当権の実行としての競売のほかに，土地と建物のいずれかに抵当権が設定されておれば強制競売でもよいと解されていた。しかし，強制競売や租税滞納による公売処分などによって土地と建物の所有者の強制的分離が生じる場合については，現在では，各法律中に法定地上権に関する規定が設けられている（民執81条，税徴127条など。(ア)(c)参照）。したがって，本条は抵当権の実行としての不動産競売についてのみ適用されると解すべきであろう。

【展開講義　35】　更地に抵当権が設定された場合，その後に設定者によって建築された建物について法定地上権が成立するか

　(1)　判例・通説の立場

　(ア)　前述したように，抵当権設定当時土地上に建物が存在することが法定地上権の成立要件であり，このことから，**更地**に抵当権が設定された後に設定者によって建物が建てられても，その建物のために法定地上権が成立しないとするの

が判例（大判大4・7・1民録21輯1313頁，最判昭36・2・10民集15巻2号219頁，最判昭44・2・27判時552号45頁，最判昭47・11・2判時690号42頁，最判昭51・2・27判時809号42頁など）・通説である[1]。抵当権者は土地の担保価値を更地として高く評価しているので，法定地上権の成立が認められれば土地の売却価額が下がり抵当権者が損害を受けるからである。

(ｲ)　問題となるのは，抵当権者が建物の建築を承認していた場合には，法定地上権の成立が認められるかである。最高裁は，基礎コンクリートの上に土台が据え付けられたにとどまり，かつ建築材料の一部が搬入されていた場合について，法定地上権の成立を否定している（前掲最判昭36・2・10）。その理由として，抵当権者が「本件建物の築造を予め承認した事実があっても，……本件抵当権は本件土地を更地として評価して設定されたことが明らかであるから」ということが述べられている。このことは，抵当権者が建物の築造を前提として，土地の担保価値を底地価値（更地価額から利用権価額を差し引いた価値）として評価していた場合には，法定地上権の成立が認められる可能性があることを示唆しているといえよう[2]。もっとも，その後の最高裁は，抵当権者による建築の承認という事実があっても，法定地上権の成立を認めるべきではないとしている（前掲最判昭47・11・2，前掲最判昭51・2・27）。

(ｳ)　判例・通説によれば，更地に1番抵当権が設定された後に建物が築造され，その後土地につき2番抵当権が設定されてこれが実行された場合にも，法定地上権は成立しない（大判昭11・12・15民集15巻2212頁，前掲最判昭47・11・2など）。この場合，1番抵当権設定時には法定地上権の成立要件は満たされていないが，2番抵当権設定時にはこれが満たされている。しかし，2番抵当権の実行によって1番抵当権も消滅し，1番抵当権者はこの手続内で優先弁済を受けるので，1番抵当権設定時を基準として法定地上権の成立要件の具備を考えなければならないからである[3]。

(2)　有　力　説

以上のような判例・通説に対して，更地に抵当権が設定された後に設定者によって築造された建物のために法定地上権の成立を認めるべきであるとする有力説が存在する[4]。すなわち，抵当権の設定は，設定者の使用・収益を禁止するも

---

1)　我妻・講義Ⅲ352頁以下，川井・概論(2)424頁以下，高木・198頁，近江・担保184頁以下，道垣内・173頁以下など。
2)　柚木＝高木・366頁，高木・199頁，道垣内・173頁，内田・民法Ⅲ379頁。
3)　高木・199頁。
4)　柚木＝高木・365頁以下。

のではなく，土地所有者は，抵当地の利用方法として抵当権設定後も建物を建築できる。ところが，一方で法が建物の建築を希望しておきながら，他方で法定地上権を否定して建物を収去崩壊させるのは甚だしい矛盾であり，法定地上権が建物の崩壊を防止する社会経済的見地にたつ以上，これを認めるべきである。また，抵当権者も，後に建築される建物に与えられる法定地上権によって抵当権が制限されることを予期すべきである。したがって，抵当権者が土地のみを競売するときは，抵当権設定後に建築された建物のために法定地上権が成立し，抵当権者がこの不利を免れるには，土地と建物の一括競売の方法（389条参照）があるとする。さらに，近時でも，この有力説と類似の見解が唱えられている[1]。すなわち，更地に抵当権が設定された後に建てられた建物のために法定地上権が成立することによる不利益を免れさせるために，389条によって抵当権者に土地と建物を一括競売する特権が与えられていると解すべきであるから，抵当権者がこの特権を行使しないで土地のみを競売にかける場合には，388条によって法定地上権が成立するという説である。

(3) 若干の検討

更地に抵当権が設定された後に建物が設定者によって築造された場合に，判例・通説が法定地上権の成立を否定する理由は，更地として評価した抵当権者の期待に反するということである。しかし，抵当権者が建物の築造を認め，それを前提として担保評価した場合には，この理由は問題でなくなる。それよりも，この場合に無視できないのは競売における買受人の立場である。というのは，買受人にとっては，法定地上権のルールが明確であることに利益があり，買受人の知らない抵当権者側の事情によって法定地上権の成否が左右されては困るからである[2]。したがって，前述の昭和36年最高裁判決のように，抵当権者が更地と評価したかどうかで法定地上権を認めたり否定したりするようなことは，買受人の利益を害することになる。そうすると，更地に抵当権が設定された後に建物が築造された場合には，抵当権者が更地として評価したかあるいは建物築造を承認していたかなどを問わずに，一律に法定地上権の成立を認めるか否定するかのどちらかに考えるべきことになる。問題は，それではどちらの解釈を採るべきかであるが，近時の有力説が主張するように，抵当権者が土地と建物を一括競売しない場合には，法定地上権の成立を認めるべきであると解したい。その理由は，①土地に抵当権が設定された後も設定者がこの土地を使用・収益しながら被担保債権の

---

[1] 松本「抵当権と利用権の調整についての一考察(1)」民商法雑誌80巻3号313頁以下。

[2] 内田・民法Ⅲ380頁，松本「民法388条（法定地上権）」民法典の百年Ⅱ685頁。

弁済を図ることができるのが抵当制度の特徴である以上，更地に抵当権が設定された後に建てられた建物のために法定地上権を認めるのが妥当であり，②抵当権者が法定地上権の成立による不利益を避けるためには，土地と建物の一括競売権を行使すればよいと考えられるからである[1]。

【展開講義 36】 土地と地上建物双方に抵当権が設定され，その後建物が再築された場合には，再築建物について法定地上権が成立するか

(1) 従来の判例・学説の立場

(ア) 従来の判例・学説によれば，前述したように，土地と地上建物の双方に抵当権（**共同抵当**）が設定された場合にも，法定地上権の成立が認められ（本文(d)参照），また建物が滅失して再築された場合にも，原則として旧建物を基準とした法定地上権が成立する（本文(b)(ii)参照）。したがって，このような判例・学説の考え方を前提にすれば，土地と地上建物に共同抵当が設定され，その後建物が再築された場合にも，抵当権者は法定地上権の成立を予測していたから，再築建物のために法定地上権が成立することになる。すなわち，土地と建物は別個の不動産であるから，土地と建物を共同抵当に取った場合，土地抵当権は，土地の価値から法定地上権の価値を差し引いた底地価値を把握しており，建物抵当権は，法定地上権の価値が付いた建物価値を把握しているので，再築建物のために法定地上権の成立を認めても，抵当権者は不利益を受けることがないと考えられる（このような考え方を**個別価値考慮説**という。〔図1〕参照）。

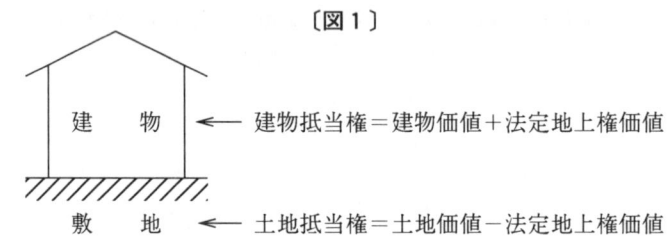

〔図1〕

建物 ← 建物抵当権＝建物価値＋法定地上権価値

敷地 ← 土地抵当権＝土地価値－法定地上権価値

(イ) ところが，バブル経済の崩壊の中で，融資金の返済ができず，そうかといって抵当権の実行に応じたくない債務者が，従来の判例・学説の理論を利用して，抵当権の実行を妨害する事態が増えてきた。たとえば，債務者Aが債権者B

---

[1] なお，判例・通説と異なり，民法起草者は，土地・建物の一括競売をするかどうかは抵当権者の自由ではなく，土地のみを競売に付して建物を除去させることは，建物所有者の利益および建物維持という公益に反し許されないと考えていた（松本・民法典の百年Ⅱ653頁）。

のために土地とともに共同抵当に入れていた甲建物を取り壊して乙建物を建築し，それを土地との共同抵当に入れずに，第三者Cに譲渡したり他の債権者Dのために抵当に入れたりするという場合である。この場合，従来の判例・学説によれば乙建物のために法定地上権が成立するので，Aは乙建物を高い価格でCに売却したり，高い担保評価でDのために抵当に入れたりできる。しかし，共同抵当権者Bは当初把握していた建物の担保価値を失うだけでなく，土地についても法定地上権を除いた低い価値しか把握できず，土地抵当権を実行しても満足に債権を回収できないことになる。このような抵当権実行の実質的な妨害に対処するために，前述の個別価値考慮説に代わる新しい考え方が提唱されるようになった。

(2) 全体価値考慮説

この新しい考え方の代表的な説が**全体価値考慮説**と呼ばれるものである。すなわち，前例の共同抵当権者Bは，土地の価値のうち，法定地上権に相当する部分については建物抵当権で把握し，底地部分については土地抵当権で把握することによって，土地の価値全体を把握していたが，再築建物のために法定地上権の成立が認められると，Bは法定地上権の価値を除いた底地価値しか把握できなくなり，大きな損害を被ることになる。そこで，土地と建物双方に抵当権が設定された後に建物が再築された場合には，再築建物のために法定地上権の成立は認められないと解する説である（〔図2〕参照）。ただし，この説においても，つぎの2つの場合には例外的に法定地上権の成立を認める。①第1は，Bが再築された建物について，土地抵当権と同順位の共同抵当権の設定を受けた場合であり，②第2は，Bがそのような抵当権の設定を受ける権利を放棄した場合である。このような全体価値考慮は，東京地裁執行部（東京地裁平4・6・8民事第21部執行処分（金融法務事情1324号36頁））によって採用された後極めて有力になり[1]，

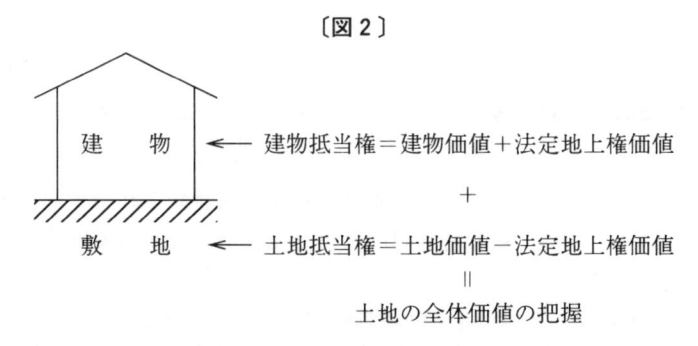

〔図2〕

建物 ← 建物抵当権＝建物価値＋法定地上権価値
       ＋
敷地 ← 土地抵当権＝土地価値－法定地上権価値
       ＝
       土地の全体価値の把握

---

[1] 淺生＝今井「建物の建替えと法定地上権」金融法務事情1326号6頁以下など。

近時では，この立場に立つ最高裁判決が相次いで出されている（最判平9・2・14民集51巻2号375頁，最判平9・6・5民集51巻5号2116頁，最判平10・7・3判時1652号68頁）。そして，多くの学説も，この全体価値考慮説を支持している[1]。

(ウ) **法定地上権の内容**　法定地上権の成立時期は，抵当不動産の所有権が買受人に移転した時，すなわち買受人が代金を執行裁判所に納付した時である（民執188条・79条）。法定地上権の存続期間は，まず当事者の協議によって定まるが，協議がととのわないときは，借地借家法3条により30年になろう。法定地上権の及ぶ土地の範囲は，厳密に建物の敷地に限定されず，建物の利用に必要な範囲を含む（大判大9・5・5民録26輯1005頁）。しかし，明確な基準があるわけではなく，一律に決まるものではない[2]。地代は，当事者の協議によって決めることができるが，協議がととのわないときは，当事者の請求によって裁判所が定める（388条但書）。法定地上権の成立後に土地について権利を取得した第三者に法定地上権を対抗するためには，地上権の登記（177条）または地上建物の登記（借地借家10条）が必要である。

(エ) **土地と建物の一括競売**　すでに述べたように，判例・通説によれば，更地に抵当権が設定された後に建物が築造された場合には，法定地上権が成立しない。この場合に，建物の存続を図るためには，土地と建物を一括して競売することが望ましい。そこで，389条は，抵当権が設定された更地に設定者が建物を築造したときは，抵当権者は土地と建物を一括して競売できるとする。もっとも，判例（大判大15・2・5民集5巻82頁）・通説は，土地と建物を一括競売するかどうかは抵当権者の権利であり義務ではないとする。これに対し，**土地と建物の一括競売権**は抵当権者の特権であり，抵当権者がこの一括競売権を行使しないときは，建物のために法定地上権が成立すると解する説があることは，前述したとおりである。土地と建物が一括競売された場合，建物は抵当に入っていないので，抵当権者は土地の売却代金だけから優先弁済を受けるに

---

1) 学説の詳細については，伊藤「土地建物共同抵当における建物再築と法定地上権（上・下）」ジュリスト1055号140頁以下，1056号145頁以下，新注民(9)513頁以下（生熊）参照。
2) 松井「法定地上権の及ぶ土地の範囲」銀行法務21第511号36頁以下。

とどまる（389条但書）。したがって，売却価額は土地と建物について別個に定めなければならない（民執188条・86条2項）。

(2) 短期賃貸借の保護

(ア) 短期賃貸借の保護の趣旨　抵当権は目的物の占有を伴わない非占有担保であるから，設定者は，抵当権設定後も抵当不動産に地上権や賃借権などの用益権を設定して第三者にこれを利用させ，地代や賃料などの収益を得ることができる。しかし，これらの用益権と抵当権の優劣関係は対抗要件の先後によって決まるので，抵当権設定登記後の不動産上の用益権は，抵当権に劣後し対抗できなくなる。そうすると，抵当権設定登記後の不動産上の用益権は，すべて抵当権の実行によって覆されてしまうので，抵当不動産を借り受けて利用するような者はあまり出てこなくなり，設定者も抵当不動産を他人に利用させて収益を得ることが困難になる。そこで，民法395条本文は，抵当不動産の利用を図るために，抵当権設定登記後に生じた用益権のうちの**短期賃貸借**に限って抵当権者，したがって競売の買受人に対抗できるとして，抵当権の実行後も賃借人が一定の期間不動産を利用できるようにした。なお，短期賃貸借に限ったのは，民法起草者が短期賃貸借の設定は不動産の管理行為に当たり，抵当不動産の担保価値に大きな影響を与えないが，長期賃貸借の設定は不動産の処分行為にあたるので保護されないと考えたからであると解されている。

(イ) 短期賃貸借の保護の要件　賃貸借が先に登記された抵当権に対抗できるためには，①602条の期間を超えない賃貸借（短期賃貸借）であること，②賃貸借の登記があること，の2つの要件が必要である（395条本文）。

(a) 602条の期間　(i) 602条の期間とは，樹木の栽植または伐採を目的とする山林の賃貸借については10年，山林以外の土地の賃貸借については5年，建物の賃貸借については3年である。しかし，この規定については，つぎのようなことが問題になる。①602条の期間を超える長期賃貸借はどのように扱われるか，②短期賃貸借や期間の定めのない賃貸借は，借地借家法との関係でどのように扱われるか，という問題である。

(ii) 長期賃貸借　602条の期間を超える**長期賃貸借**は，395条の保護を受けられず，抵当権に全く対抗できないと解するのが判例である（最判昭36・6・23民集15巻6号1680頁（建物賃貸借），最判昭38・9・17民集17巻8号955頁（土地賃

貸借))。しかし，学説では，長期賃貸借でも602条の期間の限度で抵当権に対抗できるとするのが多数説である[1]。①判例の見解では，602条の期間をわずかでも超えておれば抵当権に対抗できないことになって不合理であること，②抵当権者は，本来短期賃貸借の対抗を受けることを予測していたはずであるから，長期賃貸借でも602条の期間内であれば，賃貸借を対抗されても不利益にはならないことなどがその理由である。

(iii) 短期賃貸借と借地借家法　借地借家法によれば，宅地の賃貸借については，30年未満の存続期間を定めても，その定めは借地人に不利な特約として無効となり（借地借家9条），その結果期間の定めのない借地契約となって30年の存続期間となる（借地借家3条本文。借地法についても同じように解されていて，同法11条と2条1項により60年または30年の存続期間になる）。そうすると，宅地の賃貸借については，602条の期間（5年）を超えないものは存在せず，395条が適用されないことになる。これでは，賃借人保護の法律である借地借家法が適用されることによって，逆に賃借人の保護が否定されるという奇妙な結果になる。そこで，学説の多くは，短期賃貸借についても借地借家法の適用はあるが，395条との関係では短期の約定は有効であり，その限度内で抵当権に対抗できるとする[2]。

【展開講義 37】　期間の定めのない建物賃貸借は395条の保護を受けるか
(1) 問題の所在
建物賃貸借について期間の定めがない場合，民法によれば各当事者はいつでも解約の申入をすることができるが（617条1項），借地借家法は，賃貸人が解約申入をするには正当事由がなければならないとする（借地借家28条，借家1条ノ2）。この解約制限によって，期間の定めのない建物賃貸借は事実上3年を超える長期賃貸借と同じものになるので，これに395条が適用されるかどうか問題となる。
(2) 学説・判例の概要
この問題について，①期間の定めのない建物賃貸借は，借地借家法による解約

---

1) 星野・281頁以下，高木・176頁，近江・担保174頁，川井・概説(2)446頁など。これに対し，道垣内・137頁，内田・民法Ⅲ397頁は，判例を支持する。
2) 我妻・講義Ⅲ342頁，柚木＝高木・411頁，近江・担保173頁など。

制限によって長期賃貸借に転化したとして，395条の適用を否定する見解もあるが，②395条と借地借家法28条の適用を認め，期間の定めのない建物賃貸借は395条によって抵当権者，したがって競売の買受人に対抗できるが，買受人は，正当事由があるときには借地借家法28条によりいつでも解約申入ができると解するのが大方の見解である。しかし，この②説でも，正当事由の判断に際して，当該賃貸借が395条の短期賃貸借であることがどのように考慮されるべきかについては，説が分かれている。すなわち，ⓐ買受人による解約申入について，当該賃貸借が短期賃貸借であることは絶対的正当事由に当たるとする説，ⓑ短期賃貸借であることが正当事由の認定を緩やかにするという説などがある。これらの説のうち，①説では借地借家法を適用してかえって建物賃借人の保護が否定されることになり，妥当とはいえない。また，②のⓐ説では借地借家法を適用をする意味がないといえよう。これに対し，②のⓑ説がもっとも穏当なものといえ，判例のとるところとなっている（最判昭39・6・19民集18巻5号795頁）。そして，判例は，賃貸借契約締結後3年以上経過している場合には，買受人の解約申入について正当事由があると認定する傾向にあるといえる（最判昭43・9・27民集22巻9号2074頁（契約締結後7年経過），最判昭45・6・16判時600号84頁（契約締結後3年8カ月あまり経過））[1]。

(b) **賃貸借の登記**　395条は，短期賃貸借が保護されるためには，登記を備えることを要件としている。この登記は，対抗要件（177条）としての登記ではなく，抵当権に優先する賃貸借が存在することを競売の買受人に認識させるためのものである。そして，この登記は，本来605条の不動産賃貸借の登記を意味していた。しかし，現在では借地借家法によって，宅地の賃貸借では借地上の建物登記が（借地借家10条，建物保護1条），建物の賃貸借では建物の引渡が（借地借家31条，借家1条），それぞれ605条の登記に代わる公示手段として認められている。そのため，短期賃貸借がこれらの借地借家法上の公示手段を備えておれば，395条の適用があるかどうかが問題となる。判例は，宅地の賃貸借と建物の賃貸借とで態度を異にしており，①宅地の賃貸借については，建物保護法による建物の登記があるだけでは抵当権者に対抗できないとするの

---

[1]　鎌田「短期賃貸借の保護」展開民Ⅰ286頁以下，近江・担保174頁以下。

に対し（大判昭6・7・21民集10巻585頁），②建物の賃貸借では，借家法による建物の引渡だけで395条の保護が受けられるとする（大判昭12・7・9民集16巻1162頁，大判昭12・7・10民集16巻1209頁，最判昭39・6・19民集18巻5号795頁）。しかし，学説の多くは，宅地の賃貸借と建物の賃貸借とで区別すべき理由がないとして借地借家法上の公示手段でも足りるとし，宅地の賃貸借については，昭和6年大審院判決は一連の昭和12年大審院判決によって変更されたと解している[1]。

(ウ) 効果　602条の期間内は，当該賃貸借は抵当権者，したがって競売の買受人に対抗できる。それは，賃貸借関係が抵当権設定者から競売の買受人に承継され，買受人が賃貸人の地位を引き継ぐことを意味する（605条，借地借家10条1項・31条によって借地人や借家人が借地権または建物賃借権を対抗できる場合と同じように解すればよい（詳細は契約法に譲る））。602条の期間の起算点はいつか，すなわち602条の期間はいつから計算するかという問題については，①賃貸借契約が成立した時から計算するという賃貸借契約成立時説，②抵当権実行のための差押の効力が発生した時（民執188条・46条1項参照）から計算するという抵当権実行時説，③競売の買受人へ所有権が移転した時（民執188条・79条参照）から計算するという競落時説がある。判例でこの問題を正面から取り上げたものは見当たらないが，①説に立っていることを伺わせるものがある（前掲最判昭43・9・27）。また，602条の期間が満了した場合に宅地の賃借人が買受人に対して地上建物の買取請求（借地借家13条，借地4条2項）をすることができるかについて，判例はこれを否定する（最判昭53・6・15民集32巻4号729頁）。買取請求権を肯定すると，抵当権者はあらかじめ築造建物を想定することがむずかしく，目的土地の適正な評価が困難になることがその理由である。学説も判例に賛成している[2]。

(エ) 抵当権者の解除請求権　(a) 詐害的短期賃貸借の意義　短期賃貸借であっても，それが抵当権者に損害を及ぼすときは，抵当権者は裁判所に賃貸借の解除を請求できる（395条但書）。この抵当権者に損害を及ぼす短期賃貸借

---

1) 我妻・講義Ⅲ344頁以下，柚木＝高木・413頁以下，川井・概説(2)444頁，鈴木・215頁，高木・178頁など。
2) 高木・178頁，道垣内・140頁など。

を**詐害的短期賃貸借**という。これについて問題となるのは，抵当権者に「損害を及ぼす」ということの解釈である。判例（最判平8・9・13民集50巻8号2374頁など）・通説は，この「損害を及ぼす」の意味については，短期賃貸借の存在によって抵当不動産の売却価額が下落し，そのため抵当権者の受ける配当額が減少することと解している。しかし，短期賃貸借の存在は通常抵当不動産の売却価額を下落させることを考えると，単に短期賃貸借の存在により抵当権者が被担保債権全額の弁済を受けられないということだけでは，「損害を及ぼす」ことには当たらないというべきである。むしろ，賃料が異常に低かったり，賃料の前払があったり，賃借権の譲渡や転貸の自由が定められていたりして，通常の短期賃貸借とは異なる内容のために不当に抵当不動産の売却価額を押し下げる場合を意味すると解するのが，特別に短期賃貸借を保護しようとするこの制度に合致すると考える[1]。なお，損害の有無の判断基準時は，賃貸借解除判決の口頭弁論終結時である（大判昭16・6・14民集20巻873頁）。

(b) 解除の請求　**詐害的短期賃貸借の解除請求**は，裁判所に対する抵当権者の請求すなわち訴えの方法（形成の訴え）による（大判明35・2・7民録8輯37頁）。そして，賃貸人と賃借人双方が共同被告となる（大判大4・10・6民録21輯1596頁）。解除の請求は，被担保債権の弁済期の到来前でも，抵当権の実行としての競売開始後でもすることができる（ただし，後者の場合には，競売手続の完了前にすることが必要）。裁判所の解除判決によって，短期賃貸借契約は，抵当権者と賃借人との間だけでなく，賃貸人と賃借人との間でも消滅する（最判平6・3・25判時1501号107頁）。

(c) 解除された賃借人に対する明渡請求　短期賃貸借が解除されたにもかかわらず，賃借人が抵当不動産を占有し続ける場合には，その賃借人は不法占有者となる。この場合に抵当権者が明渡請求をできるかどうか問題となるが，これについてはすでに述べたとおりである（**3.2**(1)(ウ)参照）。

【展開講義　38】　併用賃貸借にはどのような効力が認められるか

(1) 短期賃貸借の濫用

短期賃貸借は，抵当権の実行を妨害する目的で濫用されることがきわめて多い。

---

1) 道垣内・140頁以下。同旨，高木・179頁以下。

たとえば，所有する土地建物に何重にも抵当権を設定して借金を重ねたAが，さらに借金をするために，街の金融業者Bのために抵当権の設定されている土地建物に短期賃貸借を設定する。その際，BがAに何百万円という法外な敷金を支払ったことにし，高額な賃料も全額前払したことにして，賃借権の登記とともに登記される。そうすると，抵当権が実行されても，Bの賃借権は395条によって保護され，登記された条件が付着したまま買受人に承継されるので，買受人は，賃料なしに605条の期間が経過するのを待たねばならず，しかもBの立退きの際にその法外な敷金を返還しなければならない。さらに，Bがこの種の賃貸借を専門に扱う悪質な業者であれば，簡単に退去するとは限らない。このため，Bのような賃借人のいる不動産はなかなか買い手が付かず，競売価格はどんどん下がり，抵当権者は債権を回収できなくなる。このような場合のために抵当権者による解除請求の制度（395条但書）が用意されているが，裁判が必要なので時間と費用がかかる。そこで，抵当権者としては，立退料を支払って賃借人に立ち退いてもらい，抵当権実行前に賃貸借の登記を消すことが得策となる[1]。このような**濫用的短期賃貸借**を詐害的短期賃貸借という。

(2) 併用賃貸借の利用とその効力

(ア) 併用賃貸借の利用　このような詐害的短期賃貸借に対抗する手段として，抵当権者によって利用されるものが**併用賃貸借**である。これは，抵当権者が抵当権の設定と同時に自らを賃借人とする短期賃貸借契約や抵当債務の不履行を停止条件とする停止条件付短期賃貸借契約を結び，賃貸借の登記（605条）や賃借権設定請求権の仮登記（不登2条）を備えるものであり，抵当権と併用して利用されるところから併用賃貸借と呼ばれる。抵当権設定後に詐害的短期賃貸借が設定された場合，先に登記や仮登記を備えた抵当権者の併用賃貸借が優先することになり（605条，不登7条2項），詐害的短期賃貸借を排除できることになる。

(イ) 併用賃貸借の効力[2]　このような併用賃貸借は，詐害的短期賃貸借を排除するために設定されるにすぎず，賃借人（抵当権者）が目的不動産を実際に利用するものではない。そのため，併用賃貸借についてどのような効力を認めるべきか問題となる。これについて，判例はまず，併用賃貸借の目的は抵当権者に対抗できる第三者の短期賃貸借を排除し，抵当不動産の担保価値の確保を図ることにあるから，第三者の短期賃貸借が現れないまま競売の買受人が抵当不動産の所有権を取得したときは，併用賃貸借はその目的を失って消滅するとした（最判昭

---

1) 以上の例は，内田・民法III391頁以下による。
2) 内田・民法III392頁以下。

52・2・17民集31巻1号67頁)。この判決については，併用賃貸借に395条による保護が与えられることは否定されたが，併用賃貸借による後順位の短期賃貸借排除の効力は認められると解する余地はあった。しかし，その後の判例は，後順位の短期賃貸借を排除する効力自体も否定するにいたっている。すなわち，「抵当権と併用された賃借権設定予約契約とその仮登記は，抵当不動産の用益を目的とする真正な賃借権ということはできず，単に賃借権の仮登記という外形を具備することにより第三の短期賃借権の出現を事実上防止しようとの意図のもとになされたものにすぎないというべきであるから，その予約完結権を行使して賃借権の本登記を経由しても，賃借権としての実体を有するものでない以上，対抗要件を具備した後順位の短期賃借権を排除する効力を認める余地はない」とした（最判平元・6・5民集43巻6号355頁)。判例の根拠は，実体のない併用賃貸借によって本来保護すべき短期賃貸借まで排除されるのは妥当でないという点にある。併用賃貸借に期待されたとおりの効力を認めると，短期賃貸借は，濫用的なものであろうとなかろうと，ことごとく否定されることになることを考えると，このような判例の態度はやむを得ないものといえよう。それはともかくとして，この判例によって併用賃貸借の法的な意味は全く失われたことになる。

3.5　代価弁済と滌除

◆　導入対話　◆

学生：うちの親戚のおじさんが先日来て，頼まれて，今度，たいへん安く不動産を買ったんだけど，それには抵当権が付いているため，少し困っているんだと話しているんです。私が，法律を勉強していると言うことだからといって，おじさんが，どうしたらよいかと聞くんですけど，よく分からないんです。

教師：それは，おじさんも少々うかつだったね。でも，確かに，抵当権が付いているようないわく付きの物権は，安く買えるけど，少々面倒なことにもなるんですよ。

学生：でも，抵当権を設定しているからって，売ったりしたらいけないという法はないんでしょう。

教師：そりゃそうだよ。

学生：そしたら，そうした物権を買った人にも何らかの権利を与える必要があるんじゃないんですか。

(1) 代価弁済

代価弁済とは，抵当不動産につき所有権または地上権を買い受けた**第三取得者**（永小作権の取得者は含まれない）が，抵当権者の請求に応じて，その売主に支払うべき代価を抵当権者に支払ったときは，抵当権はその第三取得者のために消滅するという制度である（377条）。代価弁済は抵当権者と第三取得者との合意によるものであり，第三取得者には代価弁済の請求に応じる義務はない。また，第三取得者の側から代価弁済を要求できない。第三取得者が所有権の取得者であれば，代価弁済によって抵当権は消滅する。この場合，代価弁済によって債権全額が弁済されなかったときは，残余債権は無担保債権として存続する。これに対し，第三取得者が地上権の取得者であれば，抵当権は消滅しないで地上権に対抗できないものとなる。その結果，抵当権が実行されても地上権は存続する。なお，抵当権者からの請求がなければ代価弁済できないので，この制度は第三取得者の保護にはあまり役立たない。

(2) 滌　除

(ア) 滌除の意義　**滌除**とは，抵当不動産につき所有権，地上権または永小作権を取得した**第三取得者**が，抵当不動産をみずから適当に評価した額を抵当権者に提供し，その承諾を得た金額を払い渡または供託して抵当権を消滅させる制度である（378条）。滌除の申出があった場合，抵当権者はそれに応じる義務はないが，拒否するときには，増加競売により申出額の1割以上の増加額で競売しなければならず，1割以上の増加額で売却できないときは，抵当権者みずからが1割以上の増加額で買い受けなければならない。このように，滌除の申出額は第三取得者の任意の評価額であるので，不当に低く評価されるおそれがあり，また1割増の増加競売も抵当権者にとって負担となる。このため，滌除は抵当権を圧迫するおそれがあるとして従来から批判されている。とくに最近では，一般債権者が抵当権の付いた不動産を取得し，低い評価額で滌除を申し出て抵当権を消すことを強要するという弊害が出てきており[1]，立法論として滌除制度の廃止を唱える説もある。

(イ) 滌除権者　滌除をなしうる者は，抵当不動産につき所有権，地上権ま

---

1) 内田・民法Ⅲ403頁。

たは永小作権を取得した第三取得者である（378条）。代価弁済と異なり，無償でこれらの権利を取得した者でもよい。ただし，債務者，保証人およびその承継人は，たとえ抵当不動産の第三取得者となっても滌除権をもたない（379条）。これらの者は債務全額を弁済すべき者であるからである。また，停止条件付第三取得者は，条件の成否未定の間は滌除をすることができない（380条）。この者は，条件の成就までは所有権，地上権または永小作権取得の期待権を有するにとどまるからである。なお，滌除をなしうる第三取得者は，自己の取得した権利について登記を備えていることが必要とされている。第三取得者であることを抵当権者に主張できなければならないからである。

(ウ) 滌除の手続と効果　　(a) 滌除の時期　　滌除権者は，抵当権実行の通知（381条参照）を受けるまではいつでも滌除をすることができる（382条1項）。しかし，通知を受けたときは，1カ月以内に383条の定める書面を送付しなければ滌除できなくなる（同条2項。なお，同条3項も参照）。

(b) 書面の送付　　第三取得者が滌除をするには，登記をなした各抵当権者（不動産先取特権者と不動産質権者も含む（341条・361条参照））に383条の定める書面を送付しなければならない。これによって，抵当権者は滌除の申出を受け入れるか，増加競売を請求するかの決断を迫られることになる。

(c) 滌除の効果　　抵当権者が383条の定める書面の送付を受けた後1カ月以内に増加競売を請求しないときは，滌除の申出を承諾したものとみなされる（384条1項）。この場合には，第三取得者は申出額を債権の順位に従って弁済し，または供託することになる（383条3号）。この弁済または供託がなされると，第三取得者が所有権の取得者であれば，抵当権（不動産先取特権と不動産質権を含む）は消滅するが，地上権または永小作権の取得者であれば，抵当権は消滅せず地上権または永小作権に対抗できないものになる。

(エ) 増加競売　　(a) 滌除の申出に応じない抵当権者は，383条の書面の送達を受けた後1カ月以内に，**増加競売**を第三取得者に請求しなければならない（384条1項）。増加競売の請求にあたっては，その1カ月以内に債務者および抵当不動産の譲渡人にも通知することが必要である（385条）。ただし，この通知を怠っても増加競売自体の効力には影響がない。そして，抵当権者は，増加競売の請求を発した日から1週間以内に増加競売の申立をしなければならない

(民執185条1項・187条)。増加競売の申立があったときは、執行裁判所は、申立人に対し、期間を定めて、第三取得者が提供した金額に1割を加えた額に相当する保証の提供を命じなければならない(民執186条1項)。

(b) 増加競売も手続上は通常の競売と変わらない。ただ、増加競売を請求した抵当権者は、登記した他の債権者の承諾がなければ請求を取り消す(撤回する)ことができない(386条)。増加競売をしたにもかかわらず、第三取得者が提供した金額よりも1割以上高価に目的不動産を売却できないときは、抵当権者は1割の増加額でみずから買い受けなければならない(384条2項)。

4 抵当権の処分

◆ 導入対話 ◆

学生：うちの父が経営している会社が、知り合いの会社に融資をするときに、その会社の不動産を抵当に取ったんですが、悪いことに、今度、父の会社の資金繰りが悪くなってきたんです。そこで、一日も早く、貸した金銭を返してもらいたいんですが、なにか方法がないんでしょうか。

教師：う～ん。でも、弁済の期日はまだきていないんだろう。そしたら、借りた方が、自主的に返しますよとでも言わない限り、返済を迫ることはできないよ。

学生：あっそうだ、たしか、民法総則で勉強したな。たしか、期限の利益は債務者のためにあるとか……。

教師：そうだよ。よく覚えていたね。

学生：そしたら、いったん抵当権を設定した不動産は、もう活用できなくなる。

教師：活用できなくなるとは。

学生：たしか、抵当権も物権の一つですよね。だったら、その物権を売ることができないんですか。または、その抵当権に、さらに抵当権を設定するとか。

4.1 転抵当

(1) 転抵当の意義

(ア) **転抵当**とは、抵当権者が自己の抵当権をもって自己に対する他の債権の担保とすることをいう(375条1項前段。質権についても、抵当権と同様に転質が

```
抵当権の処分 ┬─ 転抵当
              ├─ 抵当権の譲渡・放棄
              ├─ 抵当権の順位の譲渡・放棄
              └─ 抵当権の順位の変更
```

認められているが，これについては第8章1参照）。転抵当は，抵当権者が被担保債権の弁済期前に金銭を必要とする場合に，他から金融を得る手段として利用されるものである。たとえば，Aに対し被担保債権額1,000万円の抵当権を有するBが，新たにCから700万円借り入れようとするときに，Aに対する抵当権を担保としてCに提供するというような場合である（この場合のBを原抵当権者，Cを転抵当権者という）。これによって，Aの設定した原抵当権の被担保債権額の範囲内でCの債権が担保される。すなわち，転抵当が実行されると，Cがまず700万円について優先弁済を受け，残余からBが300万円の優先弁済を受けることになる。

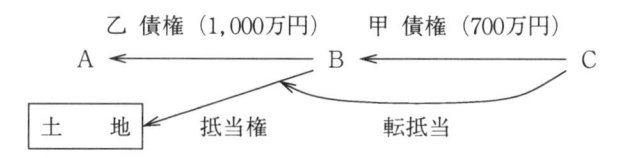

```
         乙 債権（1,000万円）   甲 債権（700万円）
       A ←─────── B ←─────── C
     ┌───┐
     │土 地│←── 抵当権 ──  転抵当
     └───┘
```

(イ) **転抵当の法的構成**　　転抵当の法的構成については，転質と同様に議論が分かれている。まず，抵当権のほかに被担保債権も担保に提供されるかどうかで見解が分かれ，①抵当権を被担保債権と共に質入すると解する**債権・抵当権共同質入説**[1]と，被担保債権から切り離して抵当権だけを担保に提供すると解する抵当権単独処分説とが対立している。そして，後者も，②抵当目的物を再度抵当に入れると解する**抵当権再度設定説**[2]と，③抵当権に質権（一種の権利質）を設定すると解する**抵当権質入説**[3]とに分かれる。しかし，いずれの説を採っても，実際問題の処理についてはほとんど違いを生じない。

(2)　転抵当の設定

(ア) **設定契約**　　転抵当権は，原抵当権者Bと転抵当権者Cとの設定契約に

---

1)　柚木＝高木・294頁。
2)　我妻・講義Ⅲ390頁。
3)　鈴木・225頁。

よって設定される。原抵当権設定者Ａの承諾は必要でない。かつては，転抵当権を設定するためには，①転抵当権の被担保債権（甲債権）の額が原抵当権の被担保債権（乙債権）の額より少額であり，②甲債権の弁済期が乙債権の弁済期よりも早く到来しなければならないと解されていた。しかし，今日では，①については，甲債権額が乙債権額を超える場合でも，転抵当権者Ｃは乙債権額の範囲内で優先弁済を受けるにとどまるので，この要件は不要と解されている。また，②についても，乙債権の弁済期が早く到来した場合には，原抵当権設定者Ａは転抵当権者Ｃへの第三者弁済あるいは供託によって原抵当権を消滅させることができ，原抵当権設定者Ａは不利益を受けないので，この要件も不要と解されている。なお，供託の場合は，一種の物上代位として供託金の上に転抵当権の効力が及ぶことになる。

(イ) 対抗要件　(a) 転抵当権の設定は不動産物権の設定であるので，登記を対抗要件とする。この登記は，原抵当権設定登記の附記登記（不登7条1項）によってなされる。そして，原抵当権者が数人のために転抵当権を設定したときは，これらの転抵当権の順位は附記登記の前後による（375条2項）。

(b) しかし，債務者・保証人・抵当権設定者（物上保証人）およびその承継人との関係では，転抵当権設定についての原抵当権者から債務者への通知または債務者の承諾が対抗要件である（376条1項）。したがって，これらの者との関係では附記登記の有無は問題にならない。そして，通知または承諾の後は，転抵当権者の承諾なしに原抵当権者に弁済がなされても転抵当権者に対抗できない（同条2項）。なお，通知または承諾は確定日付のある証書でなされる必要はない。

(3) 転抵当の効果

(ア) 原抵当権者に対する拘束　転抵当権は原抵当権の上に成立するものであるので，原抵当権者は原抵当権を消滅させてはならない義務を負う。したがって，抵当権の（絶対的）放棄のほか，被担保債権の取立，相殺，免除などをすることができない。

(イ) 転抵当権の実行　転抵当権を実行するためには，転抵当権と原抵当権の被担保債権が共に弁済期に達していることが必要である。原抵当権の被担保債権の弁済期前に転抵当権を実行できるとすると，原抵当権設定者に不利益を

与えるからである。転抵当権が実行された場合，抵当不動産の売却代金から転抵当権者がまず原抵当権の被担保債権額を限度して優先弁済を受ける。これによって残余があるときは，原抵当権者も優先弁済を受ける。

4.2 抵当権の譲渡・放棄と抵当権の順位の譲渡・放棄

(1) 序　説

同一の債務者に対する数人の債権者の間では，1人の債権者が自己の抵当権またはその順位を他の債権者の利益のために譲渡または放棄することができる（375条1項後段）。その形態には，①抵当権の譲渡，②抵当権の放棄，③抵当権の順位の譲渡，④抵当権の順位の放棄の4つがある。これらはいずれも，債務者が他の融資者から新たに金銭の貸付を受けようとする場合に，すでに抵当権を有する債権者がその融資者に自己の優先順位を譲ることによって，債務者の金銭調達を容易にするためのものである。

(2) 抵当権の譲渡・放棄

(ア) 抵当権の譲渡　　(a) 意義　　**抵当権の譲渡**とは，同一の債務者に対する抵当権を有しない他の債権者に，抵当権を有する債権者が自己の抵当権を譲渡することをいう。この抵当権の譲渡によって，譲渡人は譲受人との関係で無担保債権者になる。この譲渡は，譲渡人と譲受人との契約によって行われ，債務者・抵当権設定者（物上保証人）・中間の抵当権者の同意を必要としない。

(b) 効果　　譲渡人は譲受人の有する債権額の限度で無担保債権者となり，譲受人は譲渡人の抵当権をその被担保債権額の限度で取得する。たとえば，債務者の不動産上にAが1番抵当権（被担保債権額1,000万円），Bが2番抵当権（被担保債権額800万円）を有し，債務者がさらにCから金銭を借り入れようとする場合に，AとCとの契約でAからCへ1番抵当権が譲渡されると，AはCの債権額の限度で無担保債権者になり，CはAの被担保債権額の限度で1番抵当権を取得する。したがって，①Cの債権額が1,200万円であれば，Cは1,000万円の限度で1番抵当権を取得するにとどまり，残りの200万円については無担保債権になる（Aの1,000万円の債権も無担保債権になる）。これに対し，②Cの債権額が600万円であれば，Cはこの600万円について1番抵当権を取得するが，Aも残余の400万円について1番抵当権を有し，この抵当権についてはAとCの準共有になる。そして，①と②のいずれの場合でも，2番抵当権者B

に影響を与えない（処分の相対性）。

　(イ)　抵当権の放棄　　抵当権を有しない他の債権者のために，抵当権者が自己の抵当権を放棄することを**抵当権の放棄**という（**抵当権の相対的放棄**ともいわれる）。たとえば，前例で1番抵当権者AがCのために抵当権を放棄すると，その被担保債権額1,000万円についてAとCが同順位でそれぞれの債権額に応じて優先弁済額を分け合うことになる。したがって，AとCの債権額がともに1,000万円であれば，AとCはそれぞれ第1順位で500万円の優先弁済を受ける。そして，2番抵当権者Bには影響を与えない。この抵当権の放棄も，抵当権の放棄者Aと受益者Cの間の契約によってのみ行われる。

　(3)　抵当権の順位の譲渡・放棄

　(ア)　抵当権の順位の譲渡　　**抵当権の順位の譲渡**とは，先順位抵当権者が後順位抵当権者に自己の優先弁済権を譲渡することをいう。そして，順位の譲渡を受けた後順位抵当権者は，自己の有する優先弁済権に加えて，譲渡人たる先順位抵当権者の優先弁済権をも取得する。たとえば，債務者の不動産上にAが1番抵当権（被担保債権額1,000万円），Bが2番抵当権（被担保債権額800万円），Cが3番抵当権（被担保債権額1,500万円）を有している場合において，AがCに自己の抵当権の順位を譲渡し，抵当不動産が抵当権の実行によって2,500万円で売却されたとすると，CはAの配当額1,000万円とCの配当額700万円（残り800万円については，Cはもともと優先弁済を受けられない）の合計額1,700万円から，まず自己の債権額1,500万円について優先弁済を受け，残り200万円についてはAが優先弁済を受けることになる。2番抵当権者Bは影響を受けない。このような抵当権の順位の譲渡は，当事者である抵当権者間の契約によってのみ行われ，債務者・物上保証人・中間の抵当権者の同意を必要としない。

　(イ)　抵当権の順位の放棄　　**抵当権の順位の放棄**とは，先順位抵当権者が後順位抵当権者のために自己の優先弁済権を放棄することをいう。その結果，両者は同順位になり，債権額に応じて案分比例による配当を受ける。前例で1番抵当権者Aが3番抵当権者Cのために自己の抵当権の順位を放棄すると，AとCの受ける配当額の合計1,700万円について，AとCは同順位の抵当権者の立場に立ち，AとCの債権額に応じて案分比例されて，Aは680万円（1,700万円

の5分の2）Cは1,020万円（1,700万円の5分の3）の配当を受けることになる。そして，2番抵当権者Bは影響を受けない。この抵当権の順位の譲渡も，放棄をする抵当権者と利益を受ける抵当権者の契約によってのみ行われる。

(4) 対抗要件

以上に述べてきた抵当権およびその順位の譲渡・放棄の対抗要件は，転抵当と同様に，附記登記と債務者への通知またはその承諾である（375条2項・376条）。

4.3　抵当権の順位の変更

抵当権の順位の変更とは，抵当権を被担保債権とセットでその順位を変更することをいう。たとえば，Aが1番抵当権（被担保債権額500万円），Bが2番抵当権（被担保債権額800万円），Cが3番抵当権（被担保債権額1,000万円）を有し，Cが1番，Bが2番，Aが3番と順位を変更すると，Cは1,000万円の債権について1番抵当権，Bは800万円の債権について2番抵当権，Aは500万円の債権について3番抵当権を有することになる。前述の抵当権の順位の譲渡・放棄は，中間の抵当権者には影響を及ぼすものではなかった。しかし，この抵当権の順位の変更は，中間の抵当権者にも影響を及ぼすため，影響を受ける抵当権者全員の合意を必要とする（373条2項本文）。そして，登記が順位変更の効力発生要件とされている（同条3項）。また，転抵当権者・被担保債権の差押債権者など，順位の変更によって利益を害される者がおれば，その者の承諾が必要である（同条2項但書）。

5　共 同 抵 当

―――――◆　導入対話　◆―――――

学生：先生，たとえばですよ。私が，ベンチャービジネスを興したいと考え，借金をしようと思ったときに，銀行からその一つの不動産では担保として役立たないといわれた場合，どうしたらいいんですか。

教師：確かにそうだね。たとえば，君が3,000万円貸してもらうためには，通常，最低でも5,000万円位の担保価値のある物が必要になるね。そうした場合，君のお父さんが持っている不動産を担保に使ったらいいよと言われたら，それを

使うことができるんだ。
学生：へー。そうすると，私の持っている不動産が2,000万円で，父のが3,000万円だとすると，融資をしてもらえる可能性が高くなりますね。助かった。でも，借りた金銭を返せなかった場合，どうなるんですか。
教師：確かに，難しい問題が出てくるね。
学生：どちらから先に抵当権を実行するのかとか，また，父の不動産には後順位の担保権者がいるとか，その他の債権者がいるとか……。銀行としては，ちょうど貸した金銭が3,000万円だから，父の不動産だけ抵当権の実行を行った場合，それらの後順位の担保権者はどうなるのかな……。
教師：それは，共同抵当といわれる問題で，これから勉強することになりますよ。

5.1 共同抵当の意義
(1) 共同抵当の意義

共同抵当とは，同一の債権を担保するために，複数の不動産の上に設定された抵当権をいう（392条1項参照）。たとえば，債権者が同一の債権の担保のために，甲地，乙地および甲地上の丙建物の上に抵当権を取得した場合である。この場合，それぞれの不動産に抵当権が同時に共同抵当として設定される必要はなく，後から追加的に，たとえば最初甲地と丙建物に共同抵当を設定して，後に乙地を追加することもできる。また，甲地と丙建物の所有者は債務者，乙地の所有者は物上保証人というように，目的物の所有者が異なっていても差し支えがない。この共同抵当においては，複数の不動産それぞれに1つの抵当権が存在し，それらの抵当権の1つ1つによって債権が担保されることになる。このことから，担保物が増える分担保価値が大きくなり，また担保物の一部の滅失や価額の下落によって担保価値が被担保債権額を下回ることを防止することができる。共同抵当にはこのような利点があるために，抵当貸付においてよく利用されている。

(2) 共同抵当の公示

共同抵当についても，共同担保である旨の登記が各目的不動産についてなされ，共同担保目録が登記所に備えられる（不登122条・125条・126条）。しかし，この登記は，後順位抵当権者などに対する対抗要件としての意味をもつもので

はないと解されている。というのは，登記は，その対抗要件としての利益を主張する者がするべきことになっているが，共同抵当の登記は，それによって利益を受ける後順位抵当権者がするものではないからである（この点については，5.2以下参照）。したがって，この登記がなくても，後順位抵当権者は，共同抵当であることを主張してその利益を受けることができるとされている。ただ，後述するように，後順位抵当権者は，異時配当の場合に取得する代位権について代位の付記登記ができるが，この際には共同抵当の登記を必要とする。共同抵当の登記のないときは，後順位抵当権者は，共同抵当権者に対して共同抵当の登記を請求できる。

5.2 共同抵当における配当

共同抵当においては，複数の目的不動産全体の上に1つの抵当権があるのではなく，各不動産ごとに1つの抵当権が存在し，それぞれの抵当権によって被担保債権全額が担保されている。したがって，抵当権者は特定の不動産から債権全額について優先弁済を受けることができるといえよう。しかし，抵当権者にこれを認めると，不都合な結果が生じることになる。たとえば，債務者A所有の甲地（競売による売却価額3,000万円）と乙地（競売による売却価額2,000万円）の上にBが順位1番の共同抵当（被担保債権額3,000万円）を有し，さらに甲地についてはCが2番抵当権（被担保債権額1,500万円），乙地についてはDが2番抵当権（被担保債権額1,000万円）を有している場合において（〔図1〕参照），Bが甲地についてのみ抵当権を実行したとすると，Bの債権は全部弁済されるので，乙地上のBの抵当権は消滅する。したがって，乙地上のDの抵当権は1番抵当権に昇進して（**順位昇進の原則**），Dは完全に優先弁済を受けられる。しかし，甲地上の2番抵当権者Cは全く優先弁済を受けられないことになる。このような不公平な結果を避けるために，共同抵当における配当について，民法は特別な規定をおいている。

5.3 同時配当と異時配当

(1) 同時配当の場合

共同抵当権者が目的不動産全部を同時に競売して売却代金から配当を受ける場合（**同時配当**）には，共同抵当権者の被担保債権は，各不動産の競売による売却価額に応じて割り付けられることになる（392条1項）。したがって，前例

の場合でいえば，共同抵当権者Bは甲地から1,800万円（3,000万円×3/5），乙地から1,200万円（3,000万円×2/5）の弁済を受け，2番抵当権者Cは甲地から残り1,200万円，Dは乙地から残り800万円を弁済として受けることができる（〔図2〕参照）。なお，判例は，目的不動産について後順位抵当権者がいなくても，このような割付が行われるとしている（大判昭10・4・23民集14巻601頁）。

(2) 異時配当の場合

共同抵当権者が目的不動産の一部を競売して配当を受ける場合（**異時配当**）には，その競売による売却代金から被担保債権全額について弁済を受けることができる（392条2項前段）。したがって，前例のBが甲地だけを競売した場合には，Bはその売却代金3,000万円によって自己の債権全額の弁済を受けることができる。この場合，甲地の2番抵当権者Cは，Bが同時配当の場合に乙地から弁済を受ける金額にいたるまで，Bに代位して抵当権を実行することができる（同項後段）。すなわち，Cは乙地上のBの抵当権を取得し，それを実行して乙地から1,200万円の弁済を受けることができる。そして，残りの800万円は，乙地の2番抵当権者Dの弁済に充てられる（〔図2①〕参照）。このCによる代位は，乙地上のBの抵当権がCに移転した旨の付記登記によって公示される（393条）。また，Bが乙地だけを競売して，債権の一部（2,000万円）しか

〔図1〕

	甲地	乙地
	A (3,000万円)	A (2,000万円)
①	B (3,000万円)	
②	C (1,500万円)	D (1,000万円)

〔図2〕

	甲地	乙地
同時配当の場合	B 1,800万円 C 1,200万円	1,200万円 800万円
	D	
異時配当の場合①	B 3,000万円 C D	 1,200万円 800万円
異時配当の場合②	B 1,000万円 C 1,200万円 D 800万円	2,000万円

弁済を受けなかった場合でも，乙地の2番抵当権者DはBに代位できる（大連判大15・4・8民集5巻575頁）。すなわち，この場合，Bは2,000万円しか弁済を受けなかったので1,000万円の債権が残っており，つぎにBが甲地を競売して残りの1,000万円の弁済を受けると，DはBに代位して甲地から800万円（1,800万円−1,000万円）を弁済として受けることができる。そして，残り1,200万円はCの弁済に充てられる（〔図2②〕参照）。

【展開講義 39】 共同抵当の目的不動産の一部が物上保証人や第三取得者に帰属している場合にも，392条に従って配当がなされるか

(1) 共同抵当の目的不動産の一部が物上保証人に帰属している場合[1]

(ア) 物上保証人保護の考え方　たとえば，本文の例において乙地が物上保証人Eの所有である場合に，共同抵当権者Bが甲地と乙地を同時に競売したとき，または甲地と乙地の一方だけを競売したときにも，392条に従って配当がなされるかどうかという問題である。この問題を処理する上で前提となる考え方として，判例および近時の通説は，**物上保証人**は他人の債務の弁済を強制される立場にあるので，なるべくその負担を軽減すべきであり，それゆえ，まず債務者の不動産を弁済に充てるべきであり，物上保証人の不動産が弁済に充てられたときは，その法定代位（500条）の期待を十分保護すべきであるという立場に立っている。

(イ) 同時配当の場合　したがって，前例において甲地と乙地が同時に競売された場合には，392条1項による割付は行われず，まず債務者所有の甲地がBの債権への弁済に充てられる。その結果，甲地が先に競売される異時配当（(ウ)(a)）の場合と同じことになる。

(ウ) 異時配当の場合　(a) 債務者所有の不動産が先に競売された場合　前例の甲地が先に競売された場合は，甲地の第2抵当権者Cは，392条2項による乙地への代位をすることができない。その結果，Bは甲地から3,000万円の弁済を受け，乙地上のBの抵当権は消滅してDの抵当権は第1順位に昇進する。その後乙地が競売されると，Dは競売による売却代金2,000万円から1,000万円の弁済を受け，残余金は所有者Eに帰属する（〔図3〕参照）。

(b) 物上保証人所有の不動産が先に競売された場合　前例の乙地が先に競売された場合，Eは法定代位によって甲地上のBの抵当権を取得する（500条・501

[1) 内田・民法Ⅲ418頁以下，近江・担保216頁以下。

〔図3〕

	甲地（債務者A所有）	乙地（物上保証人E所有）
B	3,000万円	
C		
D		1,000万円
E		1,000万円

条本文・502条1項）。その結果，甲地が競売されると，甲地の売却代金からBに債権残額の1,000万円，Eに求償債権額の2,000万円が行くことになり，甲地の2番抵当権者Cには1円も行かないことになる。ところで，乙地上に有するDの抵当権は，E自身が負担した抵当権であるから，Eの法定代位を認めるとしても，それによってEがDに優先して弁済を受けるのは不当である。そこで，判例は，「民法392条2項後段が後順位抵当権者の保護を図っている趣旨にかんがみ，物上保証人に移転した1番抵当権は後順位抵当権者の被担保債権を担保するものとなり，後順位抵当権者は，あたかも，右1番抵当権の上に民法372条，304条1項本文の規定により物上代位をするのと同様に，その順位に従い，物上保証人の取得した1番抵当権から優先して弁済を受けることができる」とした（大判昭11・12・9民集15巻2172頁，最判昭53・7・4民集32巻5号785頁）。その結果，前例における配当額は，〔図4〕のようになる。

〔図4〕

	甲地	乙地
B	1,000万円	2,000万円
C		
D	1,000万円	
E	1,000万円	

→Eの法定代位分

　以上のように，共同抵当の目的不動産が債務者と物上保証人に帰属する場合には，392条は適用されない。
　(2) 共同抵当の目的不動産全部が同一の物上保証人に帰属している場合[1]
　前例で甲地と乙地が共に物上保証人Eの所有である場合において，仮に甲地が先に競売されると，Eは債務者に対する求償債権を取得する。しかし，この場合には，Eは乙地上のBの抵当権を法定代位によって取得することはできない。な

---

[1] 内田・民法Ⅲ421頁。

ぜなら，乙地はEの所有であるため，自己の所有不動産に抵当権を取得することができないからである。したがって，この場合，法定代位は問題とならない。そこで，判例は，392条を適用して，甲地と乙地が共に債務者に属する場合と同じ処理の仕方をしている（最判平 4・11・6 民集46巻 8 号2625頁）。その結果，甲地上の 2 番抵当権者Cは，同時配当における割付額に従って乙地上のBの抵当権に代位することができる。

このように，392条は，共同抵当の目的不動産全部が債務者に属するか，同一の物上保証人に属する場合に適用される。

(3) 共同抵当の目的不動産の一部が第三取得者に属する場合[1]

たとえば，債務者所有の甲地と乙地にBのために順位 1 番の抵当権（共同抵当）が設定され，さらに乙地についてCのために順位 2 番の抵当権が設定されたが，甲地が第三者Fに譲渡されて共同抵当権者Bによって競売された場合の問題である（〔図 5〕参照）。この場合，**第三取得者**Fも乙地上のBの抵当権に代位できる権利を有している（500条・501条本文）。そこで，このFの代位と乙地上の 2 番抵当権者Cとの関係が問題となるが，つぎの 2 つの場合に分けて考えられている。すなわち，①第三者取得者Fが甲地を取得する前に乙地についてCの 2 番抵当権の登記がなされた場合には，Cは乙地上のBの抵当権に代位できる者が存在しないものとして 2 番抵当権を取得しており，このCの期待を保護すべきであるから，Fによる乙地上のBの抵当権への代位は認められない。これに対し，②甲地についてFへの所有権移転登記の後にCの 2 番抵当権が乙地に設定された場合には，Fは代位の期待を持って甲地を取得したのであり，この期待はCの 2 番抵当権の設定によって奪われるべきではないので，Fの代位が認められる。

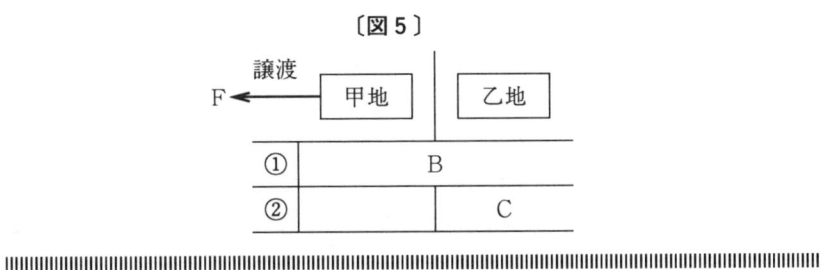

〔図 5〕

	甲地	乙地
①	B	
②		C

譲渡 F←甲地

---

[1] 内田・民法Ⅲ422頁，近江・担保217頁以下，高木・242頁。

6 根抵当権

── ◆ 導入対話 ◆ ──

学生：先生，抵当権には付従性があるから，債権が弁済などで消滅したら，抵当権も消滅してしまうのでしたよね。
教師：そうだよ。何でそんなことを聞くの。
学生：でも，父の持っている不動産，私の住んでいる家なのですが，ローンが返し終わったのにまだ，抵当権があるって言うんですよ。
教師：は～ん。それは，登記簿に残っているということかな。
学生：そうでもないんです。なんていったけな。
教師：それは，ひょっとして，根抵当権のことかな。
学生：そうそう。その根抵当権です。たしか。
教師：それなら，まだ抵当権が消滅していないということも分かるよ。
学生：でも，たしか，最初言ったように抵当権には付従性があるのに……。

6.1 根抵当権の意義

根抵当権とは，一定の範囲に属する不特定の債権を極度額の限度で担保する抵当権をいう（398条ノ2第1項）。たとえば，家電販売店Bが家電メーカーA社から，製品を継続的に売ってもらって販売しようとする場合，製品の代金は，たとえば月末に債権額を確定して翌月末までに支払うというように，一定期間ごとに一括して支払うことにするのが普通である。そこで，このような継続的な取引から生じる代金債権を担保するために，Bが店舗の土地・建物に抵当権を設定する場合，普通抵当権では非常に不便なことになる。というのは，普通抵当権では，それによって担保されている債権は特定されており，その債権が消滅すれば付従性によって抵当権も消滅する。そうすると，この場合に普通抵当権を利用すると，代金債権が発生するごとに抵当権を設定し，これが弁済されると付従性によって抵当権が消滅するので，新たな代金債権について改めて抵当権を設定することになり，非常に手続が煩雑になって不便であるからである。そこで，この消滅における付従性を否定して，抵当権と特定の債権との結合関係を要求しない根抵当権が必要とされることになる。先ほどの例において

この根抵当権が設定されると，A・B間の継続的な商品供給契約から生じる多数の代金債権が一定限度額（たとえば1,000万円）まで担保され，しかも個々の代金債権との結びつきがないので，個々の債権が弁済されても根抵当権が消滅することはない。以上のような継続的な取引から生じ，発生と消滅を繰返す不特定な債権群を一定の限度額（極度額）の範囲内で担保する特殊な抵当権を根抵当権という。そして，この不特定な債権とは，個々の被担保債権そのものが特定されていないということではなく，根抵当権の確定（後述）まで取引から生じる多数の債権のうちのどの債権が担保されるのかが特定されていないことを意味している。このような意味において被担保債権が不特定である点で，根抵当権は普通抵当権と大きく区別される。そして，被担保債権となりうる債権は，取引により生じた債権その他一定の債権に限られるため（398条ノ2第2項・3項），債務者が債権者に対して負担する一切の債権を担保する，いわゆる**包括根抵当権**は認められない。これは，根抵当権は本来債権者と債務者間の取引から生じる債権を担保すべきものであるという理由によるものである。

6.2　根抵当権の設定と変更

(1)　根抵当権の設定

　根抵当権は，根抵当権者と根抵当権設定者との間の契約によって設定される。設定者は債務者以外の者（物上根保証人）の場合もある。根抵当権の設定登記が対抗要件（177条）となることは，普通抵当権と同様である。設定契約で定めるべき事項は，つぎのものである。

　(ア)　被担保債権の範囲　　被担保債権は，原則として，①債務者との特定の継続的取引契約（当座貸越契約・継続的手形割引契約・電気商品供給契約などの特定の契約）や，②債務者との一定の種類の取引（銀行取引・手形取引・売買取引などの種類が限定された取引）から生じる債権である（398条ノ2第2項）。しかし，例外的に，③特定の原因にもとづき債務者との間に継続して生じる債権（特定の工場からの排水によって継続的に生じる損害の賠償請求権など）や，④手形・小切手上の請求権（債務者の振り出した手形・小切手が第三者の手を経て根抵当権者に取得された，いわゆる回り手形・小切手上の債権）は，被担保債権に含めることができる（398条ノ2第3項）。ただし，④については，信用状態の悪化した債務者の手形・小切手を根抵当権者が安く買い集め，

根抵当権の実行によって不当に債権を回収するという弊害を防ぐために，制限が設けられている（398条ノ3第2項）。

　(ｲ)　**極度額**　　**極度額**とは，根抵当権者が抵当不動産から優先弁済を受けることができる限度額をいう。根抵当権には374条が適用されず，元本のほかすべての利息その他の定期金および債務不履行による損害賠償金（遅延損害金）が極度額の範囲内で担保される（398条ノ3第1項）。

　(ｳ)　**元本確定期日**　　根抵当権によって担保される元本債権が確定される期日を**元本確定期日**といい，これ以後に発生する元本債権は担保されない。この元本確定期日を定めるかどうかは当事者の自由であるが，定める場合には，その期日は合意の日から5年以内でなければならない（398条ノ6第1項・3項）。

　(2)　**根抵当権の変更**

　根抵当権者と設定者は，確定前の根抵当権について，双方の合意によって被担保債権の範囲・債務者・極度額・元本確定期日を変更することができる。この変更については，いずれの場合でも債務者の承諾は必要とされない。①**被担保債権の範囲と債務者の変更**については，後順位抵当権者その他の第三者（転根抵当権者など）の承諾は必要でないが，変更の登記が変更の効力の発生要件とされている（398条ノ4）。②**極度額の変更**については，その増額の場合には後順位抵当権者や差押債権者などの，減額の場合には転根抵当権者などの利害関係者の承諾が必要である（398条ノ5）。極度額変更の登記は，規定はないが，効力発生要件と解されている[1]。③**元本確定期日の変更**については，後順位抵当権者その他の第三者の承諾はいらないが，変更した期日は変更した日から5年以内でなければならず，さらに変更前の期日（旧確定期日）の前に変更の登記をしなければ，旧確定期日に根抵当権は確定する（398条ノ6）。

6.3　被担保債権の処分と根抵当権の承継・処分

　(1)　**被担保債権の処分**

　確定前の根抵当権においては，個々の被担保債権は根抵当権と固定した結合関係になく，債権の処分により債権者や債務者を異にするようになれば，その債権は当然に被担保債権の範囲から離れることになるので，確定前の根抵当権

---

1)　近江・担保224頁。

については**随伴性**が否定されている。したがって，元本の確定前に根抵当権者から債権を譲り受けた者は，その債権について根抵当権を行使できない（398条ノ7第1項前段）。また，元本の確定前に第三者が弁済して債権者に代位するときも，根抵当権に代位することができない（同項後段）。元本の確定前に**債務引受**があったときも，根抵当権者は引受人の債務について根抵当権を行使できない（398条ノ7第2項）。さらに，元本の確定前に債権者または債務者の交替による**更改**があっても，当事者は根抵当権を新しい債務に移すことができない（398条ノ8）。

(2) 根抵当権者または債務者の相続と合併

(ア) 相続　元本の確定前に根抵当権者の死亡により相続が開始した場合，相続人と根抵当権設定者との合意があれば，根抵当権は相続開始当時の債権だけでなく，相続人が相続開始後に取得する債権をも担保する（398条ノ9第1項）。元本の確定前に債務者について相続が開始した場合も，根抵当権者と設定者との合意があれば，根抵当権は相続開始当時の債務だけでなく，相続人が相続開始後に負担する債務をも担保する（同条2項）。この場合，債務者が設定者であれば，その相続人が合意の当事者となる。これらの合意については，後順位抵当権者その他の第三者の承諾を必要としない（同条3項）。しかし，合意について相続開始後6カ月以内に登記がなされないと，元本は相続開始の時に確定したものとみなされる（同条4項）。

(イ) 合併　元本の確定前に法人である根抵当権者や債務者に合併が生じた場合には，前述の相続の場合と異なり，根抵当関係は原則として合併後の法人に承継される。そして，根抵当権は合併当時の債権や債務と共に，根抵当権者合併の場合は合併後の法人が取得する債権を，債務者合併の場合は合併後の法人が負担する債務を担保する（398条ノ10第1項・2項）。この場合，根抵当権設定者（債務者合併の場合には債務者でない根抵当権設定者）は，合併を知った日から2週間以内または合併の日から1カ月以内に元本の確定を請求することができ（同条3項・5項），この請求がなされると，合併の時に元本が確定したものとみなされる（同条4項）。

(3) 根抵当権の処分

民法375条の定める抵当権の処分（本章4参照）は，被担保債権が弁済されず

に存在することを前提にしたものであるため、被担保債権が発生と消滅を繰り返す確定前の根抵当権には適していない。そこで、同条が定める転抵当以外の処分は適用されないものとされ（398条ノ11第1項）、その代わりに、確定前の根抵当権に適合したつぎのような処分方法が設けられている。ただし、確定後の根抵当権については375条が全面的に適用されることになる。

　(ア)　**全部譲渡**　　**根抵当権の全部譲渡**とは、根抵当権者が設定者の承諾を得て、確定前の根抵当権を被担保債権から完全に切り離して、その全部を譲渡することである（398条ノ12第1項）。これによって、譲渡人の債権は無担保債権となる。譲受人の債権については、被担保債権の範囲内のものであれば、譲受時だけでなくその後の債権も担保される。譲受人の債権が範囲外のものであれば、398条ノ4による被担保債権の範囲の変更（前述6.2(2)参照）をしなければ担保されない。なお、登記が譲渡の対抗要件である（177条。これについては、つぎの分割譲渡や一部譲渡においても同じ）。

　(イ)　**分割譲渡**　　**根抵当権の分割譲渡**は、根抵当権者が設定者の承諾を得て、確定前の根抵当権を2個の根抵当権に分割して、その1つを譲渡することである（398条ノ12第2項前段）。これによって、両者は別々の同順位の根抵当権になる。この分割譲渡においては、分割される根抵当権を目的とする権利（転根抵当権など）は、譲渡された根抵当権について消滅するので、その権利を有する者の承諾が必要である（同条2項後段・3項）。

　(ウ)　**一部譲渡**　　**根抵当権の一部譲渡**とは、根抵当権者が設定者の承諾を得て、確定前の根抵当権の一部を譲渡し、譲渡人と譲受人が根抵当権を共有することである（398条ノ13）。「一部譲渡」といわれるが、1つの根抵当権が準共有されることになる。この準共有関係においては、準共有者は、その債権額の割合に応じて優先弁済を受けるが、確定前にそれと異なる割合を定めたり、一方が他方に優先して弁済を受けることを定めたりすることができる（398条ノ14第1項）。また、準共有者は、根抵当権設定者の承諾と他の準共有者の同意を得て、持分権を全部譲渡できる（同条2項）。

6.4　共同根抵当

　共通の債権を担保するために複数の不動産の上に設定された根抵当権を、共同根抵当というが、これにはつぎの2つのものがある。

(1) 純粋共同根抵当

民法392条と393条の適用を受ける共同根抵当を**純粋共同根抵当**という。たとえば，AがBに対する債務を担保するために，自己所有の甲地と乙地に極度額1,000万円の純粋共同根抵当を設定すると，392条によりこの1,000万円は甲地と乙地に割り付けられ，Bは甲地と乙地からそれぞれ1,000万円を限度として（合計2,000万円を限度して）優先弁済を受けることにはならない。共同根抵当がこの純粋共同根抵当であるためには，被担保債権の範囲・債務者・極度額が甲地と乙地について同一であり，かつ共同根抵当権が設定された旨の登記がなされることが必要である（398条ノ16）。また，被担保債権の範囲・極度額・債務者の変更や根抵当権の全部譲渡・一部譲渡も，甲地と乙地について同一に行い，登記をしなければ効力を生じない（398条ノ17第1項）。さらに，1つの不動産上の根抵当権について確定事由が生じると（たとえば，甲地上の根抵当権の確定期日が早く到来した場合），すべての不動産上の根抵当権が確定する（同条2項）。

(2) 累積根抵当

累積根抵当とは，複数の不動産上の根抵当権がそれぞれ互いに独立し，それぞれの極度額まで債権を担保し，根抵当権の確定についてもそれぞれが別個に決定されるものをいう。この場合には，A所有の甲地と乙地に極度額1,000万円の根抵当権を有するBは，甲地と乙地からそれぞれの極度額1,000万円（合計2,000万円）までの優先弁済を受けることができる（398条ノ18参照）。この累積根抵当は，(1)で述べた特別の要件を満たさないすべての場合に生じるため，民法はこの方式を原則としている。

6.5　根抵当権の確定

(1) 確定の意義

根抵当権の確定とは，担保されるべき元本債権が特定されることであり，これによって被担保債権と根抵当権の結合関係が固定され，根抵当権は特定された元本債権を担保することになる。民法の規定はこの状態を「元本ノ確定」と表現しているが，学説は一般に「根抵当権の確定」と呼んでいる。民法が定める根抵当権の確定が生じる事由は，つぎのとおりである。①元本確定期日の到来（398条ノ6），②相続の場合の合意または登記の不達成（398条ノ9），③合

併の場合の確定請求（398条ノ10第4項），④根抵当権設定者（第三取得者を含む）の確定請求（398条ノ19），⑤元本債権発生の可能性の消滅（398条ノ20第1項1号），⑥根抵当権者による競売・差押（同項2号），⑦根抵当権者による滞納処分（同項3号），⑧第三者による競売・滞納処分（同項4号），⑨債務者または根抵当権設定者の破産（同項5号）。

(2) 確定の効果

(ア) 根抵当権の確定によって，担保されるべき元本債権は確定時に存在したものに限られ，これ以後に生じる元本債権は担保されなくなる。しかし，利息や遅延損害金などは，2年分の制限（374条参照）がないため，確定後に発生するものも極度額の範囲内で担保される（398条ノ3第1項）。このほか，確定前では可能であった根抵当権の変更，相続・合併における包括承継，根抵当権の全部譲渡・分割譲渡・一部譲渡などが不可能となり，代わって根抵当権の譲渡・放棄やその順位の譲渡・放棄（375条参照）などが可能となる。また，確定前では否定されていた随伴性を根抵当権は取得するので，債権譲渡・更改・弁済による代位などの被担保債権の処分に根抵当権も従うことになる。

さらに，民法は，確定後の根抵当権について，つぎの2つの特別な制度を設けている。

(イ) 極度額減額請求権　元本の確定後被担保債権額が極度額を下回っている場合には，根抵当権設定者（第三取得者を含む）は，その根抵当権の極度額を，現に存する債務額と以後2年間に生ずべき利息その他の定期金および債務不履行による損害賠償額を加えた額に減額するよう請求できる（398条ノ21）。これを**極度額減額請求権**という。この請求権は形成権であり，設定者の一方的請求によって減額の効果が生じる。この制度は，抵当不動産の処分や後順位担保権の設定を容易にするためのものである。

(ウ) 根抵当権消滅請求権　元本の確定後現に存する債務額が根抵当権の極度額を超えている場合には，物上保証人や抵当不動産につき所有権・地上権・永小作権・対抗要件を具備した賃借権を取得した者は，極度額に相当する金額を支払いまたは供託して，その根抵当権の消滅を請求できる（398条ノ22）。これを**根抵当権消滅請求権**という。この請求権も形成権である。そして，極度額を超える債権は無担保債権になる。この制度は，378条以下に定める滌除

(本章3.5(2)参照) に近い役割を果たすものである。

【展開講義　40】　財団抵当とはどのような制度か
(1) 序　説

　企業を構成する土地・建物・機械・工業所有権（特許権・実用新案権・商標権・意匠権）などをまとめて1つの統一的財産（財団）とし，この上に設定される抵当権を**財団抵当**という。この財団抵当制度が設けられたのは，民法上の抵当権が一物一権主義から個々の不動産と不動産物権（地上権と永小作権）を対象とするために，企業財産の一括担保化の需要に応じられないからである。財団には，「一個ノ不動産」とみなされる不動産財団と「一個ノ物」とみなされる物財団とがあり，これに応じて財団抵当も**不動産財団抵当**と**物財団抵当**とに区別される。

(2) 不動産財団抵当

　不動産財団とは，企業に属する不動産を中心に，それに付属する物をもあわせて財団を組成し，それを1つの不動産とみなすものをいう。この不動産財団においては，企業財産が当然に財団を組成するのではなく，財団目録に記載されたものだけが財団を構成するという任意選択主義がとられている。そして，この不動産財団を目的とする抵当権を不動産財団抵当という。工場抵当法（明治38法54）による工場財団抵当がその典型である。このほか，鉱業財団抵当（鉱業抵当法〔明治38法55〕），漁業財団抵当（漁業財団抵当法〔大正14法9〕），港湾運送事業財団抵当（港湾運送事業法〔昭和26法161〕），道路交通事業財団抵当（道路交通事業抵当法〔昭和27法204〕），観光施設財団抵当（観光施設財団抵当法〔昭和43法91〕）がこの類型に属する。たとえば，工場財団抵当では，①工場に属する土地および工作物，②機械・器具・電柱・電線・配置諸官・軌条その他の付属物，③地上権，④賃貸人の承諾した賃借権，⑤工業所有権，⑥ダム使用権（このほか登録された自動車〔工抵13条ノ2〕）が財団の組成物件になりうるが（工抵11条），工場所有者はこれらの中から財団に帰属するものを任意に選択でき，選択されて工場財団目録（工抵22条）に記載されたものが工場財団の組成物件となる。そして，工場財団は1個の不動産とみなされ（工抵14条1項），この上に1個の所有権が成立し，抵当権が設定される。

(3) 物財団抵当

　物財団抵当では，企業施設全体が1個の物とみなされて，それが抵当権の目的になる。この物財団抵当においては，企業施設全体が1個の物とされるので，企業施設を構成するものはすべて当然に財団を組成する当然帰属主義がとられてい

る。鉄道抵当法（明治38法53）による鉄道財団抵当がその典型である。このほか，軌道財団抵当（軌道ノ抵当ニ関スル法律〔明治42法28〕）や運河財団抵当（運河法〔大正12法16〕）がこの類型に属する。たとえば，鉄道財団抵当では，鉄道事業経営に関する一切の物的設備と地上権・賃借権・地役権などが財団の組成物件であるが（鉄抵3条），これらの物件は財団の設定と共に当然に財団を組成する。これは，企業が鉄道などの交通手段のように公共性を有し，その財産の一体性を保持する必要性があるからである。そのため，不動産財団抵当である道路交通事業財団抵当には，この当然帰属主義が採用されている。

7　抵当権の消滅

◆　導入対話　◆

学生：先生，抵当権は担保される債権を弁済したら消滅するんですね。
教師：そうです。
学生：そしたら，担保される債権が，消滅時効にかかったら，抵当権も消滅するんでしょうか。また反対に，抵当権が設定されている不動産を買った場合，買主において，20年間占有をして取得時効が完成したらどうなるんでしょう……。

7.1　抵当権の消滅時効

　民法396条は，債務者および抵当権設定者（物上保証人）に対しては，抵当権は，被担保債権が消滅時効にかからない限り，時効によって消滅しないと定める。抵当権は債権の担保を目的とする権利であるから，債務を弁済しない債務者や自己の意思で抵当権を設定した物上保証人は，被担保債権が時効で消滅しない限り，抵当権の時効消滅を主張できないという趣旨である。したがって，後順位抵当権者や抵当不動産の第三取得者との関係では，抵当権は，被担保債権とは別に20年の消滅時効（167条2項）にかかると解するのが判例（大判昭15・11・26民集19巻2100頁）・多数説である。しかし，このように解すると，抵当権者としては，被担保債権について時効を中断する以外に，抵当権についても時効を中断する必要があることになる。しかも，中断の方法としては「承

認」(147条3号——抵当権存在確認の判決)くらいしかなく,債権者にとって酷であり,立法論として疑問が出されている。

7.2 抵当不動産の時効取得による消滅

(1) 397条の趣旨

397条は,債務者または抵当権設定者(物上保証人)以外の者が,抵当不動産について取得時効に必要な条件を具備した占有をなしたときは,抵当権は消滅すると規定する。抵当不動産について取得時効が完成すると,取得者は原始的に所有権を取得し,その結果従来の所有権およびそれに付着した抵当権も消滅する。しかし,債務者や物上保証人のようにもともと債務や責任を負っている者についても,このような目的物の時効取得(たとえば,物上保証人の提供した不動産を債務者が時効取得する場合)による抵当権の消滅を認めるのは不合理であるから,取得時効の効果を債務者や物上保証人については制限した,というのが本条の趣旨である。

(2) 抵当不動産の第三取得者

抵当不動産の第三取得者について,その取得時効による抵当権の消滅が認められるかどうか問題となる。第三取得者が抵当不動産の取得について登記を備えているときは,取得時効は問題にならないので,397条は適用されないと解すべきである。これに対し,第三取得者が未登記であるときは,未登記のため対抗力のない所有者について取得時効が認められるので(最判昭42・7・21民集21巻6号1643頁),未登記の第三取得者の時効取得による抵当権の消滅を肯定すべきであろう(最判昭43・12・24民集22巻13号3366頁)。

7.3 抵当権の目的たる用益物権の放棄

地上権または永小作権を抵当権の目的とした場合には,地上権者または永小作権者がその権利を放棄しても抵当権者に対抗することができない(398条)。権利の放棄自体は認められるにせよ,それによって他人の権利を害することは許されないからである。したがって,抵当権者は,地上権または永小作権が存在するものとしてこれらを競売することができる。もっとも,地上権者または永小作権者と土地所有者との間では放棄は有効であり,土地の返還は認められる。なお,判例は,借地人が借地上の建物を抵当に入れた後に借地権を放棄しても抵当権者に対抗できないとして,398条の類推適用を認めている(大判大

11・11・24民集1巻738頁)。さらに，借地契約の合意解除についても同様に解している（大判大14・7・18新聞2463号14頁)。

第8章 質　　権

1　序　　説

―――――――◆　導入対話　◆―――――――

学生：先生，実は，今度，パソコンに通じている仲間で，IT 関連の会社をやろうと話しているんです。でも，問題は，資金なんです。
教師：それは，おもしろいね。でも，資金ね。
学生：銀行に行ったら，われわれでもお金を貸してくれますかね。
教師：普通は無理だろうね。なんと言っても，学生さんは収入も少ないし，……。
学生：そしたら，何か他に方法はないですか。われわれの IT 関連の知識とアイデアは担保になりませんか。
教師：（笑う），もし，そうしたことに投資をしてもよいという銀行なら別だけど……。何か，不動産でも誰かが持っているかい。
学生：たぶん，ないと思いますよ。なんといっても親がかりだし。そしたらどうしたらよいんだろう……。

1.1　質権の意義・設定

たとえば，旅行に行って帰りの旅費が足らなくなった。自分は高価な時計（**質物**）を所持している。この時計を質屋さんに持っていって帰りの旅費を借り，帰ってから借りた金銭（元本）とその利息を支払うことによって預けた時計を返してもらうという資金調達の一方法である。以上は，借りる側（質権設定者）から質権を説明したものであるが，342条は，「質権とは，質権者が債権の担保として債務者または第三者から受け取った物を占有し，かつ，その物について他の債権者に優先して自己の債権の弁済を受けることができる権利である」と定め，これを金銭を貸す側（質権者）から規定している。

金銭を貸す側（質権者になる者）からは，貸した金銭を返してもらえなければ自己の損失になってしまう。そこで，貸した金銭（元本）とその利息以上に価値のある物を受け取っておくのが通常である。その物（質物）は，金銭を借りた人の物でも第三者（物上保証人）の物でも，原則として，質権が成立する。借り主が元本と利息を期限まで支払わないときは，質権者は，その質物を一定の手続によって売却してその売却代金の中から，他に利害関係人がいるとしても，優先して自己の貸した元本と利息を取り立てることができる。このような質権は，当事者の合意によって成立し，債権の回収を確保する物権なので，約定担保物権と呼ぶ。

1.2 質権の種類・機能

質権には，動産（時計，ステレオ，貴金属品等）を担保の対象とする①動産質，不動産（土地または建物）を対象とする②不動産質，さらに，動産及び不動産以外の財産的権利（有価証券，無体財産権等）を対象とする③権利質の3種類の質権がある。権利質の中でも，指名債権等の債権を対象とするものを債権質という。

従来，質権は，動産質が中心で，庶民金融とされてきた。不動産質はほとんど行われていないとされている。権利質としては，指名債権および有価証券の質権が行われている。

質権者は，目的物（権利質の場合は債権証書または証券など）を留置することができ（留置的機能），不動産質の場合は，当該不動産から生ずる利益も取得することができる（収益的機能）。さらに，被担保債権の弁済がないとき，債権質権者は，第三債務者から直接に取り立てたり，目的物を競売して優先的に回収することができる（取立機能，優先弁済機能）。質権者に目的物の占有を移転しなければならない点で抵当権と異なり，当事者の合意で成立する点で**留置権**や**先取特権**（法定担保物権）と異なる。

その他，質権に関する特別法として質屋営業法や公益質屋法があり，庶民金融における質屋の営業を監督し，規制している。

1.3 質権に共通する原則

(1) 質物の譲渡性（343条）

性質上譲渡できない物，譲渡が禁止されている物には，原則として質権を設

定することができない。質権設定も強力な処分行為だからである。また，譲渡性がなければ質権の実行も困難である。

(2) 質権の性質

質権は，付従性，随伴性，不可分性，物上代位性の性質を有している（前述第6章3「担保物権の性質と効力」を参照）。また，質権の付従性については，後述 1.4(1)「被担保債権の範囲」を参照。

(3) 要物契約（344条）

質権は，質権を発生させる合意と目的物の引渡によって，はじめて効力を生じる。すなわち，質権においては，目的物の引渡は，第三者に対する**対抗要件**であるばかりではなく，当事者間での効力発生要件にもなっている。これは，占有によって質権の存在を他の債権者に警告・公示し，留置的機能を発揮するために必要だからである。

(4) 代理占有の禁止（345条）

質権の設定に際して，質物の引渡を要件とした趣旨を貫くために，質権者の代わりに質権設定者が占有することを禁止したものである。強行規定であり，これに反する特約は効力を有しない。

ただし，質権が有効に成立した後に質権者が質物を質権設定者に返還して代理占有となった場合，質権は効力を失うかについて争いがある。質権の特色を留置的効力の維持にあるとして質権の効力が消滅するとする質権消滅説と占有は質権の成立要件であって存続要件ではないとして動産質では第三者に対抗できなくなるだけであり，不動産質では何らの影響も及ぼさないとする対抗力喪失説が対立している。

1.4 質権に共通する効力

(1) 被担保債権の範囲（346条）

質権は，**被担保債権**の回収を確保するための担保物権なので，被担保債権が存在しなければ成立しない。学説・判例は，成立における付従性を緩和し，将来発生する債権，すなわち条件付または期限付で発生する債権，継続的取引関係から発生する債権などのためにも，予め質権を設定することができる（動産質については，根質も有効）としている。

質権者は，**被担保債権額**を限度として目的物から優先弁済を受けることがで

きる。その優先弁済を受ける被担保債権の範囲には，元本，利息，違約金，質権実行の費用，質物保存の費用，債務不履行による損害賠償，質物の隠れた瑕疵によって生じた損害賠償が含まれる。抵当権に関する374条と比べて範囲が広い。動産質では，後順位の質権者が生ずることは稀であり，目的物の担保価値全部が把握されていると考えられている。不動産質の場合は，抵当権と同様に考えられている（後述2.2(2)(オ)参照）。

(2) 留置的効力（347条）

質権者は，自己の債権が弁済されるまで質物を留置することができる。他の債権者から目的物の競売が行われたときも，留置的効力を主張することができる。目的物引渡請求に対しては，引換給付判決がなされる（最判昭33・3・13民集12巻3号524頁など）。

質権に優先する権利者（動産保存の先取特権者など）がいる場合，この者に対しては**留置的効力**を対抗できない（同条但書）。この場合は質物を引き渡したうえで，優先順位に従って競売代金から弁済を受ける。この点で留置権の場合と異なる。質物が競売された場合，質権は，最優先順位のときにのみ消滅しない（民執59条）。

質物を留置している間に，被担保債権が消滅時効にかかれば，付従性により，質権も消滅することになる（350条による300条の準用）。

(3) 質物保管義務（350条）

質権者は，質物を善良なる管理者の注意義務をもって保管する義務を負う（350条による296条の準用）。質権者がこの義務に違反したときは，質権設定者または所有者は，質権の消滅を主張することができる（298条2項）。

(4) 対抗要件

動産質，不動産質，権利質のいずれかによって対抗要件が異なる。対抗要件については，それぞれの個所で説明する。

(5) 質権の実行（優先弁済）

質権者は，債務者が履行遅滞に陥った場合，原則として，民事執行法の規定に従って質物を換価し，その代金から優先順位に従って弁済を受けることができる（342条）。ただし，各種質権については，特別の実行方法が認められているので，それぞれの個所で説明する。

(6) 流質契約の禁止（349条）

質権者が質物から優先弁済を受けるためには，法律の定める方法によるべきであって，弁済に代えて質物の所有権を移転する合意や法律に定める方法によらないで質物を処分する合意が禁止されている。これは経済的に優位な質権者が暴利をむさぼることを防止するためである。ただし，弁済期到来後には窮状を利用される地位にないので，そのような合意も禁止されない。

また，商行為によって生じた債権を担保する商事質の場合には，当事者の経済的地位にそれほど強弱の差異がないことから，**流質契約**が許されている（商515条）。

これに対して，営業質屋の場合は，行政庁の監督によって設定者保護が図られていることから，反対の特約がないかぎり質屋が流質権を有するものと定めている（質屋19条）。

(7) 留置権の規定の準用（350条）

質権には**留置権**の規定が準用される。質権は不可分性（296条），物上代位性（304条）を有し，質権者は果実からの優先弁済受領権（297条），費用償還請求権（298条）を有する。

(8) 物上保証人の求償権（351条）

債務者が債務を履行しないために質権が実行されたとき，債務者のために質権を設定した第三者（物上保証人）は，質物に対する所有権を失う。これを免れるために，物上保証人は，第三者として弁済することができる（474条参照）。この場合，物上保証人は，自己の出捐によって他人の債務を消滅させたのであるから，保証人が主たる債務者の債務を弁済したときと同様に，求償することができる。求償権の範囲も，保証債務に関する規定に従う。

(9) 転　質　権（348条）

質権者が他の第三者から金融を得るために，自己の有する質権の上にさらに質権を設定することを転質と呼ぶ。348条は，「質権者はその存続期間内において自己の責任をもって質物に転質権を設定することができる。この場合において，転質をしなければ生じなかった損失については不可抗力の場合も責任を負う。」と定める。

転質権の設定に際して，質物の所有者（**原質権設定者**）の承諾を得る場合

（承諾転質）と承諾を得ない場合（責任転質）がある。348条は，後者の責任転質を定めたものと解されている。承諾転質の場合は，三者間の合意の下で行うから，その責任も三者間の合意で定まり，348条のような規定を必要としないからである。

　責任転質権の設定は，原質権の設定と同じ方法で行われる。ただし，転質権者が転質権を原質権設定者に対抗するためには，原質権者から原質権設定者への通知または原質権設定者による承諾がなければならないとされている。

　転質権は，原質権の存続期間内で効力を有し，その優先弁済権も原質権の優先弁済額を限度とする。また，転質の効力として，原質権者は，質物に発生した損害について，不可抗力の場合も賠償の責任を負う。

　転質権の実行は，質権の実行と同様である。ただし，原質権の被担保債権の弁済期が到来しないかぎり，転質権を実行することができない。反対に，原質権の被担保債権の弁済期が先に到来するときは，原質権設定者は供託して責任を免れることができる。

1.5　質権の消滅

　質権の消滅原因としては，物権共通の消滅原因，担保物権共通の消滅原因，各種質権特有の消滅原因に分かれる。各種質権特有の消滅原因については，各種質権の個所で説明する。

(1)　物権共通の消滅原因

　質権は，物権共通の消滅原因である目的物の滅失，消滅時効，放棄，混同によって消滅する。

(2)　担保物権共通の消滅原因

　質権は，担保物権共通の消滅原因である被担保債権の消滅によって消滅する。

【展開講義　41】　転質の法的構成について

　　原質権者が自己の質権の上に質権（転質権）を設定する場合，その転質権とは，何をどのように支配する質権であろうか。

　　転質の法的構成に関する従来の学説は，原質権だけでなく，原質権の被担保債権をも支配するかどうかで2つに大別される。すなわち，被担保債権と分離して，質権または質物だけが転質権の目的となるとする単独質入説と被担保債権ととも

に質権が転質権の目的となるとする債権・質権共同質入説である。前者の単独質入説は，さらに解除条件付質権譲渡説，質権質入説，質物再度質入説に分かれる。このうち，質権者が自己の債務を担保するために再度質物を転質権者に質入れするという質物再度質入説が従来の多数説である。

しかし，転質権の要件および効力，すなわち①原質権の存続期間内であること，②原質権の優先弁済額を限度とすること，③原質権者への通知または承諾がなければ対抗できないことなどを無理なく説明するためには，債権・質権共同質入説が最も適していると考える[1]。

2　各種の質権

――――――――◆　導入対話　◆――――――――

学生：どんな物に質権が設定されているんですか。
教師：昔は，着物や洋服，土地の権利証などが多かったが，最近では，ブランド物や貴金属品のほかに，証券や商標などの無体財産権もあるそうです。
学生：質権の中で，不動産質はどうして利用されないんですか。
教師：それは不動産質のところで説明しますので，そちらで勉強してください。
学生：ところで，質屋さんで借りた場合，利息は安いんですか。
教師：サラ金や自動契約機よりもずっと安いよ。なぜだかわかりますか。
学生：……。
教師：担保をとっておけば，その分だけ回収も確実で，貸主にとって損失が少ないからですね。損失が大きければ，それだけ利息を多く取らないと採算が合わなくなるでしょう。

2.1　動産質

(1)　動産質権の設定

債権者（質権者）と債務者（質権設定者）または第三者（物上保証人）の**質権設定契約**によって成立する。前述のように，動産の引渡が動産質権の効力要

---

[1]　伊藤進・担保法概説120頁。

件であり，かつ，対抗要件である。

(2) 対抗要件 (352条)

(ア) 占有移転・占有継続　**動産質権者**は，継続して質物を占有するのでなければ第三者に質権を対抗することができない。この占有には第三者による代理占有も含まれる (181条)。ただし，質権設定者を代理占有者とすることは禁止されている (345条)。

(イ) 質物の占有回復 (353条)　動産質権者は，占有を失った場合，質権自体にもとづいて返還請求をすることができない。公示の原則を厳格に貫徹しようとの趣旨によるものである。ただし，占有回収の訴えによって占有を回復すれば，203条により占有は中断しなかったことになり，第三者に質権を対抗することができる。これに対して，動産質権者が質物を遺失した場合のように占有回収の訴えの要件を充たさないときは，動産質権者は何ら救済手段を有せず，所有者からの請求に待つほかない。立法論として批判がある。

(3) 動産質権の効力

(ア) 動産質権の優先弁済・簡易な弁済充当　動産質権者は，民事執行法190条および122条以下の定める手続により，質物を競売し，その売得金から被担保債権を回収し，残金を設定者に返還するのが原則である (民執190条)。ただし，動産質権者には，一定の要件の下で簡易な換価方法が認められている。すなわち，動産質権者は，正当の理由がある場合，裁判所の許可を得て，その選任にかかる鑑定人の評価額と債権額の差額を設定者に返還して質物の所有者となることができる (354条)。

(イ) 動産質権の順位 (355条)　たとえば，所有者が同一物について第三者に代理占有させた後に指図による占有移転の方法により複数の者に質権を設定したような場合，**質権の優先順位**は質権設定に順序による。

(4) 動産質権の消滅

質権の一般的消滅原因（物権，担保物権共通の消滅原因）については，前述**1.5**を参照。動産質権特有の原因としては，確定的な占有喪失や善管注意義務違反による質権消滅請求によって消滅する。

2.2 不動産質

(1) 不動産質権の設定

(ア) 不動産質権の特徴　　**不動産質権**は，不動産の占有が効力要件で，登記が対抗要件である。不動産質権者は，その不動産を使用・収益できるが，費用や利息を設定者に請求できず，不動産を引き取って管理しなければならない。この点で，金融機関には利用しにくい制度であり，立法上の批判がある。

(イ) 存続期間　　不動産質権の存続期間は，当事者の定めがないときは10年となる。当事者が定めるときも，10年を超えることができない（360条）。10年を超えるときは10年に短縮される。更新の場合も10年を超えることができない。

(2) 不動産質権の効力

(ア) 不動産の占有　　不動産質の場合は，登記によって第三者に対抗しうるから，目的不動産を設定者に返還しても質権は消滅しない。また，不動産質権者は，占有を侵奪した者に対して質権にもとづく物権的請求権を行使することができる。この点で，動産質と異なる。

(イ) 使用収益権（356条）　　質権者は，目的不動産をみずから使用収益できるだけではなく，質権の存続期間内で第三者に賃貸して賃料を収受することもできる。この収益権は，不動産質権に特有の権能である。

(ウ) 目的不動産の負担・利息　　使用収益の代償として，前述のように，質権者は，不動産の管理費用等を負担し（357条），かつ，被担保債権の利息を請求することができない（358条）。

(エ) 特約の効力　　使用収益，負担，利息については，特約で変更することができる（359条）。この変更の特約は，登記しなければ第三者に対抗できない。

(オ) 抵当権規定の準用　　不動産質権も担保物権であるから，抵当権と同様に優先弁済を受けることができる（民執59条）。被担保債権の範囲も，抵当権と同様，「満期トナリタル最後ノ二年分」に限られる。優先弁済の順位は登記の前後による（373条の準用）。そのほか，抵当権の規定が一般的に準用されている（361条）。

(3) 不動産質権の消滅

質権の一般的消滅原因（物権，担保物権共通の消滅原因）については，前述**1.5**を参照。不動産質権特有の消滅原因としては，存続期間の経過，代価弁済，滌除がある。

2.3 権利質

(1) 権利質の設定

(ア) 権利質の目的物（362条）　**権利質の対象**となる権利としては，譲渡性のある財産権であればよく，例として，債権，株式，不動産物権，無体財産権などがある。権利質の中で，指名債権や指図債権などの債権を対象とするものを債権質という。以下では，債権質のなかでも指名債権質を中心に説明する。

(イ) 要物契約性（363条）　債権質の場合において債権証書があるときは，証書を交付することにより債権の効力は発生する（効力要件）。債権証書の交付には，動産質のような債務の履行強制機能・公示機能を期待できないので，証書を返還しても質権は消滅しないと解されている。

(2) 債権質の対抗要件（364条）

債権質権の設定は，債権という財産権に対する物権的変動の一種であり，債権自体の移転・変動である債権譲渡と共通するので，債権譲渡の対抗要件に関する規定が準用されている。すなわち，質権設定を債務者（質権設定者）から第三債務者に通知し，またはその第三債務者が質権の設定を承諾することである（467条参照）。第三者に対抗できるためには，通知・承諾の時点で質権者が特定されていなければならない（最判昭58・6・30民集37巻5号835頁）。

(3) 債権質の効力

(ア) 第三債務者および第三者に対する効力　質権者が債権質の対抗要件を備えた場合，設定者と第三債務者の間で目的債権を変更または消滅（取立，放棄，免除，相殺等）をしても，質権者に対抗することができない。第三者が質権証書を奪ったり，質権を不当に侵害した場合には，質権者は，物権的請求権を行使することができる。

(イ) 取立による弁済充当（367条）　質権者に直接取立権が与えられている。したがって，質権者は，自己の名において，第三債務者に催告をし，弁済あるいは代物弁済を受領し，第三債務者に給付の訴えを提起し，差押え・破産の申立，配当加入等の行為をすることができる。

(ウ) 民事執行法による実行（民執193条）　質権者は，民事執行法にもとづき目的債権につき担保権の実行手続をとることもできる。

(4) その他の債権および権利を目的とする質権

(ア) 記名社債質の効力（365条）　記名社債に質権を設定する場合，社債の譲渡に関する規定（商307条）に従い，会社の社債原簿に質権者の氏名・住所を記載し，かつ，債券に氏名を記載することによって第三者に対抗することができる。

(イ) 指図債権質の効力（366条）　指図債権への質権設定の場合，証券に質入裏書をして交付することが効力発生要件であると解されている。

(ウ) 不動産物権，無体財産権，電話加入権　地上権や永小作権に質権が設定された場合には，不動産質に関する規定が準用される。無体財産権や電話加入権の質入れについては，それぞれの特別法の定めによる。

(5) 権利質権の消滅

質権の一般的消滅原因（物権，担保物権共通の消滅原因）については，前述**1．5**を参照。権利質権特有の消滅原因は，見あたらない。

第9章 法定担保物権

1 留 置 権

◆ 導入対話 ◆

学生：先生，最近，ノート・パソコンが壊れて，修理に出したんですけど，修理代金を持ってくるまでは，引き渡さないと言うんですよ。今日の授業にどうしてもいるんだけど……。こんな権利が，修理屋に当然に，あるんですか？
教師：そうだね，君が，パソコンの修理屋だとしたらどうだね。
学生：う〜ん。そうですね。でも，修理に出すとき，そんな約束はしませんでしたよ。

1.1 留置権の意義と性質

(1) 留置権の意義

たとえば，自転車を修理した修理業者は，その修理代金の支払を受けるまでは，所有者や所有者からの譲受人・借主から返還請求があっても，その自転車を留置して引渡を拒むことができる。民法は，これを「他人の物の占有者がその物に関して生じた債権を有するときは，その債権の弁済を受けるまでその物を留置することができる」と規定する。

以上のように，**留置権**は，債権者が債務者または第三者の物を適法に留置することにより，債務者に対して間接的に弁済を促すという機能を営むものである。ただし，留置権者は，目的物を留置できるだけであって，他の担保物権のように，留置物に対する優先弁済権を有しない。

(2) 留置権の性質

留置権は，**担保物権**であることから，担保物権に共通する性質のうち，付従性，随伴性，不可分性を有する。しかし，留置物の交換価値を支配して優先弁

済を受ける権利はないことから，物上代位性を有しない。

【展開講義 42】 留置権と同時履行の抗弁権とはどう違うか

留置権は，同時履行の抗弁権と同様に，ともに公平の原則を具体化した制度として類似する。すなわち，他人の物の占有者がその物に関する債権を有する場合には，その債権の弁済を受けるまでその物の返還を拒絶できるとして，その債権の効力を強めることが公平の原則に適するとみたのである。ただし，留置権は物権，同時履行の抗弁権は債権として位置づけられるため，それぞれの効力にも差異が生じる。

第1に，留置権は独立の物権であり，債権の回収を確保するために誰に対してでも行使することができる。同時履行の抗弁権は双務契約上の対価関係を維持するために契約の相手方に対してしか行使することができない。

第2に，拒絶の内容については，留置権の場合には物の引渡のみであり，同時履行の抗弁権の場合には双務契約上の債務であれば制限がない。

第3に，履行が確保されるべき債権として，留置権の場合は発生原因を問わないのに対して，同時履行の抗弁権の場合は同一の双務契約によって発生した債権に限られる。

第4に，留置権と同時履行の抗弁権は，ともに公平の原則を基礎とするが，その目的が異なる。留置権は債権担保であり，同時履行の抗弁権は先履行の強要の回避にある。その結果，留置権は代担保の提供によって消滅するのに対して，同時履行の抗弁権では代担保の提供は認められない。

1.2 留置権の成立要件

(1) 他人の物の占有

他人の物とは，**占有者**以外の者に属するということであり，債務者の所有物でなくてもよい。たとえば，他人の自転車を借りた者が修理を委託してきた場合でも，修理代金が支払われるまで修理業者はその自転車を留置することができる。他人の物とは，動産でも不動産でもよく，不動産上の留置権は登記なくして第三者に対抗できる。占有は，自己占有でも代理占有でもよい。

(2) 債権と物との牽連性

㋐ 債権が物自体から生じた場合　　債権が物自体から生じた場合とは，賃

借人が賃借物に必要費・有益費を支出して償還請求権を取得した場合や他人の物の占有者がその物の欠陥により**損害賠償請求権**を取得した場合などである。

　(ｲ)　債権が物の返還請求権と同一の法律関係または事実関係から発生した場合　　(a)　債権が物の返還請求権と同一の法律関係から発生した場合　　具体例としては、自転車の修理を委託したときに発生する修理代金債権と自転車の返還義務の場合であり、この場合の債権と物の返還義務は修理委託契約という同一の法律関係から生じたものである。また、自転車の売買契約において両者が義務を履行した後に契約が取り消された場合、支払った代金の返還請求権と自転車の返還義務は、契約の取消という同一の法律関係から生じたものである。

　(b)　債権が物の返還請求権と同一の事実関係から発生した場合　　具体例としては、2人互いに傘を間違えて持ち帰ったような場合である。この場合、お互いの傘の返還請求権と返還義務は、間違って持ち帰ったという同一の事実から発生したものであるからである。

　(ｳ)　牽連性の存否に争いがある場合　　(a)　**造作買取請求権**（借地借家33条、借家5条）について、判例は、建物に関して生じた債権ではないとして、当該造作物を留置できても、建物の明渡を拒むことはできないとする（大判昭6・1・17民集10巻6頁など）。通説は、借家人保護の趣旨や有益費との同質性から建物の留置を認めるべきであるとしている。

　(b)　**建物買取請求権**（借地借家13条、借地10条）について、判例は、建物自体から生じる債権であるから建物の留置を認め、建物引渡拒絶の効力としてその敷地についても引渡を拒絶できるとする（最判昭14・8・24民集18巻877頁）。学説は、敷地については、建物留置の反射的効果として明渡を拒絶できるにすぎないとしている。

　(c)　**敷金返還請求権**について、判例は、建物の明渡時に発生するものであるから（明渡時説）、賃借人は建物明渡の先履行義務を負い、同時履行の抗弁権も留置権も成立しないとする（最判昭49・9・2民集28巻6号1152頁）。賃借人保護の趣旨や敷金と賃貸借契約の密接な関係から留置権を認めるべきであるとする学説がある。

　(d)　不動産の二重売買において、引渡を受けた第一買主は、売主に対する債務不履行を理由とする損害賠償債権にもとづき、第二買主からの引渡請求に対

して留置権を主張することができない（最判昭43・11・21民集22巻12号2765頁）。この損害賠償債権は，元の同一の法律関係から生じたのではなく，債務不履行によって生じたものだからである。

（e）譲渡担保設定者は，清算金請求権にもとづいて目的物を留置することができるが，譲渡担保債権者が目的物を第三者に譲渡したことを債務不履行とする損害賠償債権にもとづいて留置権を主張することはできない（最判昭34・9・3民集13巻11号1357頁）。

(3) 弁済期の到来（295条1項但書）

留置権は，目的物の引渡を請求する者に対してこれを拒絶することを内容とするから，被担保債権が弁済期にないときは，拒絶することができない。弁済期の到来を要件としなければ，債務者に対して弁済期が到来しない債務の履行を強制することになる。

(4) 不法行為による占有でないこと（295条2項）

不法行為によって占有を取得した者にまで留置権を認めることは，留置権の趣旨である公平の実現に反するからである。

【展開講義　43】　占有が後に違法となった場合にも留置権は成立するか

　　295条2項は「占有カ不法行為ニ因リテ始マリタル場合ニハ之ヲ適用セス」と規定しているので，占有取得時には適法な占有であったがその後に権原を失った場合にも留置権が成立するか争いがある。たとえば，不動産賃貸借が解除され継続占有中に必要費や有益費を支出したような場合である。

　　判例は，適法に始まった占有がその継続中に不法なものとなった場合には，その後に生じた債権については留置権は成立しないとしている（最判昭和41・3・3民集20巻3号386頁など）。

　　学説は，①本条の「不法行為」を民法709条の不法行為概念と同視して，判例と同様に，295条2項の類推適用を肯定する見解，②占有者に不信行為がある場合にのみ同条2項の類推適用をする見解，③同条2項は始めから悪意で占有を開始した場合にのみ適用し，占有開始後悪意となった場合には，民法196条2項を適用し，善意占有の場合は有過失の場合を含めて留置権を認める見解，④占有取得行為が不法行為に該当する場合にのみ留置権を否定し，無権原を過失によって知らない占有者は留置権の行使ができるとする見解などに分かれている。

【展開講義　44】　商事留置権について

　商法521条は商人間の留置権について規定する。民法上の留置権とは，成立要件および効力において異なる。商法上の留置権は，その債権と物との間には民法の留置権のような牽連性を必要とせず，ただ債権の成立と物の占有の取得が両当事者の商行為から生じるものであればよいとする。留置権の効力については，実体法上は債務の履行があるまで債務者の所有物を債権者が占有できるとするもので，民法の留置権と同一であるが，破産法や会社更生法上の取扱いが全く異なる。すなわち，民法上の留置権は，破産財団に対しては効力を失うのに反し，商法上の留置権は，破産手続においては，特別の先取特権と同一視され，別除権となり，会社更生手続では更生担保権として扱われる。

　最近では，この商法521条の「債務者所有ノ物」に不動産が含まれるか否か争われている。実務では建築請負業者は請負代金債権の確保のために不動産先取特権の登記をするよりも建物に対して留置権を行使するのが一般的である。ところが，敷地購入のために融資をした金融機関が抵当権を実行してきた場合，建築請負業者はその建物および敷地に留置権を行使しうるか否かである。最近の裁判例及び学説では，不動産も含まれるとして商人間留置権の成立を肯定するものと否定するものに対立している。

1.3　留置権の効力

(1)　留置的効力（295条1項）

　㋐　目的物の継続使用　　**留置権者**は，被担保債権の履行を受けるまで，保存に必要な範囲で目的物全体を継続して占有または使用することができる。

　㋑　第三者への対抗力　　**留置権**は物権として第三者効を有する。留置物が第三者に譲渡された場合や競売された場合も同様である。

　㋒　行使の効果　　適法な留置権者に対して所有者から目的物引渡の訴えが提起された場合において，留置権が行使されたとき，原告敗訴判決をすべきであるとの学説もあるが，判例・通説は，引換給付の判決をすべきであるとする。留置権の行使には抗弁的効力しかなく，引換給付判決によってその目的を十分に達成できるからである。

(2)　果実収取権（297条）

留置権者は，留置物から生ずる果実を収取し，他の債権者に先だって，自己の債権の弁済に充当することができる。果実は，**天然果実**および**法定果実**を含む。充当の順序は，まず債権の利息，ついで元本の順である。

(3) 留置物の管理・使用（298条）

　留置権者は，目的物の保管について善管注意義務を負う。留置権者は，債務者の承諾なしに目的物の使用，賃貸，担保供与をすることができない。ただし，保存に必要な範囲の使用は，承諾なしでできる。

(4) 費用償還請求権（299条）

　留置権者は，留置物について必要費を支出したときは，所有者にその償還を請求することができる。有益費を支出し，その価格が現存するときも，同様である。ただし，有益費の場合，所有者の請求によって，裁判所は相当の期限を許与することができる。

(5) 競　売　権（民執195条）

　留置権者は，優先弁済権を有しないが，**競売権**を与えられている。この競売権を行使することによって，留置権者は，競売における買受人に対して，被担保債権を弁済しなければ留置物を引き渡さない旨主張して，事実上の優先弁済を受けることができる。

1.4 留置権の消滅

　留置権は，物権および担保物権に共通する消滅原因によって消滅する。この他に，以下のような留置権特有の消滅原因がある。

(1) 留置権の消滅原因

(ア) 留置権の消滅請求（298条3項）　留置権者が留置物に対する善管注意義務を怠った場合および所有者の承諾を得ないで留置物を保存以外の使用，賃貸，担保に供した場合，債務者は留置権の消滅を請求することができる。この消滅請求権は形成権である。

(イ) 代担保の供与（301条）　債務者は，相当の担保を供与して留置権の消滅を請求することができる。

(ウ) 占有の喪失（302条）　留置権は，終局的な占有の喪失によって消滅する。留置権者が占有を侵害されても，占有回収の訴えによって占有を回復したときは，留置権も消滅しない。

(エ) 債務者の破産等（破産93条2項）　民法上の留置権は，破産財団に対してはその効力を失う。

(2) 留置権行使と被担保債権の消滅時効（300条）

留置権の行使は，被担保債権の弁済を促すものではあるが，原則として，被担保債権の請求それ自体にはあたらないから，時効中断の効力はなく，被担保債権の消滅時効の進行を妨げるものではない。他方，留置権自体は，被担保債権と離れて独立に消滅時効にかかることはない。

2　先取特権

――――――◆　導入対話　◆――――――

学生：先生，私がバイトしていた会社がつぶれちゃったんです。でも，今月分のバイト代がまだ未払いなんですけど……。何か，このバイト代を支払ってもらえる方法はありませんか？

教師：それは困ったことだね。たしかに，給料のために担保を取っているわけでもないからね。でも，これから勉強する，先取特権（さきどりとっけん）という権利があるから，もしかしたら，バイト代を支払ってもらえるかもしれないよ。

2.1　先取特権の意義と性質

(1) 先取特権の意義

たとえば，従業員が会社に対して給料債権を有する場合，その従業員の生活を保護するために，他の債権者に先だって会社の財産から優先弁済を受けることができるとしている。このように，先取特権とは，法律に定める特定の債権を取得した者が，一定の政策的配慮等から債務者の財産に対する優先弁済権を与えられる物権である（303条）。留置権と同じように，法律の規定によって当然に発生する法定担保物権である。

先取特権は，公示制度が不完全である。また，民法以外にも各種特別法によって認められているので，多数の先取特権相互間および他の典型担保・非典型担保との優劣が課題となっている。

(2) 先取特権の性質

担保物権として，付従性，随伴性，不可分性，物上代位性が認められている。

2.2 先取特権の種類

先取特権は，一般の先取特権，動産の先取特権および不動産の先取特権に分かれる。

(1) 一般の先取特権

一般の先取特権の場合には，306条に掲げる債権を被担保債権として，債権者は，債務者の有するどの財産（総財産＝一般財産）からでも優先弁済を受けられる。次の4つの債権が被担保債権となる。

(ア) 共益費用（307条）　各債権者の共同利益のために債務者の財産に対して行った保存（債権者代位権や債権者取消権の行使など），清算（財産の換価や債権取立など）または配当（配当表の作成や配当の実施など）に関する費用を被担保債権として，債権者は，債務者の一般財産に先取特権を取得する。公平の原則にもとづくものである。

(イ) 雇人給料（308条）　被用者が雇用者に対して有する最近6カ月分の給料債権を被担保債権として，被用者は，雇用者の総財産に優先弁済が認められる。社会政策的考慮にもとづくものである。

(ウ) 葬式費用（309条）　他人のために支出した葬式費用を被担保債権として，債権者は，債務者の総財産に優先弁済が認められる。公益上の理由にもとづくものである。

(エ) 日用品供給（310条）　隣人またはその扶養すべき同居の親族等に供給した生活に必要な飲食品や薪炭費を被担保債権として，債権者は，債務者の総財産に優先弁済が認められる。社会政策的考慮にもとづくものである。

(2) 動産の先取特権

動産の先取特権の場合には，311条の掲げる債権を被担保債権として，債権者は，その債権と特別の関係にある特定の動産から優先弁済が受けられる。

(ア) 不動産賃貸借（312条）　不動産賃貸借契約から生じた債権を被担保債権として，賃貸人は，賃借人が賃借不動産に持ち込んだ一定の動産に先取特権を取得する。当事者意思の推測にもとづくものである。先取特権の効力の及ぶ目的物や被担保債権の範囲については，特則がある（313条～316条）。

(イ) 旅店宿泊（317条）　旅客らの宿泊費等を被担保債権として，旅店経営

者は，旅店に存する手荷物に先取特権を取得する。当事者意思の推測にもとづくものである。

(ウ) 運輸（318条）　運送賃等を被担保債権として，運送人は，占有する荷物に先取特権を取得する。当事者意思の推測にもとづくものである。

(エ) 公吏保証金（320条）　公吏の職務上の過失によって発生した損害賠償請求権を被担保債権として，債権者は，その保証金に先取特権を取得する。

(オ) 動産保存（321条）　動産の保存費等を被担保債権として，債権者は，その動産に先取特権を取得する。公平の原則にもとづくものである。

(カ) 動産売買（322条）　動産の売主は，その代金等を被担保債権として，その動産に先取特権を取得する。公平の原則にもとづくものである。

(キ) 種苗肥料供給（323条）　種苗肥料等の供給者は，その代金等を被担保債権として，それらによって1年以内に生じた果実等に先取特権を取得する。公平の原則と農業振興という政策的考慮にもとづくものである。

(ク) 農工業労役（324条）　農工業の労役による賃金等を被担保債権として，債権者は，それらの者の労役によって生じた果実または製作物に先取特権を取得する。公平の原則と賃金債権の確保という社会政策的考慮にもとづくものである。

(3) 不動産の先取特権

不動産の先取特権の場合には，325条に掲げる債権を被担保債権として，債権者は，その債権が発生する当該不動産から優先弁済を受ける。いずれも，公平の原則にもとづくものである。

(ア) 不動産保存（326条）　不動産の保存費等を支出した者は，その費用等を被担保債権として，当該不動産に先取特権を取得する。

(イ) 不動産工事（327条）　工匠，技師および請負人は，不動産に施した工事（新築・増築など）費用を被担保債権として，当該不動産に先取特権を取得する。

(ウ) 不動産売買（328条）　不動産の売主は，その代金および利息を被担保債権として，当該不動産に先取特権を取得する。

2.3　先取特権の順位

(1) 先取特権相互間の順位

(ア) 一般の先取特権相互間　306条に定める順序による（329条1項）。

(イ) 一般の先取特権と特別の先取特権の優劣　特別（動産，不動産）の先取特権が一般の先取特権に優先する（329条2項）。ただし，共益費用の先取特権は，特別の先取特権にも優先する（329条2項但書）。

(ウ) 動産の先取特権相互間　3つのグループに分けて順位が定められている。①第1順位は，不動産賃貸，旅店宿泊，運輸の先取特権である。②第2順位は，動産保存の先取特権である。保存者が複数のときは，後の保存者が優先する。③第3順位は，動産売買，種苗肥料供給，農工業労役の先取特権である。これらに順位については，例外規定がある（330条2項—3項）。

(エ) 不動産の先取特権相互間　325条に定める順序による。なお，同一の不動産につき逐次の売買が行われたときは，売主相互間の順位は，売買の時の前後による（331条2項）。

(オ) 同順位の先取特権相互間　同一目的物に同一順位の先取特権者が数人あるときは，それぞれ債権額の割合に応じて弁済を受ける（332条）。

(2) 先取特権と他の担保物権との競合

(ア) 質権との関係　動産質権と先取特権が競合したとき，動産質権は，第一順位の先取特権と同順位となる（334条）。不動産質権と先取特権が競合したとき，不動産質権には抵当権の規定が準用されるので（361条），抵当権の場合と同様に扱われる。

(イ) 抵当権との関係　一般の先取特権と抵当権が競合した場合において，双方とも登記がないときは先取特権が優先し，先取特権にのみ登記がないときは抵当権が優先し，双方とも登記があるときは原則どおり登記の先後による。不動産保存と不動産工事の先取特権の競合の場合は，適法に登記されている限り，常に抵当権に優先する（339条）。不動産売買の先取特権と抵当権が競合したときは，一般原則により登記の先後による。

(ウ) 留置権との関係　留置権には優先弁済的効力はないが，被担保債権が弁済されなければ買受人は引渡をなしえないから，事実上，留置権者が優先する結果となる。

2.4　先取特権の効力

(1) 優先弁済権

先取特権には**優先弁済**が認められる（303条）。先取特権者は，自ら競売をすることができるし，他の債権者が競売したとき，その配当を受けることができる。ただし，動産の競売を開始するためには，その動産を執行官に提出するか，または占有者の差押承諾書を提出しなければならないとされている（民執190条）。このため，動産先取特権の優先弁済的効力は制限されている。

(2) 物上代位（304条）

先取特権は，目的物の交換価値を把握する権利であるから，**物上代位性**が認められる。先取特権者は，目的物の売却，賃貸，滅失，毀損によって債務者が受ける金銭その他の価値代表物に対しても優先弁済権を行使することができる。物上代位をするためには，価値代表物の払渡または引渡前に先取特権者が自ら差押えなければならない。【展開講義 45】を参照。

(3) 第三者との関係

一般の先取特権および動産の先取特権の目的物たる動産が**第三者**に譲渡されても，それだけでは先取特権は影響を受けないが，目的物が第三者に引き渡されてしまうと，先取特権の効力は及ばなくなる（333条）。先取特権の目的物に譲渡担保が設定され，占有改定により第三者に引渡が行われた場合について，333条を適用して譲渡担保を優先させる見解（最判昭62・11・10民集41巻8号1559頁），334条を類推して設定の順位で優劣を決める見解，333条の引渡には占有改定は含まれないとして先取特権を優先させる見解に分かれる。第10章【展開講義 48】を参照。

(4) 一般の先取特権の特別の効力

一般の先取特権は，不動産につき登記がなくても，一般の債権者に対抗しうる（336条）。ただし，一般の先取特権は，債務者の総財産を目的とするから，なるべく他の債権者を害しないように，優先弁済を受ける目的物の順序が定められている（335条）。

(5) 不動産の先取特権の特別の効力

不動産の先取特権は，その保存のための登記の時期及び時効について厳格な要件を定めている。①不動産保存の先取特権は，保存行為完了後遅滞なく債権額（337条）を，②不動産工事の先取特権は，工事開始前に予算額（338条1項）を，③不動産売買の先取特権は，売買による所有権移転と同時に，まだ代

金又はその利息の弁済がない旨（340条）を，それぞれ登記することによって，その効力が保存される。

【展開講義　45】　動産売買先取特権による物上代位について

　従来，動産売買先取特権が担保手段として利用されることは稀であった。しかし，動産の売主が担保を取らずに先に商品を供給した場合，他に適当な担保手段を取りにくいこともあり，近時，債権回収の手段として期待されるようになった。

　しかし，動産売買先取特権を担保手段として正面から利用する場合に障害となるのは，前述のように，目的動産を執行官に提出しなければならないとする民事執行法190条である。したがって，債務者の占有下にある目的物についての動産売買先取特権の効力は，全く期待できない。

　ところが，目的動産が買主により転売されて代金債権に変じた後は，一転して，物上代位によって優先権が保持され，債務者が破産した場合（最判昭和59・2・2民集38巻3号431頁）や他の債権者の差押え後でも妨げられない（最判昭和60・7・19民集39巻5号1326頁）とされるに至った。このため，動産売買先取特権の効力は，目的物が価値代表物に変じた後は，きわめて強力な担保手段になっているといえる。

2.5　先取特権の消滅

　先取特権は，物権および担保物権に共通する消滅原因によって消滅する。この他に，動産の先取特権は，目的たる動産が第三者に引き渡されたときに消滅する（333条）。また，不動産の先取特権には，抵当権の規定が準用され（341条），代物弁済や滌除によって消滅する。

第10章　非典型担保

1　序　説

―――――　◆　導入対話　◆　―――――

学生：どうしてわざわざ民法典に規定のない担保方法を使うんですか。
教師：それは，法律で定めた担保方法だけでは必ずしも新しい取引の需要に応じきれないからです。新たな需要がある場合，実際の取引では何とか対応しようと工夫しますね。その結果，新しい担保方法が生成されていくことになります。
学生：でも，それって物権法定主義に反することにならないんですか。
教師：物権法定主義は不合理であったり，第三者に不測の損害を与えるような物権を勝手につくることを禁止しているだけで，一切の物権の生成を否定しているわけではないでしょう。民法典起草者も，新たな物権が成立することを予測して，175条を規定したと述べています。

1.1　典型担保から非典型担保へ

　たとえば，不動産を担保にして貸金業者から融資を受けようとする場合，**典型担保**（民法典に規定を有する担保方法）として抵当権，根抵当権，不動産質権，不動産先取特権などがある。これらの典型担保は，目的は不動産の担保でも，内容や効力がそれぞれ異なる。しかし，数が限られていることもあって，多様化する現代取引にとって，これらの典型担保が最適とは限らない。たとえば，不動産質権だと当該不動産の占有を移転しなければならない。不動産先取特権では，不動産保存，不動産工事，不動産売買によって生ずる債権に限られている。不動産担保として一般的なのが抵当権・根抵当である。しかし，担保権の設定・実行手続に相当の費用，労力および時間を必要とし，また競売価額が必ずしも当事者の期待を満たしえない場合がある。そこで，機動的で効果的

な不動産譲渡担保や仮登記担保などの非典型担保（民法典に規定を有しない担保方法，または民法典に規定があっても担保として用いることを必ずしも予定していなかった担保方法）が利用される。

つぎに，動産を担保にして貸金業者から融資を受けようとする場合，典型担保として，動産質権，動産先取特権，動産留置権がある。しかし，これらの典型担保では，①動産の占有を設定者に留める担保方法がないことから，動産の譲渡担保や所有権留保が必要となる。②在庫商品などの集合物を目的とする担保方法が不十分であることから，集合流動動産の譲渡担保が利用される。

さらに，債権を対象として融資を受けようとする場合，典型担保として，債権質権，保証がある。しかし，これらの典型担保では，①現在および将来発生する債権を目的とする担保方法が不十分であることから，集合債権の譲渡担保の必要性が生じる。②約款または特約で目的債権の譲渡や質権設定が禁止される場合があることから，代理受領や振込指定という回収方法が必要となる。

これらの非典型担保は，以上のような必要性から，まず実務において用いられるようになり，その効力が学説や判例によって制限されながら，認められてきたものである。

1.2 最近の非典型担保の特徴

最近の**非典型担保**の特徴としては，第1に，担保目的物が単一の動産や不動産だけでなく，集合動産，流動動産，さらには株式，有価証券，無体財産権，ゴルフ会員権，リース・クレジット債権などの集合債権が担保の対象となっていることである（担保目的物の多様化）。

第2に，担保方法が典型担保のほかに多様化し，典型担保を非典型担保に，またはある非典型担保を他の非典型担保に類推適用すべきかどうか争われている。また，同一目的物をめぐって複数の担保方法が競合（所有権留保と譲渡担保，譲渡担保と先取特権，代理受領と債権の譲渡担保，代理受領と相殺などの競合）する場合が生じている。

注意すべきことは，担保の目的であるということですべての担保方法に同じ効力を与えることではない。それぞれの担保方法は，その目的物によって設定の態様や対抗要件などを異にするので，担保目的物ごとの検討が必要である。また，当事者の合意を基礎とした個々の担保方法の独自性と多様性が検討され

なければならない。

2　譲渡担保

──────◆　導入対話　◆──────

学生：譲渡担保って，譲渡ですか，担保ですか。それとも譲渡でもあり，かつ，担保でもあるということができるんですか。

教師：従来の学説は，大雑把にいえば，古くは譲渡担保を譲渡だとしてきたのに対して，最近は譲渡担保を担保だとしていると整理してきたと思います。

学生：譲渡だと所有権は債権者に移転することになるのに，担保だと所有権は債権者に移らないと理解していいんですか。

教師：一般論としてはそうなるはずですね。ところが，学説が分類する担保権的構成には所有権が移転する説と移転しない説の両方が含まれているので問題があると思います。これについては，後の【展開講義　45】を見てください。

学生：ところで，担保のために所有権を移転したと当事者が合意しているのに，所有権が移転しないということはあるんですか。

教師：譲渡担保も物権ですから，176条が規定するように，当事者の合意がどうなっているかが重要です。その合意で明確なのは所有権を移転したということです。担保のためというのは，目的であってどういう担保かその内容について個別的・具体的な合意があったとはいえません。この場合に注意しなければならないのは，担保の合意と矛盾する合意か矛盾しない合意かを区分することです。担保物権としての効力は，単なる目的から生じるものではなく，当事者の適法な合意とそのために取られた手段によって決まります。ですから，所有権は移転したと合意している以上，この合意が不適法でない限り，所有権が移転したと扱い，担保であるということから，被担保債権を弁済したら所有権がもどってくる，被担保債権を回収して余りがあれば清算しなければならないということになります。このように解するのが，譲渡であり，かつ，担保でもあるということになります。もし，当事者の合意の中に強行規定違反等の不適法な箇所があれば，その個所は当然無効になりますから，検討されるべきです。いずれにしても，当事者の合意を基礎とする当事者の諸権利を明確にして初めて，この当事者の権利を前提とする利害関係人の権利関係も明確にできることになります。この当事者の実体的権利が不明確なままで効力だけが与えられるとい

うのは問題です。

2.1 譲渡担保の意義・設定契約

(1) 不動産譲渡担保契約

たとえば，A工務店は，B貸金業者から7,000万円の融資を受けるために，Aが所有する1億円相当の土地を担保のためにBに譲渡した。Aは，期限までに元本と利息を完済したときはB名義になっている本件土地の所有権を受け戻すことができる旨の特約がある。このような担保方法を「不動産譲渡担保」と呼ぶ。不動産の譲渡担保の場合，債権者と債務者の間で金銭消費貸借契約を締結し，その債権の回収を確保するために債務者または第三者の不動産所有権を債権者に移転した旨の不動産売買契約（買戻特約付）または不動産譲渡担保契約を締結し，実際には，譲渡担保契約時に移転登記を行う場合が多い。具体的には，「所有権移転　原因　譲渡担保」または「所有権移転　原因　売買」の登記で，最近は前者が多くなっている。

債権者は，債務者が債務を履行しないときは，譲渡を受けた不動産を処分するかまたは自己に帰属させることによって自己の債権の回収に充てる。所有権移転は債権回収のために行われているから，債権者としては，元本と利息を回収すれば目的を達成する。そこで，債務者からは，元本と利息を弁済することによりその所有権を受け戻すことができる。また，担保目的物と被担保債権額に差額がある場合には債権者は，清算義務を負う。さらに，目的不動産は清算終了までは，債務者が目的物を占有するとの明示または黙示の合意がある場合が多い。

所有権移転または債権移転の方法をとる広義の譲渡担保には，古くから，担保されるべき債権が存在する狭義の譲渡担保と担保されるべき債権が存在しない売渡担保に分かれるとされてきた。しかし，現在の通説は，両者に担保としての法的効力に差異をもたらすべきではなく，売渡担保を狭義の譲渡担保に吸収すべきであるとしている。

不動産譲渡担保契約の当事者は，債権者と債務者または第三者である。当事者間には，所有権の移転について担保のためにするとの合意が必要である。債

権担保を目的とし，契約時に所有権を移転している限り，売買契約に買戻特約が付いているにすぎない場合も譲渡担保として扱われることになる（東京高判平元・7・25判時1320号99頁など）。買戻（579条以下），再売買予約，代物弁済など担保の目的で本登記を移転している限り，名称を問わない。債権者は，目的物（目的債権）に対する所有権を取得することによって被担保債権の回収を確保する。仮登記担保との差異は，譲渡担保では契約時に所有権を移転したとの合意があり，かつ，所有権移転の登記が行われるのに対して，仮登記担保の場合は，契約時に所有権を移転したとの合意はなく（将来移転するとの合意があるのみ），契約時には所有権移転の仮登記を有するにすぎないことである。譲渡担保の目的物（対象）となりうるのは，財産的価値があるものであり譲渡性があればよい。

(2) 債権譲渡担保契約

たとえば，A商店は，B銀行から300万円の融資を得るために，顧客Cらに対する売買代金債権500万円相当をBに担保のために譲渡した。B銀行は，顧客Cらから回収した（またはB銀行に振り込まれてきた）金額から元本と利息に充当する旨の特約を結んでいる。このような担保方法を**債権譲渡担保**という。債権譲渡担保の場合，当事者間では担保の目的で当該債権表示欄記載の債権を譲渡したとの合意を行い，債権譲渡の対抗要件として第三債務者から異議なき承諾を得るか，または譲渡人から債権譲渡の通知に関する委任状を得ておく場合が多い。

債権譲渡担保の場合，原則として，使用収益権および受戻権は，問題にならない点に特徴がある。債権者は，対抗要件を備えた全額について回収が可能となり，回収額と被担保債権に差額があるときは，清算が必要となる。したがって，債権譲渡担保の場合，担保方法であると同時に，支払手段として重要な機能を有する。いずれにしても，債権譲渡の対抗要件を備えた場合には，目的が担保であるとの理由で，譲渡担保債権者に債権が移転しないとの構成には無理がある。

集合流動債権の譲渡担保については，【展開講義 47】を参照。

(3) 動産譲渡担保契約

たとえば，A会社は，B金融機関から300万円の融資を得るために，A会社

内に設置している機械（評価額500万円相当）をBに担保のために譲渡し，占有改定により譲渡担保の実行時までAが目的物を使用できる旨を特約している。このような担保方法を**動産譲渡担保**という。動産譲渡担保の場合，当事者間では担保の目的で当該動産を譲渡したとの合意を行い，その対抗要件を占有改定による場合が多い。この占有改定は，所有権移転の対抗要件なのか，担保権の対抗要件なのか問題である。また，第三者に対する**物権変動の公示**方法としても不十分である。

債権者は，処分型か帰属型かを問わず，目的価格と被担保債権に差額があれば清算義務を負う。また，実行に際して，目的物の引渡請求権を行使することになるが，この場合も，清算金の支払と引換えにのみ行使することができるとされている。

集合流動動産の譲渡担保については，【展開講義 47】を参照。

2.2 譲渡担保の法律構成

譲渡担保についての法律構成として，設定者は担保のために所有権を信託的に債権者に譲渡したとみる信託的譲渡説，担保のための権限が債権者に授与されたとみる授権説，債権者には所有権が一応移るが設定者にも所有権マイナス担保権が残るとする二段物権変動説（設定者留保権説），設定者には所有権移転についての物権的期待権が帰属しているとする物権的期待権説，抵当権の設定と同視する抵当権説，不動産の譲渡担保を私的実行を伴う抵当権，動産の譲渡担保を私的実行を伴う動産抵当，債権の譲渡担保を権利質とみる担保権説がある。最近は，債権者には所有権が移り設定者には単に設定者留保権が残るとすれば良いとする設定者留保権説が有力に主張されている。

以上の学説は，譲渡担保によって債権または所有権が債権者に移転することを認める**所有権移転構成**（信託的譲渡説，二段物権変動説および物権的期待権説）と，譲渡担保によって所有権が債権者に移転することがないとする**所有権非移転構成**（抵当権説および担保権説）に区分することができる。

とくに，「譲渡担保権」という用語は，その実体的内容が以上の各説によって異なるので，安易に用いることには問題がある。すなわち，債権者の実体的権利は所有権なのかその他のいかなる内容の物権なのか，債務者の有する実体的権利はなにか，それらの権利の内容と一致する対抗要件が具備されているの

かが，同時に明確でなければならない。

譲渡担保の法律構成をめぐる問題については，【展開講義　46】を参照。

2.3　譲渡担保の効力

(1)　譲渡担保の有効性

不動産の譲渡担保契約は，最初から無制限に有効だったわけではない。初期には，虚偽表示違反，脱法行為，物権法定主義違反が問題とされた。また，いわゆる「まる取り」による暴利行為も問題となった。判例・学説は，これらの問題を所有権移転の意思の下で所有権を移転し，少なくとも対外的には（後には内外共）所有権が移転するから意思と表示に不一致はないとして克服した。また，譲渡担保の場合，債権の回収手段として所有権が移転されているから，元本と利息を回収できたならば，債権者としては担保の目的はすべて満足を受けたことになるとして，債務者に受戻権や清算請求権などを付与し，当事者の合意を部分的に修正しながら純粋の所有権移転や他の担保権と異なる担保方法として効力を認めてきた。

最近では，判例は，**不確定移転構成**によって，より担保としての実質を反映しようとするが，当事者の実体的権利を不明確にしてしまうという問題も生じている。また，受戻権や清算請求権などを当事者間では肯定しているが，第三者には対抗できないとしている。そこで，譲渡担保当事者間に成立する個々の権利・義務は，何か。それらの個々の権利は，何を根拠に発生するのか。また，第三者に対抗するために公示されなければならない内容は何かなどが検討されなければならない。

(2)　目的物の使用収益権

譲渡担保の目的物（動産および不動産）の使用収益権について，当初は争いがあったが，現在では賃貸借契約がなくても，異なる特約がない限り譲渡担保契約により当然に譲渡担保設定者に目的物の使用収益権があるとする判例法が形成されている。学説は，所有権移転構成では不動産譲渡担保契約によって，原則として設定者のために利用権が設定されるとするのに対して，所有権非移転構成では設定者の所有権にもとづき当然に利用できるとする。後者の場合，設定者に所有権があってもその対抗要件がない。最近の問題としては，借地人が借地上に所有する建物に譲渡担保を設定しても民法612条の無断譲渡・転貸

に当たらないが，建物を債権者に引き渡したときは無断譲渡・転貸に該当するとする（最判平9・7・17民集51巻6号2882頁）。

(3) 債務者の受戻権

譲渡担保設定者は，譲渡担保設定後，弁済期まで元本と利息を返済することによって担保目的物を取り戻すことができる**(受戻権)**。この受戻権は，学説・判例により**清算金**が支払われるまで行使することができるとされている（最判昭46・3・25民集25巻2号208頁など）。

他方，判例は，受戻権は1個の形成権ではないから176条2項の適用もなく（最判昭57・1・22民集36巻1号92頁など），債権者から実行通知がないのに，債務者から受戻権を放棄して清算請求できないとする（最判平8・11・22判時1592号61頁）。また，譲渡担保目的物が背信的悪意者に転売された場合，債務者は，債権者に清算金を請求できるだけであり，この背信的悪意者に対しても受戻権を行使できないとする（最判平6・2・22民集48巻2号414頁）。

(4) 債務者の清算請求権

譲渡担保設定者が受戻権を行使しない場合でも，担保目的物と被担保債権額の間に差額があるときは，清算請求権を有する。反対に，譲渡担保債権者は，この場合清算義務を負う。清算の方法には，自己に所有権を帰属させたままで清算金を支払う帰属清算と第三者に担保目的物を譲渡する処分清算とがある。判例は，譲渡担保においては，両者の存在を肯定している（最判昭57・1・22民集36巻1号92頁，最判昭62・2・12民集41巻1号67頁など）。判例・学説は，**清算金請求権**は設定者から債権者に対してのみ請求でき，目的物の転得者等には請求できないとする。

(5) 債権者の実行権能と実行方法

譲渡担保債権者が目的物から優先弁済を受け，これを第三者に対抗できるのはなぜか。所有権移転構成では，所有権移転の対抗要件を備えているから，自己の物として処分し，その代金から被担保債権を回収できる。**所有権非移転構成**では，債権者の取得した抵当権や譲渡担保権によって優先弁済が可能であるとする。しかし，その手続法上の根拠がない。また，内容と一致する対抗要件も有しない。したがって，この見解では，譲渡担保権自体には対抗力が存しないことになる。債権者が担保目的物を処分した場合，転得者は94条2項類推適

用によって所有権を取得できるとするが，これは譲渡担保契約自体から生じる効力ではない。また，譲渡担保権者は私的実行特約によって担保目的物を処分できるとするが，当事者間の特約だけでは第三者に対する効力を説明することができない。

2.4 当事者の実体的権利と第三者効

譲渡担保が設定された場合，所有権その他の権利の帰属が明確でなければならない。所有権移転構成では，所有権は譲渡担保債権者に移転し，設定者は前述のような使用収益権，受戻権，清算請求権などの物権的権利を有するとする。これに対して，所有権非移転構成では，設定者に所有権が留まり，譲渡担保債権者は抵当権や担保権を取得するとする。しかし，不動産や債権の譲渡担保において，譲渡の合意があり，移転したとの対抗要件を具備した場合，所有権移転の物権的合意を否定する合理的な根拠が必要である。物権変動において目的が即効力を生じるわけではない。買戻しのように，担保の目的でも所有権が移転するとの法制度も存在する。合意を基礎とする当事者の実体的権利が明確でなければならない。したがって，当事者の実体的権利を明らかにするためには，学説の用いる所有権的構成と担保権的構成の区分は必ずしも適当ではない。また，判例の採用する**不確定的所有権移転構成**も権利関係を不明確にしている。

つぎに，当事者の実体的権利が明確になった場合，その権利（たとえば，使用収益権，受戻権，清算請求権など）は，当事者間でも問題になるが，目的物が譲渡・賃貸されたり，差し押えられたときは，第三者や利害関係人に対しても対抗できるか問題となる。そこで，従来の対内的効力と対外的効力の区分も検討の余地がある。これらの実体的権利は，一定の公示方法の下で第三者効を認めるべきである。

最後に，担保権の実行は，従来は誰に対してでもその権利実現の効力を主張しうるという意味で用いられてきた。最近は，誰も異議を唱えない場合にのみ自己の権利を実現できるという意味でも用いられている。所有権移転構成では，譲渡担保の私的実行は前者の例になるが，所有権非移転構成では後者の例となる。とくに，後者では，私的実行は譲渡担保の法的効力としては意義を有しないことになる。

2.5 集合流動財産の譲渡担保

集合流動財産の譲渡担保は，対象によって，さらに集合流動動産の場合，集合流動債権の場合，包括財産（敷地，建物および動産）の場合などに分けられる。集合流動動産および集合流動債権の譲渡担保については【展開講義　47】【展開講義　49】を参照。

一般論として，担保の内容が，被担保債権が限定されない根担保で，かつ，譲渡目的債権も特定されない包括担保の場合には，当事者間での有効性も問題となりうる。最近では，過剰に担保を取得した場合，設定者に対して信義則上過剰担保の解放義務を負うことがあると指摘されている。

第三者に対する関係では，当事者間の担保契約の効力を前提として，その内容と一致する公示方法が存するかどうか，第三者が一般債権者か個別担保取得者かでその対抗力も異なりうる。

2.6 譲渡担保の消滅

物権に共通する消滅原因（目的物・目的債権の消滅，混同，放棄など）のほかに，被担保債権の消滅（弁済，消滅時効など），競売手続外の実行によって消滅する。

【展開講義　46】　譲渡担保の法的構成について

譲渡担保の法的構成は，前述のように，所有権的構成と担保権的構成に分けられている。前者には，信託的譲渡説が，後者には，二段物権変動説，物権的期待権説，抵当権説，担保権説が属するとされている。

しかし，物権法定主義違反，虚偽表示違反を克服し，債務者に清算請求権，受戻権等を最初に認めたのは信託的譲渡説であった。したがって，程度の差はあっても担保の配慮をしているのであって，債権者に所有権が移転する点では二段物権変動説や物権的期待権説とは異ならない。これに対して，抵当権説や担保権説では，債権者に所有権は移転することはないとする。所有権的構成と担保権的構成は，何を基準とする区分なのか不明確なまま使用されていることに問題がある。信託的譲渡説のみを所有権的構成とし，他の説をすべて担保権的構成とする分類は不合理である。

債権者および債務者の実体的権利を明確にするという視角からは，所有権移転構成と所有権非移転構成に分類すべきである。前者には，信託的譲渡説，二段物

権変動説，物権的期待権説が，後者には，抵当権説，担保権説が属することになる。これによって，債権者の権利が所有権なのか抵当権なのかが明確になる。ただし，抵当権説では，なぜ抵当権なのか，担保権説では，どういう内容の担保権なのか不明確である。他方，債務者の権利は何か，所有権かそれ以外の物権的権利かも明確にされなければならない。そして，それらの権利の根拠（具体的な合意があるか，法律の規定によるのか）・性質・効力が，内容の一致する対抗要件を備えているのかなどを含めて，個別・具体的に明らかにされることによって，それらを前提とする複雑な問題についても明快な結論を導くことができる。

【展開講義　47】　集合流動動産譲渡担保の法的構成について

　動産譲渡担保の目的物の形態は，内容が固定した確定集合動産，内容が変動する集合流動動産，原材料から製品へと加工によって動産の性質が変わる変質集合動産などがあり，それぞれ特有の性質により効力も異なりうる。ここでは，集合流動動産の譲渡担保に関する議論を中心に紹介する。

　流動動産譲渡担保の法的構成としては，集合物や流動物を一定の方法で特定し一括して担保のために譲渡する合意をした場合でも個々の動産ごとに譲渡担保が成立し，搬出物については処分権限の授与により所有権が譲渡担保債権者から債務者に復帰したうえで第三者に移転し，搬入物については合意により集合体に加入することを停止条件として譲渡担保債権者に所有権が移転するとする**分析論**，個々の動産の集合体を集合物という1個の権利の客体ととらえ，個々の動産の変動にもかかわらず集合物上の譲渡担保は同一性を失わないから集合体としての拘束に服するとする**集合物論**，集合物の概念で限定された価値枠内にある有体動産によりとらえられる限度の浮動的価値を担保的に支配するもので，それが客観的な公示方法を具備していれば実行の段階で価値枠内にある動産から優先的に弁済を受けることができるとする**価値枠論**などがある。

　最高裁は，まず，構成部分の変動する集合動産も目的物の範囲が特定される場合には1個の集合物として譲渡担保の目的となりうるとし（最判昭54・2・15民集33巻1号51頁），さらに，債権者は，占有改定の方法によって，当該集合物を目的とする譲渡担保権につき対抗要件を具備するに至ったものということができ，この対抗要件具備の効力は，その後構成部分が変動したとしても，集合物としての同一性が損なわれない限り，新たにその構成部分となった動産を包含する集合物についても及ぶとして，集合流動動産譲渡担保契約にきわめて強い効力を認めた（最判昭62・11・10民集41巻8号1559頁）。

【展開講義　48】　動産売買先取特権と流動動産譲渡担保が競合した場合にどちらが優先するか

　Aは，Xに負担する債務を担保するために甲倉庫にある流動動産全部に一括して譲渡担保を設定し，占有改定の方法で引渡を了していた。その後，Yが納入した動産が甲倉庫内に搬入され，混在している。Yは，Aが製品の納入代金を支払わないので，動産売買先取特権にもとづいて甲倉庫内の動産を差し押さえた（Aの執行承諾書を得ている）。この場合，Xの譲渡担保とYの先取特権の優劣が問題となりうる。

　前掲最高裁は「動産売買の先取特権の存在する動産が右譲渡担保の目的である集合物の構成部分となった場合においては，債権者は，右動産についても引渡を受けたものとして譲渡担保権を主張することができ，当該先取特権者が右先取特権に基づいて動産競売の申立をしたときは，特段の事情のない限り，333条所定の第三取得者に該当するものとして，右動産競売の不許を求めることができるとした（最判昭62・11・10民集41巻8号1559頁）。

　学説は，分かれている。①前掲最高裁判決と同様に，譲渡担保債権者は占有改定によって第三者に対抗できるのに対し，先取特権については，333条の引渡には占有改定も含まれるから，第三取得者への引渡後の目的物には効力が及ばないとする見解。②先取特権と動産質権の優劣に関する民法334条を類推適用して，譲渡担保を動産質権と同順位と捉え，動産質権は先取特権の中でも第1順位であるのに，動産売買先取特権は先取特権の中では第3順位だから，原則として譲渡担保が優先するとの見解。③333条の引渡には占有改定は含まれないと解し，善意無過失の動産売主は民法319条の類推適用によって流動動産譲渡担保の負担につかない先取特権を取得するから，この場合には先取特権が優先するとの見解。④流動動産譲渡担保は，内容が変動しその公示方法も不十分であることから中間的効力又は債権的効力しか有しないことを理由に，法律で担保物権として位置づけられ優先弁済効も認められている先取特権に，原則として，劣後するとの見解などがある。

【展開講義　49】　集合債権譲渡担保について

　集合債権には当事者，種類，発生原因などによって種々の集合または流動債権が存在しうる。ここでは，債務者が特定の第三債務者に対して有する割賦払債権やリース料債権等を担保のために一括して債権者に譲渡する場合を中心に考える。

　現在および将来発生する債権を一括して譲渡した場合の効力について，最判昭

53・12・15判時916号25頁は、「将来生じるものであっても、それほど遠い将来のものでなければ、特段の事情のない限り、現在すでに債権発生の原因が確定し、その発生を確実に予測しうるものであるから、始期と終期を特定してその権利の範囲を確定することによって、これを有効に譲渡することができる」として差押債権者への対抗力を肯定した。集合債権の譲渡担保に関する債権の特定性及び対抗要件については、この将来債権の譲渡の場合と同様に考えられている（最判平12・4・21金融・商事判例1102号12頁）。

担保の内容が、被担保債権が限定されない根担保で、かつ、譲渡目的債権も特定されない包括担保のような場合には、担保としての内容も薄いから効力も弱いものとならざるをえないであろう。また、債権の譲渡担保では、譲渡担保でいう受戻は、原則として、機能しない。したがって、担保だから債権は移転しないとの構成も妥当しない。支払手段としての機能と清算関係が重要となろう。

最近の立法では複雑な形態の債権譲渡制度が工夫され、「特定債権等に係る事業の規制に関する法律（平成4年法律77号）」や「債権譲渡の対抗要件に関する民法の特例等に関する法律（平成10年法律104号）」によって対抗力が与えられているので、これらの法律による対抗要件との先後関係も問題となる。

また、破産手続において、集合債権譲渡契約の締結日から15日を経過した後に、債権者が破産者に代わって支払停止の事実を知って行った債権譲渡通知は対抗要件否認の対象になるとする最近の裁判例がある（大阪高判平10・7・31、大阪高判平10・9・2いずれも金融・商事判例1050号3頁）。

3　仮登記担保

◆　導入対話　◆

学生：仮登記担保契約って、具体的には何をどうする契約ですか。

教師：まず、当事者間で金銭消費貸借契約を締結します。借主が借りた元本と利息を将来弁済期が到来しても返済できないときは、借主等の所有する不動産の所有権を移転して弁済に代えるとの不動産代物弁済予約契約または売買予約契約を締結して、借主等所有の不動産に所有権移転請求権仮登記を設定しておくのが一般的です。仮登記を設定するために、登記申請書を貸主と借主が共同で作成することになります。

学生：債権の回収を確保するため，所有権移転に関する合意をする点で，前に出てきた不動産譲渡担保と同じと考えてよいのでしょうか。
教師：担保という目的だけを考えて，そのようにいう見解もあります。しかし，この場合も，効力は何によって生ずるかです。176条との関係で，当事者は，債権回収の方法として，何を合意してどのような対抗要件を備えたかを具体的に比較する必要があるでしょう。このように考えると，仮登記担保の場合は，債権回収確保手段として，目的不動産について現在の所有者の次に所有権を取得できる地位（順位保全の効力）が生じ，この効力を仮登記の設定によって第三者に対抗できるだけで，これに仮登記担保契約法が実行の際に抵当権と類似の効力を付与しているわけです。したがって，仮登記担保の場合は，当事者に所有権が移転したとの合意はなく，また，所有権移転の対抗要件も備えていない点で不動産譲渡担保と異なることになります。このような合意と対抗要件の差異は，これを修正する根拠がない限り，効力にも影響を及ぼすことにならざるを得ないでしょう。

3.1 仮登記担保の意義と設定契約

たとえば，AがB貸金業者から1,000万円借りる場合，Aが将来の一定の期限まで元本と利息を返済しないときはその時点でA所有の2,000万円相当の不動産の所有権を移転することを約して，消費貸借の際にA所有の不動産にBのために所有権移転請求権仮登記を設定しておく担保方法を「仮登記担保」という。

仮登記担保契約とは，金銭債務を担保するため，その不履行があるときは債務者または第三者に属する所有権その他の権利を債権者に移転することを目的としてなされた代物弁済の予約，停止条件付代物弁済契約その他の契約をいう（「仮登記担保契約に関する法律」〔昭和53年法律78号－昭和54年4月1日から施行〕1条。以下では，仮担法と略す）。この契約によって設定された仮登記を担保仮登記と呼ぶ。

仮登記担保契約の当事者は，債権者と債務者または第三者（物上保証人）である。仮登記担保契約とみなされる要件としては，①金銭債権の担保のためであること，②担保目的のために所有権などの権利の移転が予約されているこ

と，③不履行によって所有権その他の権利の移転が生ずること，④仮登記または仮登録できる権利でなければならないことが必要である。ここから，契約が譲渡担保であっても，登記が仮登記に止まっているときは，仮担法が適用されることになる。

3.2 仮登記担保の効力

被担保債権は，金銭債権に限られる。被担保債権が仮登記担保契約時に特定されていない根仮登記担保は，根抵当のような公示方法がないため，強制競売，破産手続および更生手続においては効力を有しない（仮担14条・19条4項）。競売手続による場合には，優先弁済の範囲は，元本のほか，満期となった最後の2年分の利息その他の定期金および損害賠償に及ぶ（同13条2項）。しかし，競売手続外の実行については，抵当権に関する374条が準用されるかどうか争いがある。仮登記担保の効力の及ぶ目的物の範囲や物上代位の可否に抵当権の規定が準用されるかにつき争いがある。

(1) 受戻権の保障

債務者等は，清算金の支払を受けるまでは，元本・利息等の被担保債権に相当する金銭を債権者に提供して，土地等の所有権の受戻しを請求することができる。この**受戻権**は，清算期間が経過した時から5年が経過したとき，または第三者が所有権を取得したときは，請求することができない（仮担11条）。

(2) 仮登記担保の競売手続外の実行——清算請求権の保障

債務者が債務不履行に陥った場合，債権者は目的物の所有権を取得して自己の債権の回収にあてることが可能となる。この競売手続外の実行は，①弁済期の徒過，②債務者または物上保証人への清算金の有無または清算金見積額の通知（通知は弁済期後で条件成就以後または予約完結の意思表示以後でなければならない—仮担2条1項），③後順位担保権者または対抗要件を備えた利害関係人がいるときは，この者への通知（同5条），④債務者等への通知到達後2カ月の清算期間の経過と所有権の移転（同3条1項），⑤清算金の支払と本登記請求および目的物の引渡請求は同時履行（同3条2項），⑥後順位担保権者による清算金に対する物上代位（同4条），⑦後順位担保権者等による競売請求（同12条），⑧受戻権は清算期間経過後に清算金が支払われるまで存続し，適正な清算金の支払いにより消滅（同11条）の順で行われる。

(3) 仮登記担保の競売手続における実行

先順位担保権によって競売が行われた場合は，仮登記担保債権者は目的物の本登記請求をすることができない。この場合，仮登記担保債権者は，債権の届け出をしたときに限り，優先弁済を受けることができる（同17条2項）。先順位担保権者がいない場合でも，後順位担保権者または一般債権者から競売申立があったときは，この手続内で優先弁済を受けるだけである。いずれにしても，担保仮登記は，競売手続が開始した後は抵当権の効力を有するだけで，本登記請求の効力を失うことになる（同15条）。

(4) 仮登記担保と利用権

土地およびその上にある建物が同一の所有者に属する場合において，その土地につき担保仮登記がなされたときは，その仮登記にもとづき本登記がなされる場合につき，その建物の所有を目的として土地の賃貸借が設定されたものと見なされる（仮担10条）。建物にのみ担保仮登記が設定された場合には，仮担法10条は適用されない。さらに，土地に短期賃貸借が設定された場合，抵当権に関する395条が準用されるかどうかについては，争いがある。判例は，仮登記には順位保全効および本登記請求権があることを理由に否定している（最判昭56・7・17民集35巻5号950頁など）。

3.3 仮登記担保の消滅

物権に共通する消滅原因（目的物・目的債権の消滅，混同，放棄など）のほかに，被担保債権の消滅（弁済，消滅時効など），競売手続外の実行によって消滅する。

4 所有権留保

───────── ◆ 導入対話 ◆ ─────────

学生：所有権留保って，どんな場合に行われるんですか。
教師：一般には，月賦で商品を購入した場合に特約で行います。
学生：僕も月賦で商品を買ったことがあるけど，そんな特約をした覚えがないんですが……。支払日とか振込先の説明があったのは覚えてますけど。
教師：所有権留保特約は契約書の裏に記載されていて，販売店ではそこまで説明

しない場合が多いようですね。でも，契約書に明記してあるわけだから，一定の場合を除いて，その内容で契約をしていることになります。契約書にちゃんと目を通した上で納得してからサインをするようにしないと後が怖いですね。

4.1 所有権留保の意義・設定契約

たとえば，顧客AがB商店から5万円のCDラジカセを10回払のクレジットで購入する契約（売買契約）を締結した。この場合，この契約書の中に，割賦代金10回全額完済するまで商品の所有権は売主に留保されるとの特約が付されていた。このような特約を「所有権留保」と呼んでいる。

所有権留保とは，売買代金債権の回収を確保するために売買契約締結の際に，売買代金完済まで目的物の所有権が買主に移転しない旨の特約を当事者間で結び，売買代金の支払が滞ったときは売主や信販会社などが所有権にもとづいて目的物を取り戻して残代金債権に充当するという担保方法である。所有権留保は，**動産割賦販売**における売買代金債権の回収を確保する手段として広く用いられている。買主は，この所有権留保特約によって売買目的物を入手し利用することができる。所有権留保は，動産売買契約の成立を促進すると同時に，債権の回収を確保する機能を営んでいる。

目的物としては電気製品，家具，自動車，建設機械などきわめて多種多様である。不動産については，買主が代金の10分の3を超える額の支払後は，業として所有権留保をすることを制限されている（宅地建物取引業法43条）。所有権留保目的物は，売買契約直後に買主に引き渡される場合が多い。

4.2 所有権留保の効力

目的物の**使用収益権**は，原則として，買主に帰属する。割賦払残代金債権および遅延利息などの付随債権が所有権留保権の被担保債権となる。

買主が第三者に転売したとき，第三者が即時取得の要件を満たしたときは（とくに，所有権留保を知らなかったことにつき過失がなければ）所有権を取得する。買主の第三者が差し押さえたときは，売主は，第三者異議の訴えを提起することができる。

買主に破産・更生手続が開始したときは，売主は，別除権・更生担保権を取

得するにすぎないと解されている。

4.3 所有権留保の実行

　割賦払残代金債権その他の付随債権（被担保債権）の完済によって**債権者の所有権留保**にもとづく権利は消滅する。完済前に債務不履行があったときは，売主は所有権にもとづいて引渡請求をすることができる。この場合に，売買契約の解除を要するかどうかについては争いがある。登録自動車の留保買主から代金全額を支払って購入した転得者に対して，留保売主が留保買主の債務不履行を理由に所有権にもとづいて返還請求した場合，留保売主の引渡請求は信義則に違反し権利の濫用となる（最判昭50・2・28民集29巻2号193頁など）。債権者は，債務者から有効に引渡を受けた場合，その優先弁済の範囲は残代金債権のほか利息，損害金などにも及ぶ。しかし，所有権留保の場合においても，被担保債権と目的物の価額に差があるときは，債務者は，その清算金が支払われるまで被担保債権を弁済して債権者の所有権留保権を消滅させることができ（受戻権），割賦払残代金債権などを用立てることができない場合でも，差額があれば清算を請求することができるとすべきである（清算請求権）。

4.4 所有権留保の消滅

　物権に共通する消滅原因（留保目的物の消滅，混同，放棄など）のほかに，被担保債権の消滅（弁済，消滅時効など），競売手続外の実行によって消滅する。

5　代 理 受 領

5.1　代理受領の意義・設定契約

　たとえば，A工務店は，B市から10億円相当の建築工事を請け負ったが，この工事を完成させる資金が十分にない。A工務店には，余剰価値のある不動産もない。この工事請負債権には譲渡・質入禁止特約が付いているので，これを譲渡・質入して融資を受けることもできない。そこで，A工務店は，C銀行から融資を受ける際に，A工務店が将来仕事を完成すればB市から受領するであろう10億円の債権について，受領代理権をC銀行に委任し，C銀行はこの工事請負代金債権を代わりに受領して自己の債権の回収に充てることにした。この

ような担保方法を「**代理受領**」と呼ぶ。

　代理受領契約は，最初は，国・地方公共団体から工事を請け負った請負人が金融機関から受ける融資を被担保債権として，請負人が国・地方公共団体から受領すべき請負代金債権について直接の受領代理権を金融機関に授与したものが，一般化したものである。

　代理受領契約の場合，Ｃの受領代理権を確保するために，つぎのような付随特約が付されるのが一般的である。①委任者は，重ねて第三者に受領権を授与できない。②委任者は，直接第三債務者から受領しない。③委任者は，受任者の承諾を得ることなく委任契約を解除できない。④第三債務者は，受任者にのみ支払う。

　代理受領が行われる理由としては，前述のように，①国や地方公共団体を債務者とする債権には譲渡・質入禁止特約が付されている場合が多いこと，②将来発生する債権については質権の設定が困難であることなどがあげられている。

5.2　代理受領の法的性質

　委任契約以上の効力が生じないとする単なる受領委任説，債権質に類似した取立権のある一種の無名契約であるとする債権質類似無名契約説，正当な理由なく受任者に支払わなかったときは債務不履行にもとづく損害賠償責任を負うとする債務不履行説，受任者は損害賠償のほかに第三債務者に対して再度の履行を請求することができるとする再履行請求権説，受任者ではなく委任者に支払ったときは不法行為にもとづく損害賠償責任を負うとする不法行為説，代理受領を債権担保契約と解しその承認により受任者は自己の取立権を第三債務者に対抗することができるとする債権担保契約説などがある。

5.3　代理受領の効力

　第三債務者は，代理受領に承認した後で委任者に弁済した場合，代理受領債権者（受任者）に対してどのような責任を負うかが問題となっている。判例は，これまでの事案では，前述の付随特約が付いている場合においても，受任者と第三債務者の間に契約責任が成立することを否定している。これに対して，不法行為責任については広く肯定している。すなわち，第三債務者が委任者に債務を弁済し，受領後に委任者が倒産状態に陥り受任者が回収不能となった場合には，受任者が他に保証人などの人的担保を有しこれを実行して債権の満足を

得ることが可能なときでも，第三債務者は，代理受領権という担保権を消滅させたこと自体を理由に，受任者すなわち代理受領権者に対して不法行為にもとづく損害賠償責任を負うとしている（最判昭44・3・4民集23巻3号561頁，最判昭61・11・20判時1219号63頁）。

5.4 代理受領の消滅

債権質の場合と同様に，担保目的債権の消滅（第三債務者による弁済，混同，放棄など）のほかに，被担保債権の消滅（弁済，消滅時効など），競売手続外の実行によって消滅する。担保以外の効力は，これと別に存続しうる。

【展開講義 50】 代理受領と振込指定について

　代理受領や振込指定は，さまざまな目的のために利用され，当事者の契約内容も多様であるが，ここでは担保のために利用される場合に限定して，その差異を比較する。

　代理受領と振込指定は，債権者が債務者に有する被担保債権を回収する目的で行われること，回収の対象が債務者が第三債務者に対して有する債権であること，第三債務者が支払う金銭を債権者が直接受領すること，前述のような付随特約が付されること，などの点では共通する。

　しかし，代理受領では，債務者から債権者に目的債権の請求・受領に関する代理権が付与されるのに対して，振込指定では，債務者から債権者に付与される積極的な権利は存在しない。振り込まれた後の金銭について相殺特約があれば，相殺による回収が可能であるが，それは相殺の効力であって，振込指定自体の効力ではない。当事者が特約により，目的債権に対して設定した支配権限によってその効力にも差異が生じうる。第三債務者の承認を得ている場合には，債権者がその権限を第三債務者に対抗しうることになろう。

　その他，第三債務者が直接債権者に支払義務を負うかなどの契約責任（債務不履行責任）については，代理受領・振込指定とも当事者の合意（とくに付随特約）内容如何にかかっている点では変わりはない。

　また，第三債務者が債務者に弁済した後債務者の破産等により債権者が受領できなくなった場合の不法行為責任については，当事者の合意内容よりも，第三債務者の行為がその時点での客観的状況に照らして違法とまでいえるかどうかで決めるのが明快であろう。

土地登記簿―表題部記載例

5775-3

枚数	所在	表題部（土地の表示）					表題部（土地の表示）				
		①地番	②地目	③地積 m²	原因及びその日付	登記の日付	番	番	番	番	番
5	A市B町字C	五七五番参	宅地	壱五八弐弐	五七五番壱から分筆	平成弐年弐月弐八日					
6				壱五五							
7											
8					③五七五番参・同番六に分筆	平成壱参年壱月壱日					
9							一丁				
地図番号											

甲 某 — 乙 某
A市B町○甲○番○号

土地登記用紙（表題部）印登不一五〇

建物登記簿―表題部記載例

807-57
807-57

枚数	所在	家屋番号	表題部（主たる建物の表示）					表題部（附属建物の表示）			
			①種類	②構造	③床面積 m²	原因及びその日付	登記の日付	符号	①種類	②構造	③床面積 m²
7	A市B区C町八〇七番地五七	八〇七番五七	居宅	木造瓦葺弐階建	壱階 八〇七 弐階 参四 六五	新築	平成壱○年壱○月壱五日	1	車庫	鉄筋コンクリート造陸屋根平屋建	弐弐 四四
8											
所在図番号											

所有者　A市B区C町八〇七番地五七　甲 某

建物登記用紙（表題部初葉）印登不一五一

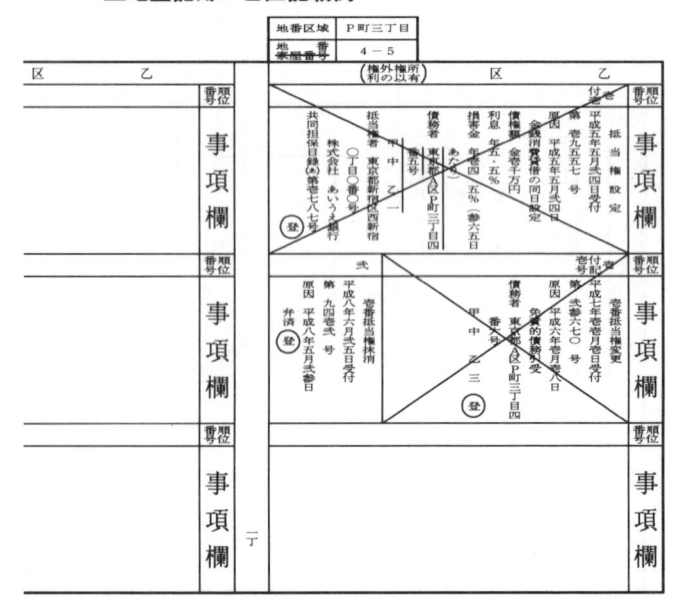

土地登記簿—甲区記載例

地番区域	乙町五丁目
地番 家屋番号	5－6

甲　区　（所　有　権）		順位番号
事項欄	所有権保存 平成五年六月参〇日受付 第五六〇巻弐〇号 所有者　甲市乙町五丁目五番地六 　　　　甲田二郎 ㊞	壱
事項欄	所有権移転 平成九年九月九日受付 第五五九八三号 原因　平成九年九月四日相続 所有者　甲市乙町五丁目五番地末 　　　　甲田次郎 ㊞	弐
事項欄	登記名義人表示変更 平成〇年弐月〇日受付 第五〇〇弐七号 原因　平成〇年弐月〇日住所移転 住所　甲市内町二丁目壱番壱号 ㊞	付壱
事項欄	所有権移転請求権仮登記 平成壱年参月参〇日受付 第弐六八参号 原因　平成壱年参月参〇日代物弁済予約 権利者　甲町二丁目九番地 　　　　株式会社　某銀行 ㊞	参
事項欄	差押 平成壱年〇月〇日受付 第五九九七四号 原因　平成壱年〇月九日 　　　甲税務署差押 債権者　大蔵省 ㊞	四

甲　区　（所　有　権）		順位番号
事項欄	所有権移転 平成参年壱月壱日受付 第六七六八号 原因　平成参年壱月壱日売買 所有者 ㊞	七
事項欄	所有権仮登記抹消 平成五年〇月〇日受付 第七六八参〇号 原因　平成五年参月参〇日解除 ㊞	六
事項欄	四番差押登記抹消 第九四九七四号 原因　昭和六巻七月弐九日 同所同番号 ㊞	五
事項欄	共有者 甲市戊町四丁目七番弐参号 　持分弐分の壱　乙田一郎 同所同番号 　持分弐分の壱　乙田恭子 ㊞	
		丁

土地登記簿—乙区記載例

地番区域	P町三丁目
地番 家屋番号	4－5

乙　区　（所有権以外の権利）		順位番号
事項欄	抵当権設定 平成五年五月四日受付 第壱巻九五七号 原因　平成五年五月四日 　　　金銭消費貸借の同日設定 債権金　金参千万円 利息　年五・五％ 損害金　年壱四・五％ 債務者　東京都区P町三丁目四 　　　　甲中一 ㊞	壱
事項欄	抵当権変更 平成八年六月五日受付 第六七〇号 原因　平成六年昔月弐八日 　　　免責的債務引受 債務者　東京都区P町三丁目四 　　　　甲中三 ㊞	弐
事項欄	壱番抵当権抹消 平成八年六月五日受付 第九四巻弐号 原因　平成八年五月弐参日弁済 ㊞	弐
事項欄	共同担保目録 株式会社　あいうえ銀行 〇〇目〇番〇号 第六七八壱七号	
事項欄		丁

土地登記(全部)事項証明書—表題部記載例

A市B町字C 5775-3　　　　　　　　　　　全部事項証明書　(土地)

【表題部】(土地の表示)			調整 平成10年10月11日	地図番号 【余白】
【所　在】	A市B町字C		【余白】	
【①地番】	【②地目】	【③地積】m²	【原因及びその日付】	【登記の日付】
5775番3	宅地	158:22	5775番1から分筆	平成10年10月11日
【余白】	【余白】	155:82	5775番3、5775番6に分筆	平成11年3月1日

整理番号 D54231 (1/4)　　1/6

土地登記事項証明書—甲区記載例

A市B区C町807-57　　　　　　　　　　　全部事項証明書(土地)

【順位番号】	【登記の目的】	【受付年月日・受付番号】	【原因】	【権利者その他の事項】
1	所有権保存	平成2年2月2日 第○○○○号	【余白】	所有者　甲市乙町5丁目5番地6 甲田　一郎
2	所有権移転	平成8年8月8日 第○○○○号	平成7年7月7日　相続	所有者　甲市乙町5丁目5番地6 甲田　太郎
付記1号2	2番登記名義人表示変更	平成9年4月30日 第○○○○号	平成8年10月1日　住所移転	住所　甲市丙町1丁目3番2号
3	所有権移転請求権仮登記	平成9年4月30日 第○○○○号	平成9年4月30日　代物弁済予約	権利者　甲市丁町2丁目9番地 株式会社　某銀行
	【余白抹消】	【余白抹消】	【余白抹消】	【余白抹消】
4	差押	平成9年9月9日 第○○○○号	平成9年9月5日　甲税務署差押	債権者　大蔵省
5	3番仮登記抹消	平成10年10月12日 第○○○○号	平成10年10月12日　解除	【余白】
6	4番差押登記抹消	平成10年10月12日 第○○○○号	平成10年10月12日　解除	【余白】
7	所有権移転	平成10年10月12日 第○○○○号	平成10年10月12日　売買	共有者　甲市戊町4丁目7番23号 持分　2分の1　乙山　義男 甲市戊町4丁目7番23号 2分の1　乙山　典子

整理番号 D○○○○○ (○/○)　　○/○

土地登記事項証明書—乙区記載例

A市B区C町807-57　　　　　　　　　　　全部事項証明書(土地)

【順位番号】	【登記の目的】	【受付年月日・受付番号】	【原因】	【権利者その他の事項】
1	抵当権設定	平成3年3月5日 第○○○○号	平成3年3月5日　金銭消費貸借　同日設定	債券額　金1,000万円 利息　年 5.5% 損害金　年 14.5%(年365日日割計算) 債務者　A区B町3丁目4番5号 甲山　一郎 抵当権者　新宿区新宿1丁目2番3号 株式会社　あいうえお銀行 共同担保　目録(あ)第1787号
付記1号	1番抵当権変更	平成8年8月8日 第○○○○号	平成8年8月8日 免責的債務引受	債務者　A区C町1丁目1番1号 甲山　太郎
2	1番抵当権抹消	平成10年10月15日 第○○○○号	平成10年10月15日　弁済	【余白】

整理番号 D○○○○○ (○/○)　　○/○

区分所有建物登記簿記載例

敷地権登記のある区分所有建物登記簿記載例

普通建物登記簿（甲区・乙区用紙）

地番区域	中北沢3丁目
地番番号 家屋番号	58-2

甲 区 （所 有）（権利の以有）

順位番号	事 項 欄	順位番号	事 項 欄	順位番号	事 項 欄
壱	所有権保存 平成壱弐年六月参日受付 第壱壱壱壱号 所有者　東京都世田谷区中北沢 　　　　参丁目壱五番参号 　　　　持分弐分の壱 　　　　春川幸夫 　　　　同所同番同号 　　　　弐分の壱 　　　　春川●子　㊞				

地番区域	中北沢3丁目
地番番号 家屋番号	58-2

乙 区 （権利の以有）

順位番号	事 項 欄	順位番号	事 項 欄	順位番号	事 項 欄
壱	抵当権設定 平成弐年八月壱日受付 第七八九号 原因　平成弐年八月壱日 　　　金銭消費貸借の同日設定 債券額　金壱千万円 利　息　年五分 損害金　年壱弐％ 債務者　東京都世田谷区参丁目 　　　　壱五番参号 　　　　春川幸夫 抵当権者　東京都千代田区 　　　丸の内壱丁目壱番 　　　株式会社　〇〇銀行 共同担保目録●第八八号参五号　㊞				

事項索引

あ

悪意者 …………………………………… 66
悪意占有 ………………………………… 150

い

意思主義 ………………………………… 33
遺失物 …………………………………… 109
異時配当 ………………………………… 245
一物一権主義 …………………………… 5
一部抵当 ………………………………… 185, 187
一括競売権 ……………………………… 228
一般財産 ………………………………… 165
一般の先取特権 ………………………… 279
移転的承継 ……………………………… 28
囲繞地通行権 …………………………… 103
入会権 …………………………………… 144

う

売渡担保 ………………………………… 172, 287

え

永小作権 ………………………………… 140
　——の効力 …………………………… 140
　——の消滅 …………………………… 141

お

温泉専用権 ……………………………… 10

か

買戻 ……………………………………… 287
買戻・再売買の予約 …………………… 172
囲取力 …………………………………… 165
加工 ……………………………………… 111
果実収取権 ……………………………… 158, 276

価値権 …………………………………… 178
価値権説 ………………………………… 199
合筆 ……………………………………… 6
仮登記 …………………………………… 74
仮登記担保 ……………………………… 172, 294, 297
　——の受戻権 ………………………… 291, 296
　——の効力 …………………………… 297
簡易な弁済充当 ………………………… 266
簡易の引渡 ……………………………… 81
慣習法上の物権 ………………………… 9
元本確定期日 …………………………… 252
　——の変更 …………………………… 252
管理組合（法人） ……………………… 127

き

期間の定めのない建物賃貸借 ………… 230
企業金融 ………………………………… 181
企業担保権 ……………………………… 171
期限の利益 ……………………………… 211
共益費 …………………………………… 279
供託金還付請求権 ……………………… 201
旧登記の流用 …………………………… 183
共同買入説 ……………………………… 239
共同相続 ………………………………… 58
共同抵当 ………………………………… 244
共有 ……………………………………… 113
極度額減額請求権 ……………………… 256
極度額 …………………………………… 252
　——の変更 …………………………… 252
近代的抵当権論 ………………………… 178

く

区分所有権 ……………………………… 12

け

- 形式主義 ………………………… 33
- 形式的審査権 …………………… 72
- 競売権 …………………………… 277
- ゲヴェーレ ……………………… 148
- 堅固建物 ………………………… 220
- 原始取得 …………………… 27, 83
- 現実の引渡 ……………………… 81
- 権利移転（取得）型担保物権 … 176
- 権利質 …………………………… 270
- 権利の推定 ……………………… 157
- 権利の濫用 ……………………… 22
- 牽連性 …………………………… 273

こ

- 行為請求権 ……………………… 23
- 行為請求権説 …………………… 24
- 行為請求修正説 ………………… 24
- 更改 ……………………………… 253
- 工作物 …………………………… 132
- 公示手段（公示方法） ………… 29
- 公示の原則 ……………………… 30
- 公信の原則 ……………………… 31
- 公信力 …………………………… 31
- 公信力説 ………………………… 44
- 合有 ……………………………… 115
- 個別価値考慮説 ………………… 226
- 混同 ……………………………… 93
- 混和 ……………………………… 111

さ

- 財貨移転秩序 …………………… 4
- 財貨帰属秩序 …………………… 4
- 債権契約 ………………………… 33
- 債権質 …………………………… 270
- 債権者の実行権能 ……………… 291
- 債権者の実行方法 ……………… 291
- 債権者平等の原則 ……………… 166
- 債権譲渡担保契約 ……………… 288
- 債権担保制度 …………………… 167
- 債権に対する優先的効力 ……… 13
- 債権の担保 ……………………… 167
- 財団抵当 …………………… 171, 257
- 再売買予約 ……………………… 288
- 債務者の変更 …………………… 252
- 債務引受 ………………………… 253
- 詐害的短期賃貸借 ………… 210, 233
- ——の解除請求 ……………… 233
- 先取特権 ………………………… 278
- ——の種類 …………………… 279
- ——の順位 …………………… 280
- 差押命令 ………………………… 206
- 指図による占有移転 …………… 82
- 更地 ……………………………… 225

し

- 敷金返還請求権 ………………… 274
- 敷地利用権 ……………………… 125
- 時効取得と登記 ………………… 54
- 自己借地権 ……………………… 219
- 事実の推定 ……………………… 157
- 質権 ……………………………… 261
- ——の実行 …………………… 264
- ——の種類・機能 …………… 262
- ——の譲渡性 ………………… 262
- ——の性質 …………………… 263
- ——の設定 …………………… 261
- 質物保管義務 …………………… 264
- 実質的審査権 …………………… 72
- 支配権（対物権） ……………… 3
- 借地権 …………………………… 196
- 収益的効力 ……………………… 175
- 集合債権 ………………………… 295
- 集合債権譲渡担保 ……………… 293
- 従物 ……………………………… 192

順位保全の効力 ………………… 296
準共有 ……………………………… 120
純粋共同根抵当 ………………… 255
準占有 ……………………………… 163
承継取得 …………………………… 28
使用収益権 …………………… 269, 291
商事留置権 ……………………… 276
譲渡担保 ……………………… 172, 287
　──の設定契約 ………………… 287
　──の第三者保護 ……………… 292
　──の法律構成 …………… 289, 291
　──の有効性 …………………… 289
譲渡担保設定者 ………………… 275
消滅主義 …………………………… 215
消滅における付従性 …………… 250
所有権 ………………………………… 98
　──の恒久性 ……………………… 98
　──の渾一性 ……………………… 98
　──の社会的機能 ……………… 96
　──の自由と制限 ……………… 99
　──の取得 ……………………… 107
　──の制限 ………………………… 99
　──の全面的支配権 …………… 97
　──の弾力性 ……………………… 98
所有権移転時期確定不要説 …… 40
所有権移転請求権仮登記 ……… 296
所有権留保 …………………… 173, 299
　──の効力 ……………………… 300
　──の実行 ……………………… 301
　──の消滅 ……………………… 301
自力救済の禁止 …………………… 14
人的担保 ………………………… 167
人的編成主義 ……………………… 72

せ

請求権（対人権） ………………… 4
制限説 ……………………………… 48
制限物権 …………………………… 8

清算期間の経過 ………………… 297
清算請求権 …………………… 291, 297
責任財産 ………………………… 165
責任説 ……………………………… 25
絶対的喪失 ………………………… 28
設定的承継 ………………………… 28
善意取得 …………………………… 84
全体価値考慮説 ………………… 227
占　有 ……………………………… 108
　──の種類 ……………………… 150
占有意思 ………………………… 150
占有改定 ………………………… 81
占有権 …………………………… 8, 146
　──の機能 ……………………… 147
　──の原始取得 ………………… 153
　──の効力 ………………… 148, 156
　──の取得 ……………………… 152
　──の承継取得 ………………… 153
　──の相続 ……………………… 154
占有訴権 ………………………… 159
　──の消滅原因 ………………… 162
占有担保 ………………………… 180
占有保持の訴え ………………… 159
占有保全の訴え ………………… 159

そ

増加競売 ………………………… 237
造作買取請求権 ………………… 274
葬式費用 ………………………… 279
相　続 ……………………………… 57
相対的喪失 ………………………… 28
相対的無効説 ……………………… 44
総　有 ……………………………… 115
相隣関係 ………………………… 101
　境界に関する── ……………… 104
　水に関する── ………………… 104
　隣地に関する── ………… 104, 105
即時取得 …………………………… 83

た

- 代価弁済 …………………… *236*
  - ――の制度 ……………… *200*
- 対抗要件 …………………… *264*
- 対抗力 ………………… *30, 137*
- 第三債務者保護説 ………… *205*
- 第三者主張説 ………………… *42*
- 第三者の制限説 ……………… *62*
- 第三者の善意・悪意 ………… *65*
- 第三者の背信的悪意者 ……… *66*
- 第三者の範囲 ………………… *61*
- 第三者の無制限説 …………… *62*
- 第三取得者 ……… *188, 214, 236, 249*
- 代担保の供与 ……………… *277*
- 代理受領 …………………… *301*
  - ――の効力 ……………… *302*
  - ――の法的性質 ………… *302*
- 代理占有の禁止 …………… *263*
- 建物買取請求権 …………… *274*
- 建物区分所有 ……………… *122*
- 他物権 ………………………… *8*
- 短期賃貸借 ………………… *229*
  - ――と借地借家法 ……… *230*
  - ――の保護 ……………… *229*
  - ――の濫用 ……………… *233*
- 単独相続 ……………………… *57*
- 担保物権 ………………… *9, 169*
  - ――の収益的効力 ……… *175*
  - ――の随伴性 …………… *174*
  - ――の不可分性 ………… *174*
  - ――の付従性 …………… *174*
  - ――の物上代位性 ……… *175*
  - ――の優先弁済効力 …… *175*
  - ――の留置的効力 ……… *175*
  - 慣行上の―― …………… *172*
  - 特別法の―― …………… *170*
  - 民法上の―― …………… *169*

ち

- 地役権 ……………………… *142*
  - ――の効力 ……………… *142*
  - ――の時効取得 ………… *143*
  - ――の消滅 ……………… *143*
  - ――の性質 ……………… *141*
  - ――の存続期間 ………… *143*
- 地上権 ……………………… *132*
  - ――の効力 ……………… *137*
  - ――の取得 ……………… *134*
  - ――の処分 ……………… *138*
  - ――の存続期間 ………… *135*
  - ――の法律的性質 ……… *134*
- 地代支払義務 ……………… *139*
- 遅滞損害金（遅延利息）…… *189*
- 中間省略登記 ………………… *73*
- 長期賃貸借 ………………… *229*

て

- 定期金 ……………………… *189*
- 抵当権 ……………………… *177*
  - ――の経済的作用 ……… *180*
  - ――の効力 ……………… *186*
  - ――の実行 ……………… *213*
  - ――の順位昇進の原則 …… *182, 245*
  - ――の譲渡 ………… *241, 242*
  - ――の消滅時効 ………… *258*
  - ――の処分 ……………… *238*
  - ――の設定 ……………… *181*
  - ――の物上代位 ………… *198*
  - ――の変更 ……………… *243*
  - ――の放棄（相対的放棄）…… *241*
  - ――の法的性質 ………… *178*
  - ――の目的物 ……… *177, 178*
- 抵当権再度設定説 ………… *239*
- 抵当権質入説 ……………… *239*
- 抵当権侵害 ………………… *209*

──に対する損害賠償請求 ………… 211
抵当権設定契約 ………………………… 181
抵当権設定登記 ………………………… 182
抵当直流 ………………………………… 217
抵当不動産維持保有請求権 ………… 211
抵当不動産の不法占有者 …………… 210
滌　除 …………………………………… 236
典型担保 ………………………… 169, 284
転質権 …………………………………… 265
転質の法的構成 ………………………… 266
転抵当 …………………………………… 238
天然果実 ………………………………… 196
添　付 …………………………………… 110
転付命令 ………………………………… 206

と

登　記 …………………………………… 57
　　──の流用 ………………………… 183
　　有効要件の── ………………… 76
登記請求権 ……………………………… 73
登記簿の構成 …………………………… 70
動産質 …………………………………… 266
動産譲渡担保契約 ……………………… 288
動産抵当 ………………………………… 171
動産の先取特権 ………………………… 279
動産の付合 ……………………………… 111
動産売買 ………………………………… 279
　　──の先取特権 ………… 283, 292
同時配当 ………………………………… 245
同時履行の抗弁権 ……………… 39, 273
盗品・遺失物 ……………… 90, 108, 109
特定性維持説 …………………………… 204
土地使用権 ……………………………… 137
土地と建物の一括競売 ……………… 228
特権説 …………………………………… 199
取立による弁済充当 ………………… 270

に

日用品供給 ……………………………… 279
日照権 …………………………………… 105
忍容請求権 ……………………………… 23
忍容請求権説 …………………………… 24

ね

根抵当権 ………………………………… 250
　　──の一部譲渡 ……………… 254
　　──の確定 …………………… 255
　　──の消滅請求権 …………… 256
　　──の全部譲渡 ……………… 254
　　──の分割譲渡 ……………… 254

は

背信的悪意者 …………………………… 66
　　──からの転得者 …………… 68
売買における所有権移転の時期 …… 38
反対事実主張説 ………………………… 43

ひ

引受主義 ………………………………… 215
引換給付の判決 ………………………… 276
引　渡 …………………………………… 81
　　簡易の── …………………… 81
　　現実の── …………………… 81
非堅固建物 ……………………………… 220
非占有担保 ……………………… 178, 180
被担保債権（範囲）……… 185, 252, 263, 269
非典型担保 ……………………… 172, 284
否認権説 ………………………………… 43
表題部 …………………………………… 70
費用返還請求権 ………………………… 277

ふ

付加一体物（付加物）………………… 190
不完全物権変動説 ……………………… 42

事項索引　315

付　合 …………………………… *110*
付合物 …………………………… *190*
普通抵当権 ……………………… *250*
物　権
　　――の直接性（直接支配性）… *4*
　　――の排他性 ………………… *4*
　　――の放棄 ………………… *94*
　　特別法上の―― ……………… *8*
　　民法上の―― ………………… *7*
物権行為（物権契約）…………… *33*
　　――の独自性 ……………… *34*
　　――の無因性 ……………… *35*
物権行為独自性肯定説 ………… *37*
物権行為独自性否定説 ………… *36*
物権相互間の優先的効力 ……… *12*
物権的合意 ……………………… *34*
物権的請求権 …………………… *14*
物権的返還請求権 ……………… *17*
物権的妨害排除請求権 ………… *21*
物権的妨害予防請求権 ………… *21*
物権変動の対抗要件 …………… *30*
物権変動
　　――の生じる時期 ………… *38*
　　――の成立要件 ………… *33, 34*
　　――の対抗要件 …………… *41*
物権法定主義 …………………… *7*
物財団抵当 ……………………… *257*
物上請求権 ……………………… *14*
物上代位 …………………… *199, 283*
物上保証人 ………………*90, 182, 247*
　　――の求償権 ……………… *265*
物的担保 ………………………… *168*
物的編成主義 …………………… *70*
不動産 …………………………… *280*
　　――の工事 ………………… *280*
　　――の先取特権 …………… *280*
　　――の二重売買 …………… *274*
　　――の売買 ………………… *280*

　　――の付合 ………………… *110*
　　――の保存 ………………… *280*
不動産競売 ……………………… *213*
不動産財団抵当 ………………… *257*
不動産質 ………………………… *266*
不動産譲渡担保契約 …………… *287*
不動産賃借権の物権化 ………… *13*
不動産登記制度 ……………… *47, 69*
不動産物権変動
　　――と対抗 ………………… *41*
　　――における公示 ………… *41*
不法行為 ………………………… *275*
振込指定 ………………………… *302*
分　筆 …………………………… *6*

へ

平穏・公然の占有取得 ………… *88*
併用賃貸借 ……………………… *234*
返還請求権 ……………………… *210*
変動原因無制限説 ……………… *48*
変形担保 …………………… *172, 284*

ほ

妨害排除請求権 ………………… *209*
妨害予防求権 …………………… *209*
包括根抵当権 …………………… *251*
法定果実 ………………………… *197*
法定取得説 ……………………… *43*
法定担保物権 ……………… *169, 272*
法定地上権 ………………… *135, 219*
　　――の成立要件 …………… *220*
　　――の内容 ………………… *228*
ポッセシオ ……………………… *148*
本　権 …………………………… *8*
本登記 …………………………… *74*

ま

埋蔵物 …………………………… *109*

増担保の特約 …………………… 212

む

無効登記の流用 ………………… 183
無主物先占 ……………………… 108
無償囲繞地通行権 ……………… 106

め

明認方法 …………………………… 91

も

持　分 …………………… 116, 117

や

約定担保物権 …………………… 169
雇人給料 ………………………… 277

ゆ

湯口権 ……………………………… 10
有償性説 …………………………… 39
優先権保全説 …………………… 205
優先弁済権 ……………………… 281

優先弁済的効力 ………………… 175
有体物 ……………………………… 5

よ

用益物権 ……………………… 9, 131
要物契約 ………………………… 263

り

利　息 …………………………… 187
流質契約の禁止 ………………… 265
留置権 …………………………… 272
　——と同時履行の抗弁権 …… 273
　——における債権と物との牽連性 … 273
　——の効力 …………………… 276
　——の性質 …………………… 272
　——の成立要件 ……………… 273
留置的効力 …………… 175, 264, 276
立　木 …………………………… 7, 91
隣地使用・立入権 ……………… 102

る

累積根抵当 ……………………… 255

判例索引

大判明35・2・7民録8輯37頁 ……… *233*
大判明36・2・16民録9輯1244頁 …… *136*
大判明38・10・11民録11輯1326頁……… *10*
大判明38・10・20民録11輯1374頁……… *62*
大判明38・12・6民録11輯1653頁 …… *186*
大判明38・12・11民録11輯1736頁……… *48*
大判明39・4・16刑録12輯472頁……… *155*
大判明39・5・23民録12輯880頁 …… *192*
大判明40・2・27民録13輯188頁 ……… *62*
大判明41・3・20民録14輯313頁……… *217*
大判明41・5・11民録14輯677頁……… *219*
大連判明41・12・15民録14輯1276頁…… *63*
大連判明41・12・15民録14輯1301頁…… *49*
大判大2・6・21民録19輯481頁……… *197*
大判大4・4・19民録21輯731頁……… *117*
大判大4・4・27民録21輯590頁 ……… *83*
大判大4・5・20民録21輯703頁 ……… *85*
大判大4・7・1民録21輯1313頁 …… *224*
大判大4・9・15民録21輯1469頁 …… *188*
大判大4・10・6民録21輯1596頁……… *233*
大判大4・12・8民録21輯2028頁……… *92*
大判大4・12・28民録21輯2289頁 …… *155*
大判大5・3・11民録22輯739頁 …… *67*
大判大5・5・16民録22輯961頁 …… *86*
大判大5・5・31民録22輯1083頁 …… *210*
大判大5・6・13民録22輯1200頁 …… *116*
大判大5・6・28民録22輯1281頁 …… *203*
大判大5・9・12民録22輯1702頁 …… *79*
大判大5・9・20民録22輯1440頁 …… *92*
大判大6・1・22民録23輯14頁 …… *203*
大判大6・1・27民録23輯97頁 …… *197*
大判大6・2・6民録23輯202頁 …… *10*
大判大6・2・10民録23巻138頁 …… *10*
大判大6・2・28民録23輯332頁……… *117*
大判大6・11・8民録23輯1772頁 …… *154*

大連判大8・3・15民録25輯437頁…… *192*
大判大8・5・9民録12輯1123頁……… *65*
大判大8・10・16民録25輯1824頁……… *83*
大判大9・5・5民録26輯1005頁 …… *228*
大判大9・5・14民録26輯704頁 …… *22*
大判大10・4・14民録27輯732頁……… *92*
大判大10・6・22民録27輯1223頁 …… *18*
大決大10・7・8民録27輯1313頁 …… *192*
大判大11・11・3刑集1巻622頁 …… *108*
大判大11・11・24民集1巻738頁… *196, 260*
大連判大12・4・7民集2巻209頁 …… *203*
大連判大12・12・14民集2巻676頁 …… *222*
大連判大13・10・7民集3巻476頁…… *6*
大連判大13・10・7民集3巻509頁…… *6*
大判大14・6・9刑集4巻378頁……… *108*
大判大14・7・8民集4巻412頁 …… *54*
大判大14・7・18新聞2463号14頁
　　………………………………… *196, 260*
大判大14・10・26民集4巻517頁……… *191*
大判大15・2・5民集5巻82頁 ……… *228*
大判大15・7・11新聞2460号9頁 …… *138*
大判大15・10・26民集5巻741頁……… *217*
大判昭2・5・28民集6巻312頁 …… *79*
大判昭3・2・2民集7巻33頁 ……… *109*
大判昭4・1・23民集8巻23頁 ……… *214*
大判昭4・2・20民集8巻59頁………… *49*
大判昭4・12・11民集8巻923頁 ……… *90*
大判昭5・9・23民集9巻918頁… *205, 206*
大判昭5・10・31民集9巻1009頁……… *21*
大判昭5・12・18民集9巻1147頁 …… *191*
大判昭6・1・17民集10巻6頁 ……… *274*
大判昭6・7・21民集10巻585頁 …… *232*
大決昭6・12・11民集10巻1219頁 …… *214*
大判昭7・4・20新聞3407号15頁 …… *210*
大判昭7・11・9民集11巻2277頁… *22, 24*

大判昭 8・5・9 民集12巻1123頁………65
大判昭 8・10・27民集12巻2656頁……222
大判昭 8・11・7 民集12巻2691頁……184
大決昭 9・3・8 民集13巻241頁………191
大判昭 9・7・2 民集13巻1489頁………193
大判昭 9・11・6 民集13巻2122頁………18
大判昭10・4・23民集14巻601頁………246
大判昭10・8・10民集14巻1549頁……220
大判昭10・10・1 民集14巻1671頁………16
大判昭10・10・5 民集14巻1965頁………22
大判昭11・1・14民集15巻89頁………184
大判昭11・7・17民集15巻1481頁………22
大判昭11・12・15民集15巻2212頁……224
大判昭11・12・9 民集15巻2172頁……248
大判昭12・7・9 民集16巻1162頁……232
大判昭12・7・10民集16巻1209頁……232
大判昭12・11・19民集16巻1881頁…22, 24
大判昭13・1・28民集17巻1頁…………18
大判昭13・5・25民集17巻1100頁
　………………………………………220, 221
大判昭13・10・26民集17巻2057頁……22
大判昭14・7・7 民集18巻748号56頁…56
大判昭14・8・24民集18巻877頁………274
大判昭15・6・26民集19巻1033頁……136
大判昭15・7・11新聞4604号9頁……138
大判昭15・9・18民集19巻1611頁………10
大判昭15・11・26民集19巻2100頁……258
大判昭16・6・14民集20巻873頁………233
大判昭17・9・30民集21巻911頁………50
最判昭25・11・30民集4巻11号607頁…65
最判昭26・4・27民集5巻5号325頁…18
最判昭29・8・31民集8巻8号1567頁…83
最判昭29・12・23民集8巻12号2235頁
　………………………………………………223
最判昭31・5・10民集10巻5号904頁…117
鹿児島地判昭32・1・25下民集8巻
　1号114頁…………………………………207
福岡高宮崎支判昭32・8・30下民集8巻

8号1619頁……………………………207
最判昭32・12・27民集11巻14号2485頁…86
最判昭33・2・14民集12巻2号268頁…144
最判昭33・5・9 民集12巻7号989頁…186
最判昭33・6・20民集12巻10号1585頁…38
最判昭33・7・29民集12巻12号1879頁…92
最判昭34・1・8 民集13巻1号17頁…161
最判昭34・8・7 民集13巻8号1223頁…92
最判昭34・9・3 民集13巻11号1357頁
　………………………………………………275
最判昭35・2・11民集14巻2号168頁…86
最判昭35・4・21民集14巻6号946頁…79
最判昭35・6・17民集14巻8号1396頁…19
最判昭35・6・24民集14巻8号1528頁…38
最判昭35・7・27民集14巻10号1871頁…54
最判昭36・2・10民集15巻2号219頁…224
最判昭36・4・28民集15巻4号1230頁…78
最判昭36・5・4 民集15巻5号1253頁…92
最判昭36・6・23民集15巻6号1680頁
　………………………………………………229
最判昭36・7・20民集15巻7号1903頁…54
最判昭37・5・18民集16巻5号1073頁
　………………………………………………154
最判昭37・10・30民集16巻10号2181頁
　………………………………………………106
最判昭38・2・22民集17巻1号235頁…58
最判昭38・9・17民集17巻8号955頁…229
最判昭39・3・6 民集18巻3号437頁…60
最判昭39・6・19民集18巻5号795頁
　………………………………………231, 232
最判昭40・3・9 民集19巻2号233頁…22
最判昭40・5・4 民集19巻4号811頁…196
最判昭40・5・20民時19巻4号859頁…117
最判昭40・9・21民集19巻6号1560頁
　………………………………………………73, 79
最判昭40・11・19民集19巻8号2003頁…38
最判昭41・3・3 民集20巻3号386頁…275
最大判昭41・4・27民集20巻4号870頁

………………………………………138
最判昭41・6・9民集20巻5号1011頁
　………………………………………85, 89
最判昭41・10・21民集20巻8号1640頁…18
最判昭42・1・20民集21巻1号16頁……60
最判昭42・7・21民集21巻6号1643頁
　………………………………………259
最判昭43・9・27民集22巻9号2074頁
　………………………………………231
最判昭43・11・21民集22巻12号2765頁
　………………………………………275
最判昭43・12・24民集22巻13号3366頁
　………………………………………259
最判昭44・2・14民集23巻2号357頁…221
最判昭44・2・27判時552号45頁………224
最判昭44・3・4民集23巻3号561頁…303
最判昭44・3・28民集23巻3号699頁
　………………………………………191, 192
最判昭44・4・18判時556号43頁………222
最判昭44・5・2民集23巻6号951頁
　………………………………………73, 79
最判昭44・10・30民集23巻　号1881頁
　………………………………………155
最判昭45・6・16判時600号84頁………231
最判昭45・12・4民集24巻13号1987頁…85
最判昭46・1・26民集25巻1号90頁……60
最判昭46・3・25民集25巻2号208頁…291
最判昭46・11・16民集25巻8号1182頁…60
最判昭46・11・30民集25巻　号1437頁
　………………………………………156
最判昭46・12・21民集25巻9号1610頁
　………………………………………223
最判昭47・6・22民集26巻5号1051頁
　………………………………………138
最判昭47・11・2判時690号42頁………224
最判昭47・12・7民集26巻10号1829頁…19
大阪地判昭47・12・21判時713号100頁
　………………………………………191

最判昭48・3・13民集27巻2号271頁…144
最判昭48・10・54民集27巻9号1111頁…54
最判昭49・9・2民集28巻6号1152頁
　………………………………………274
最判昭49・12・24民集8巻10号2117頁
　………………………………………184
最判昭50・2・13民集29巻2号83頁…138
最判昭50・2・28民集29巻2号193頁
　………………………………………22, 301
最判昭50・4・10裁時779号62頁………124
最判昭51・2・27判時809号42頁………224
東京地判昭51・5・13下民集27巻528号
　278頁…………………………………124
最判昭52・2・17民集31巻1号67頁…234
最判昭52・10・11民集31巻6号785頁…220
最判昭53・6・15民集32巻4号729頁…232
最判昭53・12・15判時916号25頁………296
最判昭54・2・15民集33巻1号51頁…294
福岡地小倉支判昭55・9・11下民集31巻
　9＝12号890頁………………………207
最判昭56・6・18民集35巻4号798頁…123
最判昭56・7・17民集35巻5号950頁…299
最判昭57・1・22民集36巻1号92頁…291
最判昭57・3・12民集36巻3号349頁…210
最判昭57・9・7民集36巻8号1527頁…87
最判昭58・6・30民集37巻5号835頁…270
最判昭59・2・2民集38巻3号431頁
　………………………………………206, 283
最判昭60・7・19民集39巻5号1326頁
　………………………………………206
最判昭60・7・19民集39巻5号1326頁
　………………………………………283
最判昭61・11・20判時1219号63頁……303
最判昭62・2・12民集41巻1号67頁…291
最判昭62・4・10刑集41巻3号221頁…108
最判昭62・11・10民集41巻8号1559頁
　………………………………………282, 294
最判平元・6・5民集43巻6号355頁

………………………………………235, 295
東京高判平元・7・25判時1320号99頁
　　　………………………………………288
最判平元・10・27民集43巻9号1070頁
　　　………………………………………197, 201
最判平2・1・22民集44巻1号314頁…221
最判平2・4・19判時1354号80頁
　　　………………………………………192, 194
最判平3・3・22民集45巻3号268頁…211
最判平4・11・6民集46巻8号2625頁
　　　………………………………………249
最判平6・2・8民集48巻2号373頁…20
最判平6・2・22民集48巻2号414頁…291
最判平6・3・25判時1501号107頁……233
最判平6・12・20民集48巻8号1470頁
　　　………………………………………223
最判平8・9・13民集50巻8号2374頁
　　　………………………………………233
最判平8・10・29民集50巻9号2506頁…69
最判平8・11・22判時1592号61頁……291
最判平9・2・14民集51巻2号375頁…228
最判平9・6・5民集51巻5号2116頁
　　　………………………………………228
最判平9・7・17民集51巻6号2882頁
　　　………………………………………291
最判平10・1・30民集52巻1号1頁
　　　………………………………………206, 207
最判平10・2・10判時1628号9頁
　　　………………………………………206, 207
最判平10・7・3判時1652号68頁……228
大阪高判平10・7・31金融商事判例
　　1050号3頁………………………………296
大阪高判平10・9・2金融商事判例
　　1050号3頁………………………………296
最大判平11・11・24民集53巻8号1899頁
　　　………………………………………211
最判平12・4・21金融商事判例1102号12頁
　　　………………………………………296

導入対話による 民法講義（物権法）
2001年4月5日　第1版第1刷発行

　　　　　　　ⓒ著者　鳥　谷　部　　　茂
　　　　　　　　　　　橋　本　恭　宏
　　　　　　　　　　　松　井　宏　興

　　　　　　　発行　不　磨　書　房
　　　　　　　〒113-0033　東京都文京区本郷6-2-9-302
　　　　　　　TEL 03-3813-7199／FAX 03-3813-7104

　　　　　　　発売　㈱信　山　社
　　　　　　　〒113-0033　東京都文京区本郷6-2-9-102
　　　　　　　TEL 03-3818-1019／FAX 03-3818-0344

制作：編集工房INABA　　　印刷・製本／松澤印刷
2001, Printed in Japan

ISBN4-7972-9212-1 C3332

―――― 導入対話シリーズ ――――

1. **導入対話による民法講義（総則）**〔補遺版〕009202-4　■ 2,900円（税別）
   大西泰博（早稲田大学）／橋本恭宏（明治大学）／松井宏興（関西学院大学）／三林 宏（立正大学）

2. **導入対話による民法講義（物権法）** 649212-1　■ 2,900円（税別）
   鳥谷部茂（広島大学）／橋本恭宏（明治大学）／松井宏興（関西学院大学）

3. **導入対話による民法講義（債権総論）** 649213-X　★近刊 予価 2,800円（税別）
   今西康人（関西大学）／清水千尋（立正大学）／橋本恭宏（明治大学）／三林 宏（立正大学）

4. **導入対話による刑法講義（総論）** 009214-8　■ 2,800円（税別）
   新倉 修（國學院大學）／酒井安行（青山学院大学）／髙橋則夫（早稲田大学）／中空壽雅（関東学園大学）
   武藤眞朗（東洋大学）／林美月子（神奈川大学）／只木 誠（獨協大学）

5. **導入対話による刑法講義（各論）** 649262-8　★近刊 予価 2,800円（税別）
   新倉 修（國學院大學）／酒井安行（国士舘大学）／大塚裕史（岡山大学）／中空壽雅（関東学園大学）
   関哲夫（国士舘大学）／信太秀一（流通経済大学）／武藤眞朗（東洋大学）／宮崎英生
   勝亦藤彦（海上保安大学校）／北川佳世子（海上保安大学校）／石井徹哉（拓殖大学）

6. **導入対話による商法講義（総則・商行為法）** 009215-6　■ 2,800円（税別）
   中島史雄（金沢大学）／末永敏和（大阪大学）／西尾幸夫（龍谷大学）
   伊勢田道仁（金沢大学）／黒田清彦（南山大学）／武知政芳（専修大学）

7. **導入対話による国際法講義** 009216-4　　392頁　■ 3,200円（税別）
   廣部和也（成蹊大学）／荒木教夫（白鷗大学）共著

8. **導入対話による医事法講義** 009269-5　■ 2,700円（税別）
   佐藤 司（亜細亜大学）／田中圭二（香川大学）／池田良彦（東海大学文明研究所）
   佐瀬一男（創価大学）／転法輪慎治（順天堂医療短大）／佐々木みさ（前大蔵省印刷局病院）

～～～～～～～～～～～～～～～～～～　以下、続々刊行予定

9. 導入対話による刑事政策講義 649218-0
   土井政和（九州大学）／赤池一将（高岡法科大学）／石塚伸一（龍谷大学）／葛野壽一（立命館大学）

10. 導入対話による憲法講義 649219-9　　向井久了（帝京大学）ほか

11. 導入対話による民法講義（債権各論）649266-1 橋本恭宏（明治大学）／大西泰博（早稲田大学）

12. 導入対話による民法講義（親族・相続法）649261-X 橋本恭宏（明治大学）／松井宏興（甲南大学）ほか

13. 導入対話による商法講義（会社法）649263-6　　中島史雄（金沢大学）ほか

14. 導入対話による商法講義（手形・小切手法）649264-4　中島史雄（金沢大学）ほか

15. 導入対話による商法講義（保険・海商法）649265-2　中島史雄（金沢大学）ほか

16. 導入対話による民事訴訟法講義 649266-0 椎橋邦雄（山梨学院大学）／豊田博昭（広島修道大学）
    福永清貴（名古屋経済大学）／髙木敬一（愛知学院大学）／猪股孝史（桐蔭横浜大学）

17. 導入対話による破産法講義 649267-9　　佐藤鉄男（同志社大学）ほか

18. 導入対話によるジェンダー法学講義（仮称） 649268-7
    浅倉むつ子（都立大学）／相澤美智子（都立大学）／山崎久民（弁護士）／林瑞枝（駿河台大学）
    戒能民江（お茶の水女子大学）／阿部浩己（神奈川大学）／武田万里子（錦城大学）
    宮廣久栄（中央大学）／堀口悦子（明治大学）／橋本恭宏（明治大学）

19. 導入対話による独占禁止法講義 649217-2
    金子 晃（会計検査院長）／田村次朗（慶應義塾大学）／鈴木恭蔵（東海大学）
    石岡克俊（慶應義塾大学産業研究所）／山口由紀子（国民生活センター）ほか

発行：不磨書房／発売：信山社